"十四五"职业教育国家规划教材

电子商务法

（第4版）

苏丽琴　主　编

向　征　秦得如　王兴文　张晓晗　副主编

电子工业出版社
Publishing House of Electronics Industry
北京·BEIJING

内 容 简 介

本教材从学理上将电子商务法学科体系划分为 4 篇，共 8 章内容，分别为电子商务法基础法理篇（第 1 章）、电子商务交易法篇（第 2～4 章）、电子商务权益保护法篇（第 5～7 章）、电子商务管制法篇（第 8 章）。本书在结合最新电子商务立法信息的基础上，采用比较分析、案例分析等研究方法，力求做到术语阐释清晰、法理观点明确、叙述简明精练、原理与案例相结合、学理与法理相结合、理论与实践相结合。

本教材适合作为相关院校电子商务本（专）科专业的教材，也可作为相关法律专业电子商务法课程的参考教材，亦可供法律界和经济界相关人士阅读参考。

未经许可，不得以任何方式复制或抄袭本书之部分或全部内容。
版权所有，侵权必究。

图书在版编目（CIP）数据

电子商务法 / 苏丽琴主编. —4 版. —北京：电子工业出版社，2023.5 (2025.8 重印)
ISBN 978-7-121-37920-8

Ⅰ. ①电… Ⅱ. ①苏… Ⅲ. ①电子商务－法规－中国－高等学校－教材 Ⅳ. ①D922.294

中国版本图书馆 CIP 数据核字（2019）第 259284 号

责任编辑：贾瑞敏
印　　刷：三河市鑫金马印装有限公司
装　　订：三河市鑫金马印装有限公司
出版发行：电子工业出版社
　　　　　北京市海淀区万寿路 173 信箱　　邮编：100036
开　　本：787×1092　1/16　　印张：13.25　　字数：339.2 千字
版　　次：2006 年 3 月第 1 版
　　　　　2023 年 5 月第 4 版
印　　次：2025 年 8 月第 8 次印刷
定　　价：46.00 元

凡所购买电子工业出版社图书有缺损问题，请向购买书店调换。若书店售缺，请与本社发行部联系，联系及邮购电话：(010) 88254888，88258888。
质量投诉请发邮件至 zlts@phei.com.cn，盗版侵权举报请发邮件至 dbqq@phei.com.cn。
本书咨询联系方式：(010) 88254019，jrm@phei.com.cn。

前言

随着电子商务的日新月异，涌现出许多新的亟待解决的电子商务法律方面的问题，电子商务法律法规的与时俱进显得尤为重要且必要。

本教材先后被教育部评为普通高等教育"十一五"国家级规划教材、"十二五"职业教育国家规划教材、"十三五"职业教育国家规划教材，深受各院校好评。如今，电子商务发展中引发的诸多法律问题使得电子商务法学术领域不断面临新的挑战。2018年8月31日，第十三届全国人大常委会第五次会议审议通过《中华人民共和国电子商务法》，并于2019年1月1日起正式施行。这是我国第一部全面、系统体现电子商务行业特点的综合性法律，对电子商务产业发展具有里程碑意义。将《中华人民共和国电子商务法》中权威且鲜活的法理知识准确、清晰地传播给电子商务的从业者和广大消费者，是我们作为电子商务法教材编者的责无旁贷的光荣使命。鉴于此，《电子商务法》教材的第三次修订势在必行。

在第三次修订过程中，编者主要修订的内容如下所述。

（1）将原版各章内容中已经过时的法理、法条及章内案例等资料予以删减。

（2）对标补新，对照《中华人民共和国电子商务法》及时补充最新法律法规知识。

（3）查漏补缺，对原版各章内容中不够完善之处予以修正，相关章节进行删改、合并。

（4）新增思政内容，增加"素养小课堂"专栏，各章思政元素分别为：法治、诚信、权利、公平、国际视野、知识产权保护、以人民为中心、政治认同。

（5）体现党的二十大精神，作为一本法律类教材，教材的每一章都体现了"坚持全面依法治国，推进法治中国建设"的精神，贯彻落实好党的二十大精神，必须弘扬社会主义法治精神，加快建设法治社会。

第4版《电子商务法》具有以下特点。

（1）章节模式突显创新：采用"导入案例——以案问法——以案解法——以案用法"模式，前后呼应，一气呵成。

（2）体例架构简明系统：本教材分为4篇，共8章内容，4篇分别为电子商务法基础法理篇、电子商务交易法篇、电子商务权益保护法篇和电子商务管制法篇。

（3）内容案例鲜活有度：每章内容深入浅出，以够用为度，有理有据地阐述学生应知、应会的电子商务法理知识；各章节案例力求鲜活，与时俱进。

（4）问法、解法、用法相融：突出实践性、应用性原则，将法理知识介绍与"问法、解法、用法"有机融合；全书文字简练顺畅，通俗易懂，使枯燥的法律知识读起来不再晦涩。

（5）增设素质内容：对学生进行思想价值引领，关注增强学生的爱国主义情怀、社会责任感、历史使命感，培养学生的安全意识、法治意识，利于提升学生信息素养、思辨能力，帮助其树立正确的职业观。

本教材由金陵科技学院苏丽琴教授担任主编，由山东端信供应链管理有限公司王兴文总经理、金陵科技学院向征副教授、江苏海事职业技术学院秦得如副教授、辽宁腾达律师事务所张晓晗律师担任副主编。参与编写的人员还有：大同煤炭职业技术学院王佳蕊、南京信息工程大学陈千惠、上海霍莱沃电子系统技术股份有限公司陆梁钰。

本教材编写及修订的具体分工如下：前言、内容简介及每章思考练习题（苏丽琴）；第1章（苏丽琴）；第5章（苏丽琴、陆梁钰）；第6章（向征）；第3章（秦得如、苏丽琴）；第2章（王兴文）；第7章（张晓晗）；第8章（张晓晗、陈千惠、向征）；第4章（王佳蕊）。

本教材在修订过程中，得到泉峰（中国）工具销售有限公司史亚辉、方正证券股份有限公司袁灵菁的大力支持，在此表示衷心感谢；同时，编者还参阅了诸多相关法律网站、法律书刊的大量资料和研究成果，更是得到了电子工业出版社贾瑞敏编辑的悉心指导，在此一并致以诚挚的谢意。

因"电子商务法"本身是一门有待与时俱进的课程，加之编者水平有限，书中疏漏之处在所难免，恳请各位专家、读者不吝指正。

编　者

目录

电子商务法基础法理篇

第1章 电子商务法概述 ... 2
1.1 电子商务对传统法律提出的挑战 ... 4
1.1.1 电子商务的概念、特征与分类 ... 4
1.1.2 电子商务引发了传统法律难以解决的新问题 ... 4
1.1.3 电子商务法产生的必然性 ... 7
1.2 电子商务法基础知识概述 ... 7
1.2.1 电子商务法的定义和调整对象 ... 7
1.2.2 电子商务法的性质和特征 ... 8
1.2.3 电子商务法的内容 ... 10
1.3 电子商务法律关系 ... 11
1.3.1 电子商务法律关系的概念与性质 ... 11
1.3.2 电子商务法律关系的构成要素 ... 12
1.3.3 电子商务法律关系的分类 ... 16
1.4 电子商务立法 ... 17
1.4.1 国外电子商务立法 ... 18
1.4.2 国际电子商务立法的启示 ... 20
1.4.3 我国电子商务立法的现状 ... 22
1.4.4 我国电子商务立法的原则 ... 26

电子商务交易法篇

第2章 电子合同 ... 32
2.1 电子合同概述 ... 33
2.1.1 电子合同的概念和合同形式 ... 33

		2.1.2	电子合同的特征	34
		2.1.3	电子合同的类型	35
		2.1.4	电子合同的法律地位	36
		2.1.5	电子合同与传统合同的区别	37
	2.2	电子合同的订立		38
		2.2.1	电子合同的主体	38
		2.2.2	电子合同的订立程序	40
	2.3	电子合同的成立与生效		44
		2.3.1	电子合同的成立	44
		2.3.2	电子合同的效力	45
		2.3.3	合同成立与合同生效的区别	48
	2.4	电子合同的履行		50
		2.4.1	电子合同履行的概念	50
		2.4.2	电子合同履行的原则	51
		2.4.3	电子合同履行的方式	51
		2.4.4	电子合同当事人的权利义务	52
	2.5	电子合同的违约救济		52
		2.5.1	电子合同违约的归责原则	52
		2.5.2	电子合同违约的免责事由	53
		2.5.3	电子合同违约救济的主要方式	53
第3章	电子签名与电子认证法律制度			58
	3.1	电子签名法律制度		58
		3.1.1	我国电子签名的立法状况	59
		3.1.2	电子签名概述	60
		3.1.3	电子签名和数据电文的法律效力	62
	3.2	电子认证法律制度		65
		3.2.1	我国现行电子认证的法律体系	65
		3.2.2	电子认证概述	66
		3.2.3	电子签名认证证书制度	68
		3.2.4	电子认证服务机构的设立及管理	69
		3.2.5	电子认证法律关系	72
第4章	电子支付法律制度			79
	4.1	电子支付概述		79
		4.1.1	电子支付的概念与特征	80
		4.1.2	电子支付的形式与流程	81

4.2 电子支付法律关系 85
4.2.1 电子支付法律关系的特征及表现形式 85
4.2.2 电子支付法律关系的当事人 86
4.2.3 电子支付当事人的权利 87
4.2.4 电子支付当事人的义务 88
4.3 电子支付法律责任 90
4.3.1 付款人的法律责任 91
4.3.2 收款人的法律责任 92
4.3.3 电子支付银行的法律责任 93
4.3.4 电子认证服务机构的法律责任 94
4.4 电子支付的国内立法及其风险防范 95
4.4.1 我国的电子支付立法 95
4.4.2 电子支付的风险防范 96
4.5 我国电子支付中面临的相关政策与法律问题 97
4.5.1 电子货币的法律定性 97
4.5.2 第三方网络支付平台的法律地位问题 98
4.5.3 电子支付的安全保障问题 98
4.5.4 电子支付所涉及的政治与法律领域的问题 99

电子商务权益保护法篇

第 5 章 域名法律制度 104
5.1 域名概述 105
5.1.1 域名的概念、功能和法律特征 105
5.1.2 域名的结构 106
5.1.3 域名的商业价值 106
5.1.4 域名与商标 107
5.1.5 域名与企业名称 108
5.2 我国域名管理的法律规定 110
5.2.1 域名管理与服务机构 110
5.2.2 域名的注册与管理 111
5.2.3 中国互联网域名体系 112
5.2.4 域名的注销 112
5.3 域名争议及其法律保护 113
5.3.1 域名争议的纠纷方式 113
5.3.2 域名争议的解决 114
5.3.3 我国关于域名保护的相关立法 114

第6章 网络著作权保护法律制度 119

6.1 网络著作权概述 120
- 6.1.1 网络著作权的概念及我国的立法现状 120
- 6.1.2 网络著作权的客体 122
- 6.1.3 网络著作权的内容 125

6.2 网络著作权的限制 127
- 6.2.1 网络著作权的合理使用 128
- 6.2.2 网络著作权的许可使用和转让 129

6.3 网络著作权的侵权行为及法律责任 130
- 6.3.1 网络著作权的侵权行为概述 130
- 6.3.2 网络服务提供商的法律责任 133
- 6.3.3 直播中侵犯他人知识产权的侵权责任 136
- 6.3.4 网络著作权的侵权责任 136

第7章 电子商务中消费者权益保护法律制度 142

7.1 消费者安全权的法律保护 143
- 7.1.1 电子商务中消费者安全权实现存在的问题 143
- 7.1.2 电子商务中消费者安全权的保护 144
- 7.1.3 侵犯消费者安全权的法律责任 146

7.2 消费者隐私权和知情权的法律保护 146
- 7.2.1 隐私权和知情权概述 146
- 7.2.2 个人信息隐私权的保护 150
- 7.2.3 电子商务中消费者知情权的保护 154

7.3 消费者公平交易权的法律保护 156
- 7.3.1 电子商务中消费者公平交易权实现中存在的问题 156
- 7.3.2 电子商务中消费者公平交易权的保护 158

7.4 消费者索赔权的法律保护 160
- 7.4.1 电子商务中消费者索赔权实现中存在的问题 160
- 7.4.2 电子商务中消费者索赔权的保护 162

电子商务管制法篇

第8章 电子商务管制法律制度 170

8.1 电子商务中的网络广告法律制度 171
- 8.1.1 网络广告概述 171
- 8.1.2 电子商务中网络广告的法律问题 173
- 8.1.3 网络广告法律问题的对策与建议 180

  8.1.4 建立、健全我国的网络广告法律制度 182
 8.2 电子商务中的税收法律制度 184
  8.2.1 电子商务对税收政策产生的影响 184
  8.2.2 国际与国内电子商务税收政策 187
  8.2.3 我国电子商务税收体制 189
 8.3 电子商务中的安全法律制度 190
  8.3.1 电子商务安全概述 190
  8.3.2 电子商务安全的法律保障 193
  8.3.3 我国电子商务安全的法律责任 197

参考文献 202

电子商务法
基础法理篇

第 1 章 电子商务法概述

导入案例

电子商务对传统法律提出的挑战

2019年1月1日，千呼万唤的《中华人民共和国电子商务法》（简称《电子商务法》）正式落地施行，这标志着历经5年多的电子商务专门立法从萌芽实现结果。

根据《中华人民共和国立法法》，我们国家的法律一般都是进行三审，但是《电子商务法》经过四审才出台。从2013年根据第十二届全国人大常委会立法规划，全国人大财经委员会牵头国务院12个部门组成起草组，到2018年8月31日第十三届全国人大常委会第五次会议表决通过，三年起草，两年两届常委会四次会议审议。审核如此谨慎原因在于《电子商务法》和其他法律相比更复杂，涉及面广，规模大，又是新生事物，因此在制定过程中应比较慎重。

在《电子商务法》正式实施的第二天，浙江省义乌市检察院就据此启动全国首例侵害药品安全行政公益诉讼案件。

据报道，义乌市检察院接到"有人利用微信朋友圈、微信群等网络平台违法销售药品"的相关线索后，迅速展开调查。经调查发现，被调查对象正是利用网络服务销售商品。根据《电子商务法》第九条，电子商务经营者是指通过互联网等信息网络从事销售商品或者提供服务的经营活动的电子商务平台经营者、平台内经营者以及通过自建网站、其他网络服务销售商品或者提供服务的电子商务经营者。因此，该调查对象属于《电子商务法》界定的电子商务经营者。

在调查时还发现，此调查对象利用微信平台违法销售自制药品，声称此药品采用中草药秘方，主治银屑病、神经性皮炎、牛皮癣等10余种疑难杂症，"三天见效，八天痊愈，无效退款"。这些销售信息全都是利用微信朋友圈、微信群等方式传播的。

检察机关审查认为，该电子商务经营者在未经许可的情况下自制药品、通过网络违法发布药品信息及销售药品，其行为利用了网络的便捷、快速、覆盖面广等特性，违反了《电子商务法》和《药品管理法》等法律法规的规定，已直接威胁到社会公众的用药安全，侵害了社会公共利益。因此，2019年1月2日上午，义乌市检察院将其立案为侵害药品安全行政公益诉讼案件，并向行政主管部门发送检察建议，督促对违法行为进行查处。一旦行政主管部门鉴定认为该电子商务经营者销售的药品为假药、劣药，检察机关还可进一步追究当事人的刑事责任。

第1章 电子商务法概述

以案问法

通过阅读导入案例，请思考以下问题。
1. 狭义的电子商务法的调整对象是什么？本案是否受电子商务法调整？
2. 什么是电子商务法律关系的主体？它包括哪几类？本案中利用微信平台违法销售药品的人属于哪一类主体？
3. 制定《电子商务法》的目的是什么？结合本案谈谈你的想法。
4. 请结合贯彻落实好党的二十大精神，谈谈如何争做社会主义法治的忠实崇尚者、自觉遵守者、坚定捍卫者。

2022年8月31日，中国互联网络信息中心（CNNIC）在京发布了第50次《中国互联网络发展状况统计报告》（以下简称《报告》）。《报告》显示，截至2022年6月，我国网民规模为10.51亿人，互联网普及率达74.4%，网民使用手机上网的比例达99.6%，网络直播用户规模达7.16亿人，占网民整体的68.1%。其中，我国短视频的用户规模增长最为明显，达9.62亿人，占网民整体的91.5%。

目前，中国是全球主要的电子商务市场，超过60%的消费者青睐在线购物，其中许多人已经养成了在线购物的习惯，这为在线零售商提供了巨大的潜在客户群。《报告》显示，自电子商务兴起以来，网上的实物商品日益丰富，从2016年至今，零售规模逐年增加，占网上零售总额的比重保持在70%以上。《报告》还显示，网络购物成为居家办公期间驱动消费的重要支撑，网络支付持续向乡村下沉、推动普惠金融进一步发展，网民使用率分别达80.0%和86.0%。

与此同时，网络欺诈，电商价格战，虚假促销，售后服务不当，个人信息被泄露，电子商务引发的合同问题、知识产权问题、信息安全问题、纳税问题及互联网金融等诸多问题，正变得越来越突出。在此背景下，建立健全电子商务立法体系、不断完善电子商务法律规制显得更为紧迫。

2018年8月31日，第十三届全国人大常委会第五次会议审议并通过了《中华人民共和国电子商务法》，自2019年1月1日起施行。自此，电子商务领域在《中华人民共和国电子签名法》（简称《电子签名法》）基础上，又新增一部电子商务专门立法。

截至目前，在《电子商务法》等一系列相关法律法规的保障下，电子商务治理持续推动了中国经济的发展和消费环境的优化。《报告》还显示，2022年上半年，工业和信息化部纵深推进App侵害用户权益专项整治工作，累计完成630万次App检测，实现对我国主流应用商店在架App的全覆盖，App治理能力显著增强。本次《报告》显示，截至2022年6月，63.2%的网民表示过去半年在上网过程中未遭遇过网络安全问题，较2021年12月提升1.3个百分点；遭遇个人信息泄露的网民比例为21.8%，较2021年12月下降了0.3个百分点。

1.1 电子商务对传统法律提出的挑战

1.1.1 电子商务的概念、特征与分类

电子商务（Electronic Commerce，EC）是经济和信息技术发展并相互作用的必然产物，它有狭义和广义之分。狭义的电子商务是指基于数据（文本、声音、图像）的处理和传输，通过开放网络（主要指 Internet）进行的商业交易，包括企业与企业、企业与消费者、企业与政府之间的交易活动；广义的电子商务涉及企业内部信息网络（Intranet）和开放网络等领域，它是一种全新的商务模式，其利用前所未有的网络方式将顾客、销售商、供应商和企业员工联系在一起，将有价值的信息传递给需要的人们。电子商务还有很多不同的定义。国际标准化组织（ISO）将电子商务定义为：企业之间、企业与消费者之间信息内容与需求交换的一个通用术语。联合国国际经济合作与发展组织（OECD）的定义为：电子商务是发生在开放网络上的，包含商家与商家、商家与消费者之间的商业贸易。著名的英特尔公司认为电子商务＝电子市场＋电子交易＋电子服务。IBM 公司认为电子商务＝信息技术＋Web＋业务。HP 公司认为电子商务是通过电子化的手段来完成商业贸易活动的一种方式。

与传统的商务模式相比，电子商务具有如下特征：
（1）交易主体的虚拟化；
（2）部分网上交易对象的无形化、信息化和数字化；
（3）支付手段的电子化，高度信用化；
（4）交易成本明显降低，交易机会大大增加；
（5）交易的全球化、跨国化。

作为一种新型的商务模式，电子商务的应用范围越来越广泛。依据不同标准，可对电子商务进行不同的分类。按应用的领域划分，电子商务可分为企业对消费者（B2C）、企业对企业（B2B）、企业对政府机构（B2G）、消费者对政府机构（C2G）的电子商务等；按开展电子交易的信息网络范围划分，电子商务可分为本地电子商务、远程国内电子商务和全球电子商务；按交易的内容划分，电子商务可分为电子购物与贸易、网上信息商品服务、电子银行与金融服务、售后跟踪服务等。

1.1.2 电子商务引发了传统法律难以解决的新问题

在人类行为规范体系中，法律是最系统、最具有强制力的行为规范。对于传统的商务模式，各国早就建立了一套完备的法律制度进行规制和调控。但在全新的电子商务模式出现并被广泛应用后，由于其具有高技术性、全球性和无纸化等特征，许多传统法律制度中的规则已不能调整电子商务活动中的商事主体的行为，如果硬行套用调整，将会产生不公平的后果或阻碍电子商务的发展。而且电子商务的内容相当丰富，包括电子合同、电子税收、网络知识产权、域名、电子商务安全、网络广告、电子支付、电子产品质量认证等，因此电子商务对传统法律制度造成了冲击和挑战。

1．传统民商事法律对电子商务发展的障碍

从我国传统民商事法律规范的发展现状来看，传统法律对电子商务的发展产生了一定的障碍，主要有以下3种情况。

（1）法律规则的缺位。这主要体现在基于纸介质的传统法律规则对合同和其他文件的"书面形式""签名""原件""保存"等的要求，数据电文的合法性及其效力没有法律上的依据。

（2）法律规则的模糊。这主要体现在现行程序法及证据规则对待数据电文的证据力及其可执行力的不确定性，电子合同应该是作为书面证据，还是作为其他类型的证据，如果作为书面证据，那么是否承认其作为"原件"的性质，这些都还没有明确的界定。

（3）法律规则不协调。这主要体现在合同成立的时间、地点有着不同的规定，在传统商务环境中，这种不协调可以通过冲突规则等予以缓解或在某种程度上予以解决，而在电子数据的发送、传输情况下，规则不协调的冲突与矛盾又一次显现出来。

正是由于上述法律障碍，人们难以建立起对电子商务的信心，而信心的缺乏，严重制约了电子商务的普及和运用。

2．电子商务引发的新法律问题

（1）电子合同问题。对数据电文传递过程中的要约与承诺、合同条款、合同成立及生效的时间和地点、通过计算机订立的合同对当事人是否具有约束力等问题，传统的合同法律制度已无法应对。例如，商家登载于网页上的商品信息是要约，还是要约邀请？电子要约与电子承诺的构成条件、生效条件是什么？电子合同的形式应归属于口头，还是书面或其他什么形式？电子合同成立、生效的时间和地点与传统合同一样吗？电子合同是否可撤销？无纸化电子合同发生争议后，没有原件的打印，合同是否具有证明力？电子合同的种类有哪些？

（2）互联网的知识产权问题。在互联网上存在着大量的可被任意下载的电子文件、电子新闻、电子书籍及软件，这无疑构成了对原著作权人著作权的侵犯。故著作权的保护成为一个极受人们关注的焦点，公众对网上著作权的认识和观念也有待提高和更新。而如何对被指控侵权的人实施有效的制裁是一个亟待解决的难点。就商标而言，传统的商标登记和使用有地域性，而在互联网上无地域界限，因而有较多潜在的侵权事件。此外，作为企业在互联网上识别标示的域名，在与某种商品或服务相联系后，就足以标示商品或服务的来源，从而具备了商标的标示性。再加上商标的地域性、多重性与域名的全球性、唯一性的冲突，域名与商标间的抢注纠纷也日益增多。抢注者通常都是抢注一些知名企业、著名的老字号店名、知名品牌或城市，甚至国家的名称。他们这样做，一是希望可以借此提高自己网站的关注率；二是希望鱼目混珠，假冒其他知名的品牌推销自己的产品；三是希望那些知名企业出巨额资金来购回或高价租用被抢注的域名。在电子商务活动中，这些行为无疑会给企业的竞争力带来负面影响，同样需要立法规范。

（3）电子商务涉及的税法问题。现有的税收征管措施和税种确立主要建立在商务主体开展的传统商务模式之上，交易双方的交易信息及账册都存储在纸介质之上，营业主体都有固定的营业地点及经营范围，方便了税务部门核查、监控及催收。但在电子商务交易过程中，网上流动营销十分普遍，营业主体不一定有固定的营业地点及经营范围。同时网上交易的信息及账册记录信息以数据电文记载，存储于磁盘介质之中，使得这些信息的固定性、可信性、不可删改性大打折扣。这就给税务部门获取电子商务的真实交易资料及对纳税对象的核查、监控及催收造成了极大不便。所以在电子商务中，采用传统的税管手段已很难产生应有的法律效果。同时，电子商务中生产、流通、分配、消费等环节的界限已在一定程度上难以区分，这又给网上交易征税时税种及征税地的确定带来了困难。另外，由于互联网带来的便利，跨国交易增多，如何规定跨国税收规则、如何避免双重征税也是有待解决的棘手问题。

（4）网上支付的法律问题。在电子商务交易过程中，由于金融电子化，完成交易的各方都是通过无纸化的电子手段，如信用卡、远程网上及电子资金划拨等进行支付和结算的。网上电子支付行为越来越普及后，就很难直接套用传统银行法中的货币发行、支付风险、支付责任等规定。在电子支付的过程中，电子货币的发行人是哪些机构，电子支付的安全性由谁保障，支付中出现资金冒领等损失由谁承担等，都应通过制定新的法律法规予以调整。

另外，网上支付中涉及的电子货币、电子现金、电子钱包等，在法律方面也存在着很多问题，如电子货币是否具有效力、什么地方将被作为支付地点等。

（5）电子商务安全与隐私权的问题。该问题已成为人们广为关注的焦点。如何保证商业秘密不被泄露和盗用，如何确保数据库的保密性，如何保证网络交易系统的安全运行，如何防止商业欺诈，如何判定交易人的身份及用户的信用，如何进行电子签名的识别与防伪，以及如何保证商家安全收款等，都是不容忽视的关键所在。网络的公开性使信息可以在网上自由交换，这无疑会与隐私权（如个人账户、信用卡密码、消费者喜好）产生矛盾。如果隐私权得不到保护，那么更多人将会对电子商务望而却步。

（6）电子证据问题。在电子商务中，确定交易各方权利义务的各种合同和单证都采用电子形式，这些电子文件在证据中就是电子证据。电子证据主要是指在计算机或计算机系统运行过程中产生的以其记录的内容来证明案件真实的电磁记录物。由于使用磁性介质，记录的内容容易被改动且不易留下痕迹，计算机操作人员的过失或环境和技术方面的原因也会使其出现差错，所以电子文件的真实性和安全性很容易受到威胁。因此，电子证据的可用性、有效性及审查判断规则，是亟待解决的问题。

（7）电子商务中的广告法律问题。传统的基于地域因素的广告管理规则已不能适应无地理界限的互联网的广告。例如，法国是禁止烟草广告的，但互联网的超国界性，使万宝路的广告在法国被公众获知成为可能，法国的禁令在互联网面前成了一纸空文。如何制定新的广告管理规则以适应互联网的要求，成了迫在眉睫的事情。

（8）电子商务中的消费者权益保护问题。法律强调对消费者权益的保护，是为了维护交易双方的实体平等。为此，《中华人民共和国消费者权益保护法》（以下简称《消费者权益保护法》）赋予了消费者一系列的法律权利，但在电子商务环境下，消费者的角色发生了转变，消费行为更信用化、理性化、个性化，消费者更加关注自身权益能否得到法律的切实保护。而现有《消费者权益保护法》无法为网上消费者对商品和服务的知情权、退货权、隐私权等提供充分的保护，所以结合电子商务消费者的消费特点，制定新的电子商务消费者权益保护法规尤为必要。

1.1.3　电子商务法产生的必然性

电子商务的交易具有不同于传统商务交易的法律上的表象，为了保证其规范和有序进行，其法律必须做出相应的调整，以消除传统民商事法律对电子商务运作构成的障碍。

但是，就电子商务交易形式法律制度而言，由于数据电文在商事交易中的运用，特别是互联网这一开放性商事交易平台的建立，给商事法律关系带来了一系列新问题。因为解决这些特殊问题而形成的电子商务法律制度，都是区别于传统商事交易制度的特有的法律制度：一是数据电文法律制度；二是电子签名的法律效力法律制度；三是电子认证法律制度。这些法律制度所解决的问题，实际上就是如何在互联网上建立起商事交易的法律平台。

总之，电子商务立法已成为我国立法机关和法学理论界面临的亟待解决的共同问题。

1.2　电子商务法基础知识概述

1.2.1　电子商务法的定义和调整对象

电子商务中，人们实施的各种活动具有共同的基础和特点，应当遵循共同的规则。所以，有必要制定专门的电子商务法，创建专门的电子商务学科，来对人们在电子商务中发生的种种社会关系进行规范并对新出现的各种问题进行研究。

电子商务法有广义和狭义之分。广义的电子商务法是指调整通过各种电子信息传递方式进行的商务活动所产生的社会关系的法律规范的总和。它的调整对象包括：通过电报、电传、传真等电子信息传递形式而发生的商事社会关系；通过电子数据交换（EDI）形式而发生的商事社会关系；通过互联网、局域网或增值网的电子信息交换而发生的商事社会关系。狭义的电子商务法是指调整通过互联网等信息网络销售商品或提供服务的经营活动所产生的社会关系的法律规范的总和。从目前国内外电子商务立法活动的实践来看，一般均是从狭义上使用电子商务法的概念的。本书也是从狭义上理解和使用电子商务法的含义的。

电子商务法要独立成为一门法律，就必须有自己独立的调整对象。对于电子商务法的调整对象，国内学者有不同的认识和表述。例如，杨坚争等编著的《电子商务法教程》中认为"电子商务法是调整有关在线商业行为及其引发的相关问题的法律规范的总和"。张楚著的《电子商务法初论》中认为"电子商务法是调整以交易形式为内容的商事关系的规范体系"。田文英等编著的《电子商务法概论》中认为"电子商务法是指调整电子商务信息流、物质流和货币流三个环节活动中所产生的社会关系的法律规范的总和"。这些立论界定的角度虽不同，但都认为电子商务法具有独立的调整对象。

电子商务法的调整对象包括：通过电子数据交换（EDI）形式而发生的商事社会关系和通过互联网、局域网或增值网的数据电文传递而发生的商事社会关系。具体包括以下几类：电子合同关系，网上电子支付关系，网络知识产权关系，网络不正当竞争关系，网络电子消费权益保护关系，电子税收关系，网络广告、拍卖关系，网站经营知识产权关系，电子商务争议解决关系等。

1.2.2 电子商务法的性质和特征

1. 电子商务法的性质

在大陆法系，最基本的部门法律是宪法、民法、刑法、商法、刑事诉讼法和民事诉讼法，简称"六法"。随着法律内容的丰富，在六法的基础上又分立出行政法、经济法、国际法等新的部门法。随着部门法的内容逐渐细化，又分立出比部门法更低一层次的大量的法律学科。部门法往往以调整的社会关系性质为划分标准。但在现代社会，由于政治、经济、文化的高度发达，社会关系的复杂程度前所未有，由此决定法律部门与法律学科的传统划分标准无法适用于所有场合。许多新产生的法律学科常同时调整不同性质的社会关系，跨越不同的法律部门，如房地产法、环境保护法、证券法、金融法等，这时就很难简单地将某一法律学科划归到一个特定的法律部门。

电子商务法是一个非常庞杂的法律体系，涉及许多领域，既有传统的民法领域，如合同法、著作权法等，又有新的领域，如数字签名法、电子认证法等。对于电子商务法的性质，法学界有不同的看法，有人认为它应归于民法，有人认为它应归于商法，有人认为它应归于经济法，还有人认为它应是一个独立的法律部门。本书认为，电子商务法的性质应由电子商务法的具体内容构成决定。电子商务法的内容主要包括电子交易法、网络知识产权法、网络安全管制法、网络消费者权益保护法、电子商务主体资格法、电子税收法、电子商务争议管辖法等。这些内容涉及的基本概念、基本原理在现有的法律体系中已有规范，这些规范跨越了民法、商法、经济法、行政法、刑法、诉讼法等法律部门。但从总体上判断，电子商务法是随着电子商务模式的普及和推广而产生的一个独立的主要归属于民商法体系的法律学科。因为电子交易法是电子商务法的核心内容，而电子支付法、网络知识产权法、消费者保护法等又是电子商务法的重要组成部分。同时，电子商务法又具有跨部门法的性质，有些内容又属于传统行政法、经济法、国际私法、诉讼法的调整范围。所以，电子商务法的现有规范体系和具体内容尚不足以支撑其成为一个独立的法律部门。

2. 电子商务法的特征

（1）电子商务法律主体的虚拟性。在电子商务实施中，参与的主体主要通过在线联系，交易和支付的信息主要通过电子邮件、电子数据交换系统、电子商务自动成交系统、电子银行支付系统来传递。因此，从交易谈判到合同订立，从合同履行到价款支付等各环节，电子商务的主体不需见面，相互的身份资料无法即时查实，由此可见，电子商务法律主体已虚拟成网络上的数据电文信息或符号。

（2）电子商务法律规范具有任意性和开放性。电子商务是一种全新的商务形态，许多制度的建立还处于探索阶段，因此，调整电子商务活动时不应当用僵硬化的规范，将正处于发展中的电子商务活动禁锢起来。同时，由于电子商务法主要以电子交易法为中心，交易对象的选择、交易形式的确定、交易内容的构成和交易责任的承担从意思自治原则来看也应允许交易主体自由决定。授权性的电子商务规范恰恰能满足这一要求。电子商务法是关于以数据电文进行意思表示的法律制度体系，数据电文的形式呈现多样化，新的技术手段与信息媒介不断被开发应用于电子商务活动之中。因此，调整电子商务的法律规范也应当具有开放性，不应将现阶段某一电子商务技术或模式固定为普适性的法律，而应制定开放性的一般原则条款和功能等价条款,将有利于电子商务发展的技术与模式尽量容纳于电子商务法律规范之中。

(3) 电子商务法律内容具有程式性和全球性。电子商务涉及合同、知识产权、税收、消费者权益、管辖制度方面的法律问题。在传统的法律体系中,相关方面的法律制度不仅早已建立,而且权利、义务的内容也相当丰富。所以,电子商务法主要是对传统法律难以调整、规范的问题进行补充性规定,而不是完全抛弃原有的法律制度另行创制一套新的法律制度体系。实际上,电子商务法主要规定通过数据电文方式进行意思表示时所应采用的形式,包括电子合同的形式、合同签字确认的形式、合同主体身份认证的形式、电子作品的形式、电子作品的侵权形式、消费者的权益保护形式等。这些形式在传统的法律体系中没有相关的规范条款,因此,要求制定电子商务法。一般情形下,电子商务法不重点规定在电子商务法律关系中的各项具体权利、义务,而主要规定电子商务的新形态、新样式及与传统法律制度的协调与相融,这就说明电子商务法的内容具有显著的程式性特征。同时,由网络的全球性和电子商务的跨国性特征决定,制定电子商务法时必须考虑国际组织和其他国家电子商务法律制度的内容、特点,力求在主要的法律理念、立法原则与制度设计上与其他国家相协调,否则,仅一国独创的电子商务法律规则将缺乏实施的生命力。当然,电子商务法的全球性并不意味着照抄照搬外国的法律,相反,各国要考虑本国法律体系的特点,在全球电子商务框架内创制本国的具体的电子商务法律制度。例如,我国在《中华人民共和国民法典》(以下简称《民法典》)和《中华人民共和国著作权法》(以下简称《著作权法》)中已分别制定了一些有创意的电子商务法律制度。

(4) 电子商务法律客体的广泛性。电子商务参与双方权利、义务指向的客体主要是商品和服务。商品包括有形商品和无形商品,有形商品如书籍、汽车、房屋、电器等,无形商品如软件、音乐作品、著作、专利技术等。服务包括网络广告发布、资料查询、邮箱提供、网上拍卖、身份认证、域名注册、聊天和联谊等。随着网络技术和电子通信技术的发展及安全性的进一步增强,电子商务应用的领域在不断扩大,电子商务法的客体也将不断增加。

3. 电子商务法的亮点

(1) 严格范围。因为电子商务具有跨时空、跨领域的特点,所以电子商务法把调整范围严格限定在中华人民共和国境内,限定在通过互联网等信息网络销售商品或提供服务。金融类产品和服务,利用信息网络提供的新闻、信息、音视频节目、出版及文化产品等方面的内容服务,都不在这个法律的调整范围内。

(2) 促进发展。因为电子商务属于新兴产业,所以电子商务法把支持和促进电子商务持续健康发展摆在首位,力求拓展电子商务的空间,推进电子商务与实体经济深度融合,在发展中规范,在规范中发展,为促进发展、鼓励创新做了一系列的制度性的规定。

(3) 包容审慎。目前,我国的电子商务正处于蓬勃发展的时期,渗透广、变化快,新情况、新问题层出不穷,在立法过程中既要解决电子商务领域的突出问题,也要为未来发展留出足够的空间。电子商务法不仅重视开放性,也更加重视前瞻性,以鼓励创新和竞争为主,同时兼顾规范和管理的需要,这就为电子商务未来的发展的体制框架奠定了基础。

(4) 平等对待。电子商务技术中立、业态中立、模式中立,在立法过程中,各个方面逐渐对线上线下在无差别、无歧视原则下规范电子商务的市场秩序，达成了一定的共识。所以法律明确规定，国家平等地对待线上线下的商务活动，促进线上线下融合发展。

（5）均衡保障。实践证明，在电子商务的三方主体中，最弱势的是消费者，其次是电商经营者，最强势的是平台经营者，所以电子商务法均衡地保障了电子商务三方主体的合法权益，适当增加了电子商务经营者，特别是第三方平台的责任义务，适当地加强了对电子商务消费者的保护力度。现在这种制度设计是基于我国的实际，反映了中国特色，体现了中国智慧。

（6）协同监管。根据电子商务发展的特点，电子商务法完善和创新了符合电子商务发展特点的协同监管体制和具体制度。法律规定国家建立符合电子商务特点的协同管理体系，各级政府要按照职责分工，各自负责电子商务发展促进、监督、管理的工作。在这样的情况下，监管的要义就在于依法、合理、有效、适度，既非任意地强化监管，又非无原则地放松监管，而是宽严适度、合理有效。

（7）社会共治。电子商务立法运用互联网的思维，充分发挥市场在资源配置方面的决定性作用，鼓励支持电子商务各方共同参与电子商务市场治理，充分发挥电子商务交易平台经营者、电子商务经营者所形成的一些内生机制，来推动形成企业自治、行业自律、社会监督、政府监管的社会共治模式。

（8）法律衔接。电子商务法是电子商务领域的一部基础性的法律，因为制定得比较晚，其中的一些制度在其他法律中都有规定，所以电子商务法不能包罗万象。但电子商务法能针对电子领域特有的矛盾来解决其特殊性的问题，在整体上能够处理好与已有的一些法律之间的关系，重点规定其他法律没有涉及的问题，弥补现有法律制度的不足。例如，在市场准入上，与现行的商事法律制度相衔接；在数据文本上，与《民法典》和《电子签名法》相衔接；在纠纷解决上，与现有的消费者权益保障法相衔接；在电商税收上，与现行税收征管法和税法相衔接；在跨境电子商务上，与联合国国际贸易法委员会（简称贸法会）制定的《电子商务示范法》《联合国国际合同使用电子通信公约》等国际规范相衔接。

1.2.3 电子商务法的内容

电子商务法的内容主要由以下4个部分构成。

1. 电子商务法律基础法理

这一部分主要介绍和论述电子商务的基本知识，电子商务法的调整对象、性质和特征，电子商务法的内容，电子商务法律关系的构成，电子商务立法的状况等。

2. 电子商务交易法

这一部分主要介绍和阐述电子合同制度，电子认证、电子签名法律问题，电子支付法律问题等内容。这部分内容是电子商务法的重点和中心。

3. 电子商务权益保护法

这一部分主要介绍和探讨网络著作权保护、域名制度、电子商务中的人格权保护、电子商务中的消费者权益保护等内容。

4. 电子商务管制法

这一部分主要介绍和分析电子商务的税收管制问题，电子商务的安全保护法律制度，对电子商务中的违法犯罪行为的防范与打击，电子商务纠纷的法律救济等。

1.3 电子商务法律关系

1.3.1 电子商务法律关系的概念与性质

电子商务法律关系是指由相关法律法规调整的、在电子商务活动中形成的以权利义务为内容的社会关系。具体地说，它是指电子商务的参与者（如企业、消费者、金融机构等）与网络服务商等相互之间，在电子商务活动过程中依法产生的权利义务关系。

作为市场经济的组成部分，电子商务市场也要遵循市场经济的基本规则，市场机制也要通过价格、供求关系和竞争机制发挥作用。因此，电子商务法律关系具有一般法律关系的共同特点，但是由于行为环境不同——电子商务是通过网络进行的商务活动，所以它还具有自身的特点。

（1）电子商务法律关系具有私法和公法相结合的性质。电子商务法律关系是调和自由和安全两种价值冲突的产物。私法以意思自治为中心，电子商务法中的电子商务交易法律关系恰好体现了交易主体的意思自治，因此具有私法的性质。但是，在互联网上进行交易时又需要注意安全，而安全可以通过国家的必要干预及网络经营商的技术措施来实现，所以电子商务法律关系又具有公法的性质。

电子商务的法律规范既有任意性规范，又有强制性规范。任意性规范主要体现在电子商务法给予交易主体以充分的选择权，体现了当事人的意思自治，而强制性规范表现为其要求当事人必须在法律规定的范围内为或不为一定的行为，违反这种规定就要受到国家强制力的制裁。因此，从这个意义上也可以看出电子商务法律关系具有私法和公法相结合的性质。

电子商务法涉及的法律责任不但有民事责任，还有行政责任和刑事责任。各种计算机或网络犯罪都可能给电子商务活动造成巨大损害。《中华人民共和国刑法》（以下简称《刑法》）中规定了四种计算机犯罪，给通过计算机信息网络破坏电子商务活动的犯罪分子以有力的刑事制裁。这也是电子商务法律关系集私法和公法于一身的表现。

（2）电子商务法律关系主要是由制定法规范的。电子商务法的表现形式是制定法，大陆法系国家是以制定法为传统、以判例法为特点的，英美法系也逐渐朝着制定法和判例法相结合的方向发展。贸法会制定的《电子商务示范法》也是以制定法的形式表现出来的。可见，以制定法的形式规范电子商务法律关系是大势所趋。

（3）电子商务法律关系具有突出的国际性特点。电子商务是一种世界性经济活动，它的法律框架不应只局限在一国范围内，而应适用于国家之间的经济往来，得到国际间的认可和遵守。一种成功的电子交易总是需要参与交易的个人、公司或政府之间签订一个合同，以明确彼此之间希望得到的利益和实施合同所必须承担的义务。只有当各国政府、各个公司和其他经济组织都认为电子商务与传统的面对面交易或合同交易活动具有同样的确定性时，全球电子商务才能发挥出全部潜能。所以，电子商务法律关系具有突出的国际性特点。

1.3.2 电子商务法律关系的构成要素

电子商务法律关系的构成要素是指构成电子商务法律关系所不可缺少的必要组成部分，即电子商务法律关系的主体、电子商务法律关系的客体、电子商务法律关系的内容。这三个构成要素必须同时具备，缺一不可，否则就不能构成电子商务法律关系。如果变更其中的某一个要素，就会引起电子商务法律关系的变化，将不再是原来意义上的电子商务法律关系。

1. 电子商务法律关系的主体

法律法规对电子商务调整形成的法律关系，其主体是法律关系的参与者，是法律关系中权利的享有者和义务的承担者。享受权利的一方被称为权利人，承担义务的一方被称为义务人。

电子商务法律关系的主体包括电子商务交易者、电子商务服务者、电子商务认证机构、电子商务监管者。

（1）电子商务交易者。它是指某一商品或服务直接进行交易的双方，即买方和卖方，如电子商务销售、服务企业和电子商务消费者等。但是，在线交易不同于现实交易，它不仅表现为运行的环境和使用的手段不同，还表现为网上交易主体具有"虚拟性"。而电子商务法的重要任务就是确保网上交易主体的真实存在，并具备从事相应在线交易的资质。

（2）电子商务服务者。它是指为保证电子商务交易活动顺利进行而提供各种服务的机构，如网络基础设施的建设与服务机构、金融机构、物流配送企业等。这些机构在买卖双方的交易活动中发挥着重要作用，假如缺少了这些机构，电子商务活动就无法真正开展。电子商务服务者分为两个层次：基础层和应用层。处于基础层的是交通运输业、金融业和电信业，它们提供的是进行电子商务交易活动所必需的基础条件，是实现电子商务交易的基础设施。处于应用层的是为进行电子商务交易提供技术支持的有特色的网络服务行业，即网络服务商。常见的网络服务商有网络服务提供商（ISP）、网络接入提供商（IAP）、在线服务提供商（OSP）、网络平台提供商（IPP）、网络设备提供商（IEP）、网上媒体提供商（IMP）、应用服务提供商（ASP）、网络内容提供商（ICP）等。

（3）电子商务认证机构。即电子认证服务机构，它是指在电子商务交易过程中，包括电子支付过程中为交易双方提供验证的第三方机构，它由一个或多个用户信任的、具有权威性的组织实体管理。它不仅要对进行电子商务交易的买卖双方负责，还要对整个电子商务的交易秩序负责。

在我国，认证机构应是企业法人，其设立与经营应当符合《中华人民共和国公司法》的规定，同时还应符合特殊行业的基本要求。就认证机构的发起人而言，一方面，必须能承担因认证机构业务而产生的财产责任；另一方面，必须具有从事信用服务的素质或资格。例如，美国犹他州《数字签名法》规定，认证机构的发起人必须为律师、金融机构、信托公司或保险公司等具有良好信誉和资质之人或机构。

认证机构还应遵守行业审批制度的规定。认证机构在申请成立时应向有关部门提交有关材料，如申请报告、可行性方案、验资证明、国家密码管理部门的批准材料、国家安全测评机构的鉴定材料等。

（4）电子商务监管者。电子商务监管者是对电子商务活动的开展进行监督和管理的政府职能部门。电子商务的参与者众多，分工不同、职能各异，为保证电子商务的顺利开展，就需要对各参与者的资格、职能、行为等通过制度的方式加以规范。一般来说，监管者不能同时为服务者，而且特定服务者不能拥有垄断地位。

中国人民银行（简称央行）是我国的金融监管部门，它对电子商务的监管涉及电子货币发行管理、金融认证管理、电子货币工具管理、安全电子交易管理、电子货币运行监控管理等，它还参与并主导全国性金融体系的认证，对所有的认证机构进行严格分级管理，有效防范金融伪造、诈骗、洗钱等非法活动。

2. 电子商务法律关系的客体

电子商务法律关系的客体是指经济主体享有的经济权利和承担的经济义务所指向的对象，它是经济法律关系中的重要因素。客体是确立权利义务的性质和内容的客观依据，客体的确立和转移是经济法律关系形成和实现的客观标准。

电子商务法律关系的主体相互之间，为达到一定的经济目的而形成了相应的法律关系。这种经济目的就是电子商务法律关系的客体，如有的是为了取得一定的财物，有的是为了提供一定的劳务或完成一定的工作，有的是为了获得一定的智力成果等。具体包括如下几个方面。

（1）有形商品和无形商品。电子商务法律关系的客体是与电子商务活动有直接关系的物，包括有形商品和无形商品，即传统商务中的商品与服务通过网络实现交易。它们具有传统民商法中物的特点。

（2）网上商务行为。网上商务行为包括上传、下载行为，广告、拍卖行为，招标与投标行为，信息服务等。

（3）智力产品和无形财产。智力产品和无形财产是企业在长期的经营实践中不断积累而形成的无形资产，如商誉、商标权、专利权、著作权、商业秘密与专有技术等。

3. 电子商务法律关系的内容

电子商务法律关系的内容指交易双方当事人享有的权利和承担的义务。

电子商务法律关系的主体享有的权利如下所述。

（1）电子商务销售和服务企业的权利。电子商务销售和服务企业（以下简称"商家"）在电子商务法律关系中，除享有传统商务中卖方的权利以外，在电子支付中还享有两项基本权利：获取支付价款的权利，即商家根据其与消费者订立的买卖合同享有通过电子方式得到支付的权利；得到通知的权利，即商家根据消费者与银行间的金融服务合同享有从金融机构处得到通知的权利。

（2）消费者的权利。消费者在电子商务法律关系中，除享有传统商务中买方的权利外，在电子支付中消费者还有权要求接收银行按照指令的时间及时将指定的金额支付给收款人。如果接收银行没有按指令完成义务，消费者就有权要求其承担违约责任，赔偿因此造成的损失。

（3）网络服务商的权利。网络服务商享有自主经营权、法定财产权、获得报酬权、网页及其他电子作品著作权等。

（4）金融机构的权利。

① 接收或拒绝支付指令的权利。在电子支付中，金融机构可以接收指令人的支付指令，也可以拒绝支付指令，或者要求指令人修正其发出的无法执行的、不符合规定程序和要求的指令。例如，在银行不了解付款人，同时也未持有来自付款人的存款时，便可以拒绝付款人发出的支付指令。银行决定接收还是拒绝支付指令，在一定程度上是一种判断信用的过程。

② 要求付款人或指令人按时存足支付指令的资金并承担因支付而发生的费用的权利。当付款人或指令人的账户中没有足额资金时，金融机构有权要求其及时补足；只要能证明由于指令人的过错而致使其他人假冒指令人通过了安全程序和认证程序，金融机构就有权要求指令人承担因假冒指令引起的后果。

（5）认证机构的权利。

① 发放证书。用户认证证书的发放是应证书申请人的请求而进行的，认证机构在收到申请后，经审查符合条件的，可以发放证书。

② 中止证书。认证机构对已经发生或可能发生的影响认证安全的紧急事件，应采取措施暂时阻止证书的使用。中止证书是应用户的请求或根据有关法律文件做出的，当发现发放的证书可能存在虚假的情况时，认证机构也可以中止证书，以确定情况是否属实。中止证书不能超过规定的时间。其他情况下，认证机构不得自行中止证书，除非当事人另有约定。认证机构在中止证书的同时，应当在信息公告栏和可查询之处予以公告，并通知有关当事人。

③ 撤销证书。当用户的主体资格或行为不符合认证机构的规定时，认证机构应当终止用户证书的效力。撤销证书可以是基于当事人的请求或法律文件的规定，也可以是认证机构的决定。认证机构在撤销证书的同时，应公开相关信息。

④ 保存证书。在证书有效期满或被撤销后，认证机构应当将证书保存并允许查询，应保存其颁发和任何吊销或撤销证书的记录，尽合理的注意义务，并根据证书上建议的可靠限制，保证记录的安全。

电子商务法律关系的主体承担的义务包含以下几个方面。

（1）电子商务销售和服务企业的义务。商家在电子商务法律关系中，除需承担传统商务中卖方的义务外，由于电子商务的特殊性，还需在电子支付中扮演收款人的角色。因此，商家在电子支付中具有特别的法律地位。在电子支付法律关系中，收款人虽然是一方当事人，但由于其与指令人、接收银行并不存在支付合同上的权利义务关系，因此收款人不能基于电子支付行为向指令人或接收银行主张权利。收款人只是基于和付款人之间的基础法律关系与付款人存在电子支付权利义务关系。

（2）消费者的义务。消费者在电子商务法律关系中，除需承担传统商务中买方的义务外，还要在电子支付中承担以下几项义务。

① 签发正确的支付指令，按照接收金融机构的程序，检查指令有无错误或歧义，并有义务发出修正指令，修改错误或有歧义的指令。

② 支付的义务，即一旦向接收银行发出指令后，自身也受其指令的约束，承担从其指定账户付款的义务。

③ 在符合商业惯例的情况下，接受认证机构的认证义务。

④ 不得以易于识别的方式记录其个人识别码或其他密码的义务。

⑤ 挂失和通知的义务。消费者在知晓下列情况时应当立即通知发行者或发行者授权的人：电子支付工具或电子支付工具使用方式丢失或被窃，其账户上出现未经授权的交易记录或其他异常情况。

（3）网络服务商的义务。国务院于 2000 年 9 月 25 日颁布、2011 年 1 月 8 日修订的《互联网信息服务管理办法》（以下简称《办法》）规定了网站（网络信息服务提供者）的基本义务。这些义务大致可分为两方面：一是服务行为合法的义务；二是保证信息内容合法的义务。这两项义务是基于网站作为一种新型媒体对社会公众应当承担的义务。

① 服务行为合法的义务。网站首先应当按照经营许可范围提供服务。《办法》第十一条规定："互联网信息服务提供者应当按照经许可或者备案的项目提供服务，不得超出经许可或者备案的项目提供服务。非经营性互联网信息服务提供者不得从事有偿服务。互联网信息服务提供者变更服务项目、网站网址等事项的，应当提前 30 日向原审核、发证或者备案机关办理变更手续。"《办法》第十二条明确规定："互联网信息服务提供者应当在其网站主页的显著位置标明其经营许可证编号或者备案编号。"这一规定实际上是在要求网站公示其服务身份的合法性。如果没有这样的公示，其身份就不合法，消费者不宜接受这些网站的服务，否则正当的权益可能得不到法律的保护。《办法》第十四条规定了网站在从事新闻、出版及电子公告等服务项目中要有登记备案的义务。根据该条规定，从事上述服务项目的互联网信息服务提供者，应当记录提供的信息内容及其发布时间、互联网地址或域名。这些记录备份应保存 60 天，并在国家有关机关依法查询时予以提供。

② 保证信息内容合法的义务。《办法》第十三条规定："互联网信息服务提供者应当向上网用户提供良好的服务，并保证所提供的信息内容合法。"这一条规定包含两层含义。一层含义是规定网站应当履行的一般性义务，即提供良好的服务。至于什么是良好的服务，需要根据具体情况具体分析，至少要达到在现有技术范围内一般网站所能做到的水平。另一层含义是网站应保证提供的信息内容的合法性，即网站提供的信息不包含《办法》规定的不合法信息。

（4）金融机构的义务。

① 审查客户的指令是否为一项合法、有效的支付指令，支付方式是否正确。

② 按照指令人的指令完成资金支付。

③ 信息公开和详尽告知的义务。

④ 建立并遵守电子支付的安全程序。为了防止未经授权的人向银行传送电子信息，通常的做法是银行和客户约定建立安全程序。所谓安全程序，是指银行与客户之间约定使用的密码或其他有效的身份认证手段。

⑤ 保留电子支付过程中相关的交易记录。国内外有关电子支付和电子货币的立法均将保留电子支付过程中相关的交易记录规定为金融机构的一项基本义务。例如，美国《电子资金划拨法》规定，所有的电子资金划拨的书面记录必须至少保存两年；欧盟委员会《关于电子支付工具建议》规定，交易记录必须保存足够长的时间；我国央行在《关于试行电子计算机记账过程中有关会计档案保存问题的复函》中规定，在试行电子计算机记账过程中，都应保存手工记账的全部会计档案。

⑥ 回赎其发行的电子货币。作为电子货币的发行人,金融机构有义务按照与持有者之间的合约所载明的回赎条件,在有效期内以法定的或某种可以自由兑换的货币赎回电子货币,并且除操作中必要的花费之外免费将资金划入电子货币持有人账户中。

（5）认证机构的义务。

① 信息披露义务。鉴于认证机构的公信力及其信用服务,认证机构应当向全社会公开其从业资格、重要的业务记录,以便接受公众的监督并获得公众的协作。

② 说明义务。该义务要求认证机构公开其工作流程、为用户提供的服务及服务内容。认证机构在其业务说明中应注意行业政策和习惯,并严格遵守其说明,保证包括证书在内的重要陈述的准确性和完整性。

③ 保险义务。认证机构是一个高风险的行业,既面临着内部人员操作错误甚至恶意操作等带来的风险,又必须提防外部攻击;技术的进步也会导致认证机构业务发生重大变化,一旦发生风险往往会超出认证机构本身的控制。因此,为了降低认证机构的风险和稳定交易秩序,认证机构有必要承担参加责任保险的义务。

④ 保密义务。认证机构在承担信息披露义务的同时,为保护用户的合法利益,还应承担保密义务。

⑤ 担保义务。认证机构一旦将证书发放给用户,就需要承担担保证书所述信息真实的义务。这里的真实是指认证机构在证书发放时依法对用户提供的身份状况等情况予以审查,不存在认证机构明知或应知是虚假信息的情况。担保义务不仅针对证书持有人,也适用于证书信赖人。

1.3.3 电子商务法律关系的分类

1. 电子商务交易法律关系

（1）电子买卖合同关系。电子买卖合同关系是电子商务交易双方在市场交易中产生的法律关系,它与传统的合同关系在本质上没有区别,但电子买卖合同的订立过程及其他形式要件与传统合同关系区别明显。

（2）电子服务合同关系。几乎任何一个网站经营者,均可以向网络用户提供信息展示、传输、存储、交流等服务。网站经营者与网络用户之间的这种服务关系特指网络用户与网站经营者之间建立的固定的长期服务关系,因而他们之间存在一些权利与义务的关系。例如,电子邮件系统的用户与网站经营者之间的关系,因服务合同、购物或接受服务而填写的各种表格均可使网站经营者与网络用户之间建立法律关系。只要网站经营者与网络用户之间有着信息发布、传递、交流等服务关系,提供服务的一方和接受服务的一方之间必然存在着合同关系。这种合同关系属于非典型契约,可以称之为网络用户服务合同。

（3）互联互通合同关系。互联互通合同关系是互联网接入服务商与互联网内容信息服务商之间的接入服务权利与义务的关系。例如,经营各门户网站的互联网内容信息服务商与中国电信互联网接入服务商之间的接入服务合同关系。这种关系的性质主要属于平等主体间的关系,但也具有一定的行业管理性质。

2. 电子支付法律关系

电子支付涉及的当事人有以下四类。

（1）付款人。电子支付中的付款人，通常为消费者或买方，其与商家、金融机构间存在两种相互独立的合同关系：一是与商家之间形成的买卖合同关系；二是与金融机构之间形成的金融服务合同关系。

（2）受款人。接受付款的人，通常为商家或卖方。在电子支付中，受款人与消费者、金融机构之间同样也存在两种相互独立的合同关系：一是与消费者之间形成的买卖合同关系；二是与金融机构之间形成的金融服务合同关系。

（3）金融机构。它是电子支付中的信用中介、支付中介和结算中介，其支付是基于金融机构与电子交易客户所订立的金融服务协议或基于委托代理关系。在电子支付系统中，银行扮演发送银行和接收银行的双重角色。

（4）认证机构（CA）。在电子支付中，认证机构为参与电子商务各方的各种认证要求提供证书服务，建立彼此的信任机制，使交易及支付各方能够确认其他方的身份。

3．电子认证法律关系

围绕认证证书这个核心形成了两种法律关系。

（1）认证机构与证书持有人之间的关系。认证机构提供证书服务，目的是表明证书持有人身份信息的真实性，让其他网络主体相信自己，同时也可以了解证书持有人的真实身份。这是建立网络商事关系的前提。可以说，认证机构与证书持有人之间是一种认证服务合同关系。二者之间签订的认证服务合同除了具有合同的一般法律特点（如双务、有偿等），还具有最大诚信、承诺的特点，同时，它属于无名合同。

（2）认证机构与证书信赖人之间的关系。所谓证书信赖人，是指由于相信认证证书的记载而相信证书持有人的身份真实，从而与之进行商事交易的人。证书信赖人有以下三种情况：一是信赖人与被信赖人都是同一认证机构的用户，都持有电子证书；二是信赖人与被信赖人虽然都持有电子证书，但是由不同的认证机构发放；三是信赖人不持有任何电子证书。第一种情况，信赖人与认证机构存在认证服务合同，具有合同关系；第二种情况和第三种情况，信赖人没有与认证机构签订合同，纯粹是基于对认证机构的信任而相信证书持有人。不论属于何种情况，信赖人对认证机构的信赖始终是存在的。可以说，二者之间的关系应是一种法定信赖利益关系，其权利、义务和责任应当由法律做出规定。

4．监管法律关系

监管法律关系是在电子商务活动中形成的政府监管部门与其他电子商务法律主体之间的关系，包括市场监督管理部门与电子商务企业的关系，工业和信息化部与网络服务商的关系，央行与电子货币发行机构的关系等。

1.4 电子商务立法

全球电子商务立法是近几年世界商事立法的重点，电子商务立法的核心主要围绕电子签章、电子合同、电子记录的法律效力展开。据不完全统计，目前世界上至少有40个国家与地区已经制定并颁布了实质意义上的电子商务法。

1.4.1 国外电子商务立法

1. 国际组织的电子商务立法

在国际组织方面，自1985年至今，贸法会主持制定了一系列调整国际电子商务活动的法律文件。1996年12月，贸法会第85次全体大会通过了《电子商务示范法》。该法是经众多国际法律专家多次集体讨论后制定的，旨在向各国法律部门提供电子商务立法的框架和示范文本，尤其对以数据电文为基础的电子合同订立和效力等做出了开创性规范，它是世界上第一部电子商务国际基本法，在电子商务法律领域具有不可忽视的重要意义。

1999年2月，贸法会电子商务工作组颁布了《电子签字统一规划（草案）》，旨在解决阻碍电子交易形式推广应用的基础性问题——电子签名及其安全性、可靠性、真实性问题。草案提出了电子签字与强化电子签字的概念，并对电子签名、认证证书、认证机构等进行了规范。2002年1月24日，联合国第55届会议通过了《联合国国际贸易法委员会电子签字示范法》。这是继《电子商务示范法》后又一部里程碑式的电子商务国际法，为电子签字在电子商务交易中的广泛应用奠定了坚实的法律基础。

1997年7月，美国政府正式发布"电子商务政策框架"，经济合作与发展组织（OECD）于1998年10月在加拿大渥太华召开了以电子商务为主题的部长级会议，会议名称为"一个无国界的世界：发挥全球电子商务的潜力"。会议通过了三个具体的实施宣言和一个实施报告，即《在全球网络上保护个人隐私宣言》《关于在电子商务条件下保护消费者的宣言》《关于电子商务身份认证的宣言》《电子商务：税务政策框架条件》。本次会议是全球电子商务的里程碑，推动了电子商务的全面发展，促进了国际间的政策协调，为各种经济体充分利用新的电子平台提供了广阔的空间。

世界贸易组织（WTO）于1997年达成三个协议，分别是《全球基础电信协议》《信息技术协议》《开放全球金融服务市场协议》，还对贸易领域的电子商务立法提出了工作计划。1998年5月，WTO的132个成员签署了《关于电子商务的宣言》，规定至少一年内免征互联网上所有贸易活动关税。1999年9月，WTO通过了《数字签名统一规则草案》，就电子合同实施中的电子签名问题做了初步规定。

作为国际区域组织，欧洲联盟（EU）也十分重视电子商务立法，始终将规范电子商务活动作为发展电子商务的一项重要工作，制定并颁布了一系列有关电子商务发展的规范和法律制度。1995年起，欧盟委员会先后颁布《关于电子商务的欧洲建议》《欧盟电子签字法律框架指南》《欧盟隐私保护指令》《数字签名统一规则草案》。这些文件对欧洲各国的电子商务立法及各国间电子商务活动的开展具有重要的指导作用。欧盟委员会于1997年提出《欧洲电子商务行动方案》，为规范欧洲电子商务活动制定了框架；1998年颁布《关于信息社会服务的透明度机制的指令》；1999年年末，制定《电子签名统一框架指令》，该指令由15个条款和4个附件组成，主要用于指导和协调欧盟各国的电子签名立法；2000年，将电子商务立法作为启动欧洲网络经济发展的重要环节，讨论了合同法、网上争端解决办法等立法程序。

2. 欧洲地区电子商务立法

俄罗斯是世界上最早进行电子商务立法的国家之一，1994年开始建设俄罗斯联邦政府网，1995年俄罗斯国家杜马审议通过了《俄罗斯信息、信息化和信息保护法》；1996年通过了《国际信息交流法》；2001年通过了《电子数字签名法》草案，规定了国家机构、法人和自然人在正式文件上用电子密码进行签名的条件，电子签名的确认、效力、保存期限和管理办法等。

此外，还有德国1997年的《信息与通用服务法》、意大利1997年的《数字签名法》、法国2000年的《信息技术法》等。2001年2月16日，德国议员投票通过了使电子签名具有与手写签名同样的法律效力的议案，使德国成为第一个电子签名合法化的欧洲国家。2002年8月16日，波兰电子签名法正式生效，电子签名在波兰与书写签名具有同等的法律效力。此外，还有奥地利1999年颁布的《电子签名法》、2005年颁布的《数据安全法》，匈牙利1992年颁布的《个人数据保护法》、2001年颁布的《电子签名法》，葡萄牙2002年颁布的《数字签名法》。

3. 北美洲、澳大利亚电子商务立法

美国是电子商务的主导国家，其电子商务政策、法律也走在世界前列，对各国的电子商务政策和法律的制定产生了重要影响。其电子商务立法是以各州的立法行动为先导的。1994年1月，美国宣布国家信息基础设施计划。1995年5月1日，犹他州率先公布了《数字签名法》，这部法案是世界上最先授权使用数字签名的法案。1997年，美国在《统一商法典》中增加了两章：电子合同法和计算机信息交易法；1998年做出进一步的修改。

1997年7月1日，美国颁布《全球电子商务统一框架》，正式形成美国政府系统化电子商务发展政策和立法规划。美国统一州法委员会1999年7月通过了《统一电子交易法》，该法现在已经为大多数州批准生效。2000年9月29日，美国又发布了《统一计算机信息交易法》，并受各州推荐采纳。另外，2000年美国颁布《国际与国内商务电子签章法》《反垃圾邮件法》《政府信息安全改革法》；2002年美国颁布《关键基础设施信息法》《信息自由法》《电子政务法》；2005年美国颁布《联邦信息安全管理法》；2010年3月24日，美国参议院商务、科学和运输委员会通过《加强网络安全法》。截至目前，美国各州关于电子商务及其配套的法律文件有近百部。

1999年，加拿大制定了《统一电子商务法》，正式承认数字签名和电子文件的法律效力。此后，加拿大不仅通过制定具体的法律法规，实现电子商务的发展，还通过及时更新法律法规，消除电子商务的障碍。与此同时，加拿大创立了世界上第一个全国性研发高速光纤网络，率先实现了国内所有的学校与图书馆的联机。

1999年，澳大利亚颁布了《电子交易法》，确定了电子交易的有效性，并对适用范围进行了适当限制，对"书面形式""签署""书面信息的保留""电子通信发出、接收的时间和地点"等进行了规定。此外，澳大利亚颁布的相关法律还有2001年的《反网络犯罪法》、2002年的《安全立法（反恐）修正案》、2003年的《反垃圾邮件法》。

4. 亚洲地区电子商务立法

新加坡是世界上积极推广电子商务的国家之一。早在1986年，新加坡政府就宣布了国家贸易网络开发计划；1991年全面投入使用EDI办理和申报外贸业务；1998年制定了《电

子交易法》，并逐步建立起完整的法律和技术框架。

马来西亚是亚洲最早进行电子商务立法的国家。20 世纪 90 年代中期，马来西亚提出建设"信息走廊"的计划。1997 年，马来西亚颁布了《数字签名法》，该法采用了以公共密钥技术为基础、建立配套认证机制的技术模式，极大地促进了电子商务的发展。

韩国于 1999 年颁布的《电子商务基本法》是最典型的综合性电子商务立法。该法包括：关于电子信息和数字签名的一般规定；电子信息；电子商务的安全；促进电子商务的发展；消费者保护及其他；对电子商务的各方面做出基础性的规范。此外，韩国制定的相关法律还有 2001 年的《电子政务法》《信息基础设施保护法》，2005 年的《全国网络安全管理规定》《促进电子政务电子管理法》《信息和通信网络推广法》。

印度于 1998 年推出《电子商务支持法》，并在 2000 年针对电子商务的免税提出实施方案，促进了信息产业和相关产业的持续增长。

2000 年 6 月，日本政府颁布《数字化日本之发端——行动纲领》，其中对电子签名做了明确规定。该纲领建议电子签名立法要点包括：明确"电子签名"的法律地位，保障"电子签名"所使用技术的中立性等。2000 年，日本制定了《电子签名与认证服务法》，该法主要的篇幅用于规范认证服务，并从几个方面对认证服务进行了全面细致的规定；该法还明确了指定调查机构的权利与义务，形成了独特的监管模式。日本制定的其他相关法律还有 1999 年的《反未经授权访问法》，2000 年的《电子签名和认证法》和《反黑客法》，2001 年的《建设先进信息和电信网络社会基本法》，2002 年的《反垃圾邮件法》。

中国香港 1997 年制定了《版权条例》，2000 年颁布了《电子交易条例》。中国台湾 2000 年颁布了《电子广告信件管理条例草案》和《电子交易条例》，2001 年制定了《电子签章法》。

《中华人民共和国电子签名法》于 2004 年 8 月 28 日通过，自 2005 年 4 月 1 日起施行。《中华人民共和国电子商务法》于 2018 年 8 月 31 日通过，自 2019 年 1 月 1 日起施行。

1.4.2 国际电子商务立法的启示

1. 立法的主要模式

（1）修改适用模式。依赖于网络、信息的电子商务在 20 世纪 90 年代以后迅速成为经济社会活动中的热点，大量的资本、人力投入这一领域，人们在比较中寻求和探索有效的电子商务发展形式及规范模式。现行的法律体系主要以传统的社会行为与商业活动形态为调控对象。虽然电子商务的许多活动似乎都可以在传统法律中找到依据，如电子合同订立、电子合同效力、电子支付中消费者保护、网络知识产权保护等，这些规定完全适用于电子商务，但又存在许多难以解决的问题。为此，许多国家为调整快速兴起和发展的电子商务活动，要么修改已有的法律规定，要么在已有的法律中增加相应的补充规定，从而一方面使现有的法律体系的基本形式、架构得以保持，另一方面又较好地适应了电子商务活动初步获得法律规制的需要。

（2）专门立法模式。对电子商务进行法律规范虽然可以通过法律的修改、补充来完成，但把两套相差甚远的概念、制度放在一部法律中，总显得格格不入，难以保持一部法律的完整性，同时也难以实现相互协调运作。随着电子商务在全球经济、社会生活中的地位不断提升，影响力不断增强，修修补补的立法规范已难以满足电子商务发展的要求。因此，许多信息技术相对发达、电子商务发展较快的国家，在电子商务实践的基础上陆续针对电子商务的各方面问题，制定、颁布了专门的法律，如美国、新加坡、阿根廷、韩国等。专门立法的优点：一是可以集中解决电子商务的新情况、新问题，使立法效率更高；二是可以较好地与现有法律相互协调，同时保持电子商务的相对独立性。

（3）政策为主、立法缓行模式。电子商务作为新兴的商业模式，存在的许多问题还处于未定状态，包括技术问题、认证问题、信息数据的证据力问题、侵权责任认定问题等，而且这些问题的解决有赖于电子商务的进一步深入发展和各方面经验的积累。而有些国家由于经济较落后和电子商务刚兴起，对电子商务诸问题的认识不深或对相关问题的了解更多来源于其他国家的介绍，缺乏本国的经验累积。在此情况下，这些国家比较适合先用较灵活的政策去引导电子商务的发展，待各方面条件成熟后再自行制定电子商务法律和法规。实际上，美国、日本、加拿大、法国等国家在电子商务发展的早期，也持这种观点。目前，世界各国电子商务立法进程较慢，而以政策为主导的国家主要是一些电子商务发展较慢的国家。

2. 立法的原则

（1）促进电子商务发展的原则。立法是为电子商务发展排除障碍。传统的法律在许多方面不仅不适应电子商务的快速发展和需要，客观上还阻碍了电子商务的快速发展。例如，传统的合同法认为合同应从双方当事人手写签名时生效，但电子商务交易合同无法实现手写签名，那么电子合同是否就不具有效力呢？传统证据法认为书面证据应有原件，那么电子记录的证据是否就无效呢？所以，各国在制定电子商务法时对现有法律法规中不适应电子商务发展要求的内容进行了修改、补充，这实际上是在排除传统法律体系和法律规范中阻碍电子商务发展的内容。

立法可以为电子商务发展提供法律依据，而电子商务的持续发展有赖于法律的规制。法律规制的目的是促进电子商务在协调有序运作中持续发展，而不是限制其发展。所以，各国十分重视电子商务的创新立法，制定了许多专门的法律，为飞速发展的电子商务提供了法律上的依据和支持。

（2）技术中立原则。立法应排除具体技术的影响。电子商务依托的技术数量众多，不同的技术产品质量及应用效能应通过市场竞争来验证。国家在制定电子商务法时应该创造宽松的法律环境，规范各类竞争行为，而不应直接对具体技术进行许可，将某一技术标准确定为法律规范。当然在涉及国家安全或国家利益时，可立法，将特定的安全技术或其他技术法律化。

立法应为各种技术的发展预留空间。支撑电子商务实施的各项技术只是目前人们开发的相对成熟的技术。实际上，许多技术在应用中仍存在速度、安全、认证等问题。这就要求各国在立法中应为新技术的不断开发和应用创造可能的法律条件，而不应禁锢现有技术的进一步开发和完善，特别是在电子商务立法中，不应区别对待不同的技术。

（3）全球协调一致原则。电子商务具有全球化特征，不论是商业信息的发布、交易的实施，还是争议的管辖与解决，各国均应从全球的视野进行思考。由此，电子商务立法首先要考虑与国际组织及有关国家已有立法内容的协调一致，以便与国际接轨。在电子商务发展中，各国应积极参与电子商务"游戏规则"的制定，以使本国占据主动地位。1996年贸法会颁布《电子商务示范法》后，各国的电子商务立法受到很大影响。美国作为信息技术和电子商务发展较快的国家之一，制定的许多电子商务发展原则和法律制度，对其他国家的电子商务立法产生了重大导向作用。当然，电子商务立法在考虑全球相互借鉴和协调一致的同时，也要根据本国的法律传统、电子商务发展状况等因素，从安全保护、消费者权益、产品质量、广告等方面考虑创制具有本国特色的新规范。

3. 立法的特点

信息技术革命所引起的电子商务立法在一定程度上与以往传统的立法形式有所不同。其特点表现如下。

（1）立法的速度快、周期短。从1995年俄罗斯的《联邦信息法》、美国犹他州的《数字签名法》开始，在短短10年间，已有几十个国家和地区及国际组织制定了相关的电子商务法。电子商务的发展速度、尚未成熟的现实状态及难以预测的未来风险，使其立法出现了高效的奇迹，这在世界立法史上都是极为罕见的。

（2）立法的范围广、跨度大。电子商务立法的关键性问题，涉及了多个法学部门和学科领域，其实质是把某一层次的技术全面应用到社会生产和生活的各个层面，在总体上将这种互联网上的革命认知为一项社会系统工程，并为推进这一工程建立起可靠的保障，由此使得立法的范围、立法的模式发生了巨大的变化。

（3）立法的实践强、次序变。行业互联网向社会互联网的转变，一方面促使互联网的发展从技术推动变为应用推动，迫使电子商务立法侧重法律的适用性、衔接性和实践性；另一方面也加速了电子商务全球规则的问世，造就了国际立法先于各国国内立法的奇特现象。

（4）立法的不平衡、差距大。发达国家和发展中国家的电子商务鸿沟，显示出世界电子商务发展的不平衡。目前，已形成以美国、欧洲和亚洲国家为主的国际电子商务格局，非洲、拉丁美洲地区处于落后的位置，由此导致各国电子商务立法的发展速度不均衡。为此，只有全球合作，投资发展中国家的IT基础设施，才能共同从电子商务中受益。

1.4.3 我国电子商务立法的现状

1. 电子商务专门立法

2000年12月，第九届全国人大常委会第十九次会议审议通过了《关于维护互联网安全的决定》；2004年8月，第十届全国人大常委会第十一次会议审议通过了《中华人民共和国电子签名法》；2012年12月，第十一届全国人大常委会第三十次会议审议通过了《关于加强网络信息保护的决定》。

2013年12月27日，全国人大财经委员会召开电子商务法起草组成立暨第一次全体会议，标志着电子商务法立法工作正式启动。

2014年11月24日，全国人大常委会召开电子商务法起草组第二次全体会议，就电子商务重大问题和立法大纲进行研讨。起草组明确提出，电子商务法要以促进发展、规范秩序、维护权益为立法的指导思想。

2016年12月19日，第十二届全国人大常委会第二十五次会议上，全国人大财经委员会提请审议电子商务法草案。

2016年12月25日，第十二届全国人大常委会第二十五次会议分组审议了《中华人民共和国电子商务法（草案）》（以下简称草案）。

2016年12月27日至2017年1月26日，中国人大网向全国公开电子商务立法征求意见。

2017年10月31日，第十二届全国人大常委会第三十次会议对草案进行再次审议。

2018年6月19日，草案三审稿提请第十三届全国人大常委会第三次会议审议。

2018年8月28日，第十三届全国人大常委会第五次会议分组审议了草案四审稿。

2018年8月31日，第十三届全国人大常委会第五次会议审议《中华人民共和国电子商务法》并通过，自2019年1月1日起施行。

《电子商务法》分总则、电子商务经营者、电子商务合同的订立与履行、电子商务争议解决、电子商务促进、法律责任、附则，共七章、八十九条。该法是我国目前关于电子商务领域主体和行为规定最为全面和具体的法律规则，旨在保障电子商务各方主体的合法权益，规范电子商务行为，维护市场秩序，促进电子商务持续健康发展。

2．电子商务相关法律

（1）《民法典》。法典中，合同编的第四百六十九条规定了能够有形地表现所载内容，并可随时调取查用的数据电文合同是书面合同之一；第四百九十一条和第四百九十二条分别规定了采用数据电文形式订立合同时合同的成立时间和地点。侵权责任编的第一千一百九十四条明确规定，网络用户、网络服务提供者利用网络侵害他人民事权益的，应当承担侵权责任。

（2）《著作权法》。《著作权法》于1990年通过，并于2001年、2010年、2020年先后进行三次修正。《著作权法》第三条明确将视听作品、计算机软件纳入作品范畴；第十条明确复制权包括数字化的复制方式，并规定著作权人享有信息网络传播权。同时，《著作权法》第六十四条规定：计算机软件、信息网络传播权的保护办法由国务院另行规定。

（3）《刑法》。《刑法》第二百八十六条明确规定，违反国家规定，对计算机信息系统功能进行删除、修改等操作，后果严重及特别严重的，将受到相应的处罚。2000年，第九届全国人大常委会第十九次会议审议通过的《关于维护互联网安全的决定》施行后，网络犯罪的适用范围进一步扩大。

在第十一届全国人大常委会第七次会议通过并公布的《中华人民共和国刑法修正案（七）》中又增设了非法获取公民个人信息罪。

（4）《中华人民共和国电子签名法》。该法全文约4500字，共五章、三十六条，赋予电子签名与手写签名或盖章同等的法律效力，明确了电子认证服务的市场准入制度，对中国电子商务的发展影响重大。

（5）《中华人民共和国消费者权益保护法》。2014年3月15日开始施行的是经过第二次修正的《中华人民共和国消费者权益保护法》。该法全面适用电子商务经营活动，第二十五条规定了网络购物的七日无理由退货；第二十六条规定了经营者不得利用格式条款，并借助技术手段强制交易；第二十八条规定了采用网络交易方式的经营者的信息提供义务；第二十九条规定了个人信息保密的相关内容。

（6）《中华人民共和国反不正当竞争法》。该法于 1993 年通过、2017 年修订、2019 年修正。该法的第二章中对经营者不得实施的不正当竞争行为做出了明确规定，其中第六条规定经营者不得实施擅自使用（对）他人有一定影响的域名主体部分、网站名称、网页等的混淆行为；第八条第二款规定经营者不得通过组织虚假交易等方式，帮助其他经营者进行虚假或引人误解的商业宣传；第十二条规定经营者不得利用技术手段，通过影响用户选择或其他方式，实施妨碍、破坏其他经营者合法提供的网络产品或服务正常运行的行为。

3. 我国互联网和相关服务行业主管部门、监管体制、主要法律法规及政策

我国互联网和相关服务行业的主管部门包括工业和信息化部、商务部和国家市场监督管理总局。中国电子商务协会和中国互联网协会是互联网和相关服务行业的自律组织。主体法律是《中华人民共和国网络安全法》，在《刑法》《民法典》等法律中有相应的规定，同时有 30 多个条件、决定、答复对网络管理与安全发挥规范与调整作用。

（1）法律法规。截至 2021 年 11 月，与我国互联网和相关服务行业相关的主要法律法规及规范性文件如表 1.1 所示。

表 1.1 主要法律法规及规范性文件

序 号	发 布 部 门	法律法规名称	实施时间
1	信息产业部（现工业和信息化部）	《互联网站管理工作细则》（信部电〔2005〕501 号）	2005 年 10 月
2	商务部	《电子商务模式规范》（商务部公告〔2009〕第 21 号）	2009 年 12 月
3	商务部	《网络交易服务规范》（商务部公告〔2009〕第 21 号）	2009 年 12 月
4	商务部	《第三方电子商务交易平台服务规范》（商务部公告〔2011〕第 18 号）	2011 年 4 月
5	全国人大常委会	《中华人民共和国消费者权益保护法》（2014 修正）	2014 年 3 月
6	国家工商行政管理总局（现国家市场监督管理总局）	《网络交易管理办法》（国家工商行政管理总局令第 60 号）	2014 年 3 月
7	全国人大常委会	《中华人民共和国电子签名法》（2015 修正）	2015 年 4 月
8	中国人民银行	《非银行支付机构网络支付业务管理办法》（中国人民银行公告〔2015〕第 43 号）	2016 年 7 月
9	全国人大常委会	《中华人民共和国网络安全法》	2017 年 6 月
10	工业和信息化部	《互联网域名管理办法》（中华人民共和国工业和信息化部令第 43 号）	2017 年 11 月
11	全国人大常委会	《中华人民共和国电子商务法》	2019 年 1 月
12	国家互联网信息办公室、公安部等 7 部门	《网络直播营销管理办法（试行）》	2021 年 5 月
13	全国人大常委会	《中华人民共和国数据安全法》	2021 年 9 月
14	全国人大常委会	《中华人民共和国个人信息保护法》	2021 年 11 月

（2）产业政策。截至 2021 年 11 月，我国相关部门及省级人民政府陆续出台了一系列产业政策，支持互联网和相关服务行业的快速发展，相关产业政策如表 1.2 所示。

表1.2 相关产业政策

序号	发布部门	政策名称	发布时间
1	发展改革委、财政部等13部门	《关于进一步促进电子商务健康快速发展有关工作的通知》（发改办高技〔2013〕894号）	2013年4月
2	国务院	《国务院关于促进信息消费扩大内需的若干意见》（国发〔2013〕32号）	2013年8月
3	国务院办公厅	《国务院办公厅关于促进内贸流通健康发展的若干意见》（国办发〔2014〕51号）	2014年11月
4	福建省人民政府	《福建省人民政府关于加快互联网经济发展十条措施的通知》（闽政〔2015〕10号）	2015年3月
5	国务院	《国务院关于大力发展电子商务加快培育经济新动力的意见》（国发〔2015〕24号）	2015年5月
6	商务部办公厅	《"互联网＋流通"行动计划》	2015年5月
7	福州市人民政府	《福州市人民政府印发关于贯彻落实省政府加快互联网经济发展十条措施的实施意见的通知》（榕政综〔2015〕165号）	2015年6月
8	中国人民银行等10部门	《关于促进互联网金融健康发展的指导意见》（银发〔2015〕221号）	2015年7月
9	国务院	《国务院关于积极推进"互联网＋"行动的指导意见》（国发〔2015〕40号）	2015年7月
10	中共福建省委、福建省人民政府	《关于进一步加快产业转型升级的若干意见》	2015年7月
11	国务院办公厅	《国务院办公厅关于加强互联网领域侵权假冒行为治理的意见》（国办发〔2015〕77号）	2015年11月
12	国务院办公厅	《国务院办公厅关于促进农村电子商务加快发展的指导意见》（国办发〔2015〕78号）	2015年11月
13	福建省人民政府	《积极推进"互联网＋"行动实施方案》（闽政〔2016〕9号）	2016年2月
14	中国人民银行、银监会（现国家金融监督管理总局）	《关于加大对新消费领域金融支持的指导意见》	2016年3月
15	国务院办公厅	《国务院办公厅关于深入实施"互联网＋流通"行动计划的意见》（国办发〔2016〕24号）	2016年4月
16	发展改革委、商务部等7部委	《关于推动电子商务发展有关工作的通知》（发改办高技〔2016〕1284号）	2016年5月
17	工业和信息化部	《信息化和工业化融合发展规划（2016—2020）》（工信部规〔2016〕333号）	2016年10月
18	商务部、中央网信办、发展改革委	《电子商务"十三五"发展规划》	2016年12月
19	商务部、发展改革委等5部委	《商贸物流发展"十三五"规划》	2017年1月
20	工业和信息化部	《工业电子商务发展三年行动计划》（工信部信软〔2017〕227号）	2017年9月
21	国务院	《关于深化"互联网＋先进制造业"发展工业互联网的指导意见》	2017年11月

续表

序号	发布部门	政策名称	发布时间
22	广州市商务局	《广州市直播电商发展行动方案（2020—2022年）》	2020年3月
23	最高人民法院	《关于确定民事侵权精神损害赔偿责任若干问题的解释》（2020修正）	2020年12月
24	国家广播电视总局	《关于加强网络秀场直播和电商直播管理的通知》	2020年11月
25	最高人民法院	《关于审理涉电子商务平台知识产权民事案件的指导意见》	2020年9月
26	最高人民法院	《关于涉网络知识产权侵权纠纷几个法律适用问题的批复》	2020年9月

（资料参考：观研天下整理）

1.4.4 我国电子商务立法的原则

1．安全性原则

电子商务立法要把维护电子商务的安全放在重要位置。电子交易安全是电子商务主体决定选择利用网络进行电子商务的最重要的因素。维护网络安全，既需要先进的安全技术，又需要严密的安全法律规范支持。

2．兼容性原则

电子商务的基础是互联网，互联网开放性的特点决定了电子商务本质上是全球性的商事活动，这也必然会导致法律的兼容性。

3．功能等同原则

电子商务立法的功能等同原则，是指我们要充分认识到电子商务与传统商业活动的差异，在立法中赋予数据通信、磁介质信息与纸介质文件同等的法律地位和待遇，为电子商务适用现行法律扫清障碍，为电子商务的发展提供坚强的法律支持。

4．动态性原则

电子商务发展迅猛，且仍处在高速发展过程中，同时也面临着许多新的法律问题，而目前要建立并完善国际电子商务法律体系是不可能的，也是不切实际的，所以，我们要就目前已成熟或已经成共识的法律问题制定相应的法规，并随着电子商务的发展不断修改和完善。

5．意思自治原则

由于电子商务的主要活动是电子交易，而交易的主要特征是平等自愿，因此，我国电子商务立法应充分尊重当事人意思自治，建立市场导向，明确政府在发展电子商务中的地位，即宏观规划和指导作用，最大限度地减少对电子商务市场的行政干预，充分体现当事人的意思自治。

6．协调性原则

在解决问题的同时，我们还要注意电子商务立法与其他层面解决方案的相互协调，既要避免法出多门，也要避免因立法权与管理权冲突导致整个电子商务法律环境的无序。

总而言之，电子商务是一种新兴的贸易方式，我国在为其构建新的法律制度框架时会有一个与传统商法不断协调和融合的时期，这是必然也是必经的阵痛。唯有如此，电子商务法律才能不断成熟和完善，电子商务才能得到健康持续的发展，成为扎实的国民经济增长点，为提升我国的综合实力服务。

以案解法

素养小课堂：法治

1. 狭义的电子商务法是指调整通过互联网等信息网络销售商品或提供服务的经营活动所产生的社会关系的法律规范的总和。电子商务法的调整对象包括：通过电子数据交换（EDI）形式而发生的商事社会关系和通过互联网、局域网或增值网的数据电文传递而发生的商事社会关系。具体包括以下几类：电子合同关系；网上电子支付关系；网络知识产权关系；网络不正当竞争关系；网络电子消费权益保护关系；电子税收关系；网络广告、拍卖关系；网站经营知识产权关系；电子商务争议解决关系等。

本案中电子商务经营者在未经许可的情况下自制药品，并通过网络违法发布药品信息、销售药品，属于电子商务法的调整范围。

2. 电子商务法律关系的主体是在电子商务活动中权利的享有者和义务的承担者。享受权利的一方被称为权利人，承担义务的一方被称为义务人。

电子商务法律关系的主体包括电子商务交易者、电子商务服务者、电子商务认证机构、电子商务监管者。

本案中利用微信平台违法销售药品的人属于电子商务交易者。

3. 制定《电子商务法》的目的是保障电子商务各方主体的合法权益，规范电子商务行为，维护市场秩序，促进电子商务持续健康发展。

4. 贯彻落实好党的二十大精神，坚持依法治国和以德治国相结合。"不知耻者，无所不为。"没有道德滋养，法律实施也将缺乏坚实的社会基础。法律只有转化为人的内心自觉，才能为更多人所尊崇、所使用。在推进法治中国建设的过程中，必须强化道德对法治的支撑作用，大力弘扬中华传统美德、社会主义核心价值观，提高全民族思想道德水平，为依法治国营造良好的人文环境，使社会主义法治成为良法善治，引导全体人民做社会主义法治的忠实崇尚者、自觉遵守者、坚定捍卫者。

以案用法

原告上海 A 网络信息服务有限公司（以下简称"A 平台"）是一家主要提供 C2C（消费者对消费者）的中介服务平台。2018 年 1 月 3 日，被告吴某以"本田一郎"为用户名注册为 A 平台用户，同年 3 月 31 日又以"Jaliseng"为用户名在 A 平台注册了另一个用户账号。注册后，吴某开始使用上述两个用户名在 A 平台发布商品信息，从事销售活动。在吴某注册时，A 平台实行免费服务，且未约定提供免费服务的期限。2018 年 7 月 1 日，原告开始向其用户收取网络平台使用费，并发布修改后的服务协议供新老用户确认。该协议后又经修改，其最终稿于 2018 年 9 月 18 日做了公证，并被发布在网上再次供新老用户确认。该协议对用户注册程序、网上交易程序、收费标准和方式等做了具体规定，并约定如用户不按协议的约定付款，应承担赔偿损失的责任，其范围包括因追索欠款而支出的通信费、交通费、差旅费和律师费。此后，被告先后确认了原告的《服务协议》，并继续使用原告的网络交易平台。到 2018 年 9 月 17 日，被告的两个用户账号共拖欠使用费 4336.6 元。2018 年 10 月 24 日，A 平台以吴某违反双方间网络服务协议为由向所在区人民法院提起诉讼，要求吴某依协议支付平台使用费 4336.6 元、律师费 2000 元、调查费 65 元，并承担诉讼费。法院审理查明，用户"本田一郎"系被告的父亲注册使用，原告仅依"本田一郎"和"Jaliseng"注册时提供的个人资料及两个用户发布的信息相类似即认定用户"本田一郎"亦系由被告注册，缺乏充分的事实依据，故原告要求被告支付用户"本田一郎"的服务费，法院不予支持。

至于"Jaliseng"用户名下的欠费，法院认为，原告制定的《服务协议》经被告确认后即对双方产生约束力，故该协议被认定为有效，被告未按约定支付服务费已构成违约，应承担支付欠款并赔付损失的民事责任。对于被告认为《服务协议》过于冗长，注册时不可能阅读全文，故不受约束，法院认为，经公证的协议和注册程序表明只有阅读了协议才能成为 A 平台用户，故没有支持。据此，法院判决如下：被告支付"Jaliseng"账户下平台使用欠费 1330 元、相应的律师费 613.38 元、调查费 65 元，并驳回了原告的其他诉讼请求。

请分析：
1. 本案存在哪些电子商务法律关系？
2. 法院的判决是否正确？为什么？

思考练习题

一、判断对错，并将错处改正

1. 电子商务法律关系的构成要素包括主体和客体。（   ）
2. 继《电子商务示范法》后，贸法会制定的又一部里程碑式的电子商务国际法是美国犹他州公布的《数字签字法》。（   ）
3. 电子商务法律关系的客体包括网上商务行为、无形商品和无形财产，不包括有形商品。（   ）
4. 新加坡是亚洲最早进行电子商务立法的国家。（   ）
5. 电子商务法是随着电子商务模式的普及推广而产生的一个独立的主要归属于民商法体系的法律学科。（   ）

二、填空题

1. 电子认证法律关系体现为（   ）之间的关系；（   ）之间的关系。
2. 1995 年 5 月 1 日，美国犹他州率先公布了《   》，这部法案是世界上最先授权使用数字签名的法案。
3. 世界上第一部电子商务国际基本法是《   》。

4．电子商务立法的主要模式有（　　　　）模式、（　　　　）模式和（　　　　　　　）模式。

5．电子商务交易法律关系包括：电子（　　）合同关系、电子（　　）合同关系和互联互通合同关系。

6．继《电子商务示范法》后又一部里程碑式的电子商务国际法是（　　）年国际组织（　　）正式公布的《电子签字示范法》。

7．我国第一部电子商务专门立法是《中华人民共和国电子签名法》，该法共（　　）章、（　　）条。

8．学习电子商务法的最终目的是养成"学法—（　　）—（　　）—用法—（　　）"的思维与习惯。

9．电子商务交易法主要包括（　　　　）制度，电子认证和电子签名法律问题，（　　　）法律问题等内容。

10．世界上第一部电子商务国际基本法是（　　）年（　　）月通过的。

11．第一个电子签名合法化的欧洲国家是（　　　　）。

12．《中华人民共和国电子商务法》从（　　）年（　　）月（　　）日起开始实施。

13．《中华人民共和国个人信息保护法》是从（　　）年（　　）月开始实施的。

三、单项选择题

1．新加坡的电子商务立法采用的立法模式是（　　　）。
    A．修改适用模式　　　　　　　B．专门立法模式
    C．政策为主、立法缓行模式

2．继《电子商务示范法》后又一部里程碑式的电子商务国际法是（　　　）。
    A．《数字签字法》　　　　　　　B．《全球基础电信协议》
    C．《电子签字示范法》　　　　　D．《全球电子商务统一框架》

3．世界上最先授权使用数字签名的法案是（　　　）。
    A．《数字签名指南》　　　　　　B．《数字签名法》
    C．《统一电子交易法》　　　　　D．《意大利数字签名法》

4．《中华人民共和国数据安全法》是从（　　　）开始实施的。
    A．2020年9月　　　　　　　　　B．2020年11月
    C．2021年9月　　　　　　　　　D．2021年11月

四、多项选择题

1．以下说法中，属于电子商务立法的特点的有（　　　）。
    A．立法的速度快、周期短　　　B．立法的范围广、跨度大
    C．立法的实践强、次序变　　　D．立法的不平衡、差距大

2．以下属于电子商务监管法律关系的有（　　　）。
    A．市场监督管理部门与电子商务企业的关系
    B．工业和信息化部与网络服务商的关系
    C．央行与电子货币发行机构的关系
    D．认证机构与证书持有人之间的关系

3．电子商务立法的原则有（　　　）。
　　A．打击黑客的原则　　　　　　　　B．促进电子商务发展的原则
　　C．技术中立原则　　　　　　　　　D．全球协调一致原则
4．以下关于"电子商务法的特征"的叙述中，正确的有（　　　）。
　　A．电子商务法律主体的真实性与虚拟性
　　B．电子商务法律规范具有任意性
　　C．电子商务法律规范具有开放性
　　D．电子商务法律内容具有程式性
　　E．电子商务法律内容具有广泛性
　　F．电子商务法律客体的全球性
5．以下哪些国家采用了电子商务的专门立法模式？（　　　）
　　A．美国　　　B．日本　　　C．新加坡　　　D．加拿大
　　E．韩国　　　F．阿根廷

五、问答题

1．电子商务法律关系的主体、客体分别包括哪些内容？
2．谈谈颁布与实行《中华人民共和国电子商务法》的划时代意义。
3．请谈谈学习这章内容后，你有哪些收获。

六、填表题

将表中空白处的内容填写完整。

电子商务法律关系的内容

电子商务法律关系的主体	权　利	义　务
电子商务销售和服务企业		承担传统商务中卖方的义务； 在电子支付中扮演收款人的角色
消费者		承担传统商务中买方的义务； 签发正确的支付指令义务； 支付的义务；接受认证机构的认证义务；挂失和通知义务等
金融机构		审查客户的支付指令是否合法、有效； 按照指令人的指令完成资金支付； 信息公开和详尽告知的义务； 回赎其发行的电子货币等
网络服务商		
认证机构		

电子商务交易法篇

第 2 章 电子合同

导入案例

要约与要约邀请的区分

2022 年年初，某生物科技有限公司（简称"甲方"）与某软件开发公司（简称"乙方"）达成手机 App 软件开发的合作意向。由于甲方负责人出差在外，难以及时签约，经双方协商，选择在第三方电子合同平台"云合同"上进行异地在线签约。

后经确认无误，双方正式使用"云合同"签署了《App 开发合同》。然而在完成签约后，甲方却由于公司内部决策问题，单方面毁约，取消与乙方的合作，并以电子合同没有面对面签署，不具备法律效力为理由，拒不按合同条款对乙方进行相应的违约赔偿。乙方由此将甲方告上法院。

以案问法

通过阅读导入案例，请思考以下问题。

1. 电子合同与传统合同有何区别？
2. 要约与要约邀请有区别吗？本案某生物科技公司所签的电子合同是属于要约，还是属于要约邀请？
3. 合同成立与合同生效的区别是什么？电子合同从订立之时起就意味着具有法律效力吗？本案某生物科技有限公司与某软件开发公司是否存在合同关系？
4. 在电子商务环境下，如何确定合同成立的时间、地点？
5. 电子要约可以撤回吗？电子要约可以撤销吗？
6. 电子承诺可以撤回吗？电子承诺可以撤销吗？
7. 电子合同违约方应承担哪些违约责任？本案某生物科技有限公司是否违约？法院应如何判决？

随着电子合同的广泛使用，电子合同立法的重要性日益提升。电子合同立法不仅涉及电子合同的成立、签署和生效，电子合同的履行，电子合同的证据效力等，与电子签名和电子认证法律有关，又与现行的《民法典》、证据法产生交叉，还涉及很多实践层面具体问题的规定。2019 年 1 月 1 日正式实施的《电子商务法》第四十七条规定："电子商务当事人订立和履行合同，适用本章和《中华人民共和国民法总则》《中华人民共和国合同法》《中华人民共和国电子签名法》等法律的规定。"

2.1 电子合同概述

随着互联网技术和信息化的发展，越来越多的企业依赖网络平台完成交易的全过程，这就与传统经济模式下的贸易方式有很大差别，电子合同作为电子商务的基础与核心，以其独特的订立方式和表现形式给传统的纸面交易带来了法律、技术和监管等方面的挑战。电子合同与传统合同的根本区别不仅在于订立合同的形式，而且在于记载合同内容的形式。因此，有关合同的法律规定必须适应这一变化，确立通过互联网缔结合同的一些特殊规则，解决意思表示手段的改变产生的特殊问题。本章主要论述电子合同从订立到履行过程中的特殊问题。

2.1.1 电子合同的概念和合同形式

1. 电子合同的概念

合同又称契约，在英文中称为"contract"，其本义为共同交易。《民法典》第四百六十四条规定："合同是民事主体之间设立、变更、终止民事法律关系的协议。"电子合同是伴随着数字信息时代的来临而出现的一种新兴的电子交易形式。一般认为，电子合同的概念分为广义和狭义两种。

广义的电子合同，就是通常意义上所指的以"数据电文"为形式拟订的合同。根据贸法会于1996年12月通过的《电子商务示范法》第二条的定义："'数据电文'系指经由电子手段、光学手段或类似手段生成、储存或传递的信息，这些手段包括但不限于电子数据交换（EDI）、电子邮件、电报、电传或传真。"可以说，广义的电子合同是指经电子手段、光学手段或其他类似手段拟订的约定当事人之间权利与义务的契约形式。

狭义的电子合同，是专指由EDI形式拟订的合同。贸法会在《电子商务示范法》中对EDI做了如下定义："'电子数据交换（EDI）'系指电子计算机之间信息的电子传输，而且使用某种商定的标准来处理信息结构。"国际标准化组织（ISO）为EDI下了一个较为完整的定义，即EDI是"将商业或行政事务处理按照一个公认的标准，形成结构化的事务处理或信息数据格式，从计算机到计算机的数据传输方式"。也就是说，由EDI形式拟订电子合同就是指按照双方或多方协议，对具有一定结构特征的标准数据信息，经过电子数据通信网络，在交易伙伴的计算机应用系统之间进行数据交换和自动处理。《民法典》第四百九十一条规定："当事人采用信件、数据电文等形式订立合同要求签订确认书的，签订确认书时合同成立。"这一规定在法律上确认了合同可以采用电子手段缔结。

2. 合同形式：电子合同作为独立的合同形式

合同的内容即当事人双方约定的权利义务，它要靠一定的形式记载或表达出来，这种记载或表达合同内容的方式即合同的形式。合同是仅对当事人双方有约束力的协议，只要双方彼此知道其内容并履行，就足以构成一种合同关系，无须特别的表达形式。商事交往中一般使用书面合同，记载双方的权利义务关系。传统的书面合同主要指纸面的合同，如纸面文本、信件、电传、传真等。而随着科技的发展，合同的表现形式也在不断发展。尤其随着互联网的普遍应用，通过电子邮件、自动交易系统等缔结、以数据电文表现的合同成了普遍的现象。

《民法典》第四百六十九条规定:"当事人订立合同,可以采用书面形式、口头形式或者其他形式。书面形式是合同书、信件、电报、电传、传真等可以有形地表现所载内容的形式。以电子数据交换、电子邮件等方式能够有形地表现所载内容,并可以随时调取查用的数据电文,视为书面形式。"该规定明确将电子数据交换、电子邮件等网络通信方式纳入书面形式的范畴,赋予其法律效力。它将定义书面形式的重点放在"可以有形地表现所载内容的形式",这一点在世界各国现行立法中处于领先地位。将数据电文(如电子邮件、EDI)视为书面形式,因而电子合同属于书面合同范畴。

但是,电子合同或以数据电文表现出来的合同与传统的以纸质为基础的合同有很大的差别。在某种意义上,传统的合同形式的划分是与证据规则联系在一起的:口头合同对应口头证据规则,书面合同则对应书面证据规则。而之所以将属于文书证据范畴的视听资料视为其他合同形式,是因为其适用的证据规则不同于一般证书规则。电子形式(数据电文电子记录)的合同尽管亦可以视为书面合同和数据,但是因其独有的特征,在证据法上也采取区别传统书面合同的证据规则。实质上,贸法会的《电子签名示范法》采取将数据电文作为区别于口头和书面的另一类记录或意思表示方式,也旨在解决数据电文的效力。因此,数据电文形式应当视为一种独立的合同形式,称为"电子合同"。鉴于数据独立对待和独立立法已经为世界各国所接受,所以亦应当成为我国合同法律制度的基本原则。

2.1.2 电子合同的特征

与传统合同相比,电子合同主要具有以下特征。

1. 无纸化

传统合同一般以当事人签字或盖章的方式表示合同生效,而在电子合同中,传统的签字、盖章方式被电子签名所代替。

电子合同通常不是以原始纸张作为记录的凭证,而是将信息或数据记录在计算机中,或者记录在磁盘和软盘等中介载体中,因此以电子合同形式所进行的交易,又称为无纸贸易。这种无纸化,大大降低了交易的成本,加快了文件周转速度,但正是这种无纸化,使得电子合同出现两个弊端:电子数据的易改动性和电子数据作为证据的局限性。

2. 虚拟化

电子数据的传输只需一台计算机、一条电话线和一个调制解调器,再借助国际互联网就可以传遍世界各个角落。因此,在签订电子合同时,双方当事人可以足不出户、互不谋面,只要坐在计算机屏幕前通过键盘和鼠标,在互联网上操作即可完成,双方当事人完全是在虚拟的网络世界里进行交易,无须人工干预,简化了中间环节,这既节省了双方为传统面对面的谈判所花费的费用和时间,提高了办事效率和市场竞争力,又避免了旅行中可能发生的各种意外。但正是这种虚拟化,导致了以下问题:一是当事人的身份、信用度如何,对方是否是合格的民事主体,有无民事责任能力等,这些只通过计算机是难以确认的;二是一方当事人收到的信息是否为另一方当事人真实的意思表示,是否确认了自己的信息内容,接收方也是很难认定的。

3．信息传递的快速化

电子合同由于采用数据信息的传输形式签订，速度极快，因而有利于当事人在市场行情千变万化的情况下，抓住机遇，大大缩短业务处理时间，改善服务质量。但是，信息传递的快速也带来一些问题。例如，当事人发出的要约或承诺在瞬间就传达给对方，之后发现错误难以撤回或撤销。所以，《民法典》关于行为人意思表示的撤回或撤销规定操作起来面临很大困难。

4．技术化与标准化

电子合同是通过计算机网络进行的，它有别于传统合同的订立方式，电子合同的整个交易过程都需要一系列的国际、国内技术标准予以规范，如电子签名、电子认证等。这些具体的技术标准是电子合同存在的基础，如果没有相关的技术标准，那么电子合同是无法实现和存在的。

5．电子化

电子化主要指电子合同订立过程的电子化和电子合同中内容表达的电子化。《民法典》第四百七十一条规定："当事人订立合同，可以采取要约、承诺方式或者其他方式。"电子合同的订立亦如此。传统合同中，当事人一般采用面对面的谈判或信件、电报、电话、电传和传真等方式提出要约和接受要约，并最终缔结合同。而电子合同中的要约和承诺均可以通过电子的形式完成，只要当事人输入相关的符合预先设定的程序的信息，计算机就可以自动做出相应的意思表示。意思表示的电子化，是指在合同订立的过程中通过相关的电子方式表达自己意愿的一种行为，这种行为的表现方式是通过电子化形式实现的。《电子商务示范法》中将电子化的意思表示称为"数据电文"。电子数据交换具有自动审断的功能，因此电子合同的签订过程是通过互联网在计算机的操作下完成的，这是电子合同区别于传统合同的关键特征。

6．安全化

电子合同具有比传统合同更高的安全性。电子合同的安全性保障主要来自电子印章技术和数字证书。一方面，电子合同的内容在盖了电子印章后便不可更改，而且电子印章不能分拆出来使用；另一方面，数字证书是我们的"网上身份证"，它可以确保合同的签订方和合同本身是可信任的。此外，电子合同采用密码验证和在传输过程加密的办法以保证其安全性。电子合同一旦被篡改，就会被提示为无效合同。与传统合同相比，数字认证更具有信息的保密性、数据的完整性等优势。

2.1.3 电子合同的类型

合同的分类是指将种类各异的合同按照特定的标准所进行的抽象性划分。一般来说，依据所反映的交易关系的性质，合同可以分为买卖合同、赠予合同、租赁合同、承揽合同等。《民法典》就以此为标准，建立了有名合同的法律制度。当然，除了这一标准，合同以双方权利义务的分担方式还可分为双务合同与单务合同；以当事人是否可以从合同中获取某种利益可分为有偿合同与无偿合同；以合同的成立是否须交付标的物可分为诺成合同与实践合同；以合同的成立是否以一定的形式为要件可分为要式合同与不要式合同等。

作为合同的一种，电子合同也可以按照传统合同的分类方式进行划分，但基于其特殊性，还可以将其分为以下几种类型。

（1）从电子合同订立的具体方式的角度，电子合同可分为利用电子数据交换订立的合同和利用电子邮件订立的合同。

（2）从电子合同标的物的属性的角度，电子合同可分为网络服务合同、软件授权合同、需要物流配送的合同等。

（3）从电子合同当事人的性质的角度，电子合同可分为电子代理人订立的合同和合同当事人亲自订立的合同。

（4）从电子合同当事人之间的关系的角度，可分为 B-C 合同，即企业与个人在电子商务活动中所形成的合同；B-B 合同，即企业之间从事电子商务活动所形成的合同；B-G 合同，即企业与政府进行电子商务活动所形成的合同。

其中，电子数据交换和电子邮件是电子合同订立的两种最主要的形式。

2.1.4 电子合同的法律地位

在电子商务活动中，包括电子合同、订货单、提单、保险单等多种单据及票据的电子文件即电子单证是在计算机内磁性介质中存储、传递的电子数据，无法直接被人们识读，必须通过屏幕显示或打印输出文件才能被人们识读。电子文件究竟是属于证据原件，还是属于抄录呢？执法部门在受理电子商务违法案件及电子合同纠纷案件时很难取得作为书面证据的原件。又该如何解决这一难题呢？

根据《民法典》的规定，书面形式是以书面文字表达意思表示的法律行为的形式。书面合同应当具有两个特征：一是作为合同的文本原件可以被保存和识读；二是在需要时可以复制，可以有复制件。但是，电子合同虽然同样可以被保存和识读，但人们必须借助一定的计算机设备和程序，才可以完成存储和识读。同时，电子合同没有可以直接被识读的原件，人们需借助计算机功能调取才能阅读。数据电文形式的合同虽然也可以被复制，但电子合同的原件显然与传统书面合同的原件不同，其复制件与原件具有不可分辨性。

《民法典》其实已经明确了电子合同的法律地位，同时，《中华人民共和国民事诉讼法》（以下简称《民事诉讼法》）第六十六条也将可读形式的电子证据归为采纳证据中的视听资料类，这就充分说明了我国采纳电子形式签订的合同是有法律效力和法律基础的，也就是只要经过国家电子商务认证中心（CA）、电子数据交换（EDI）服务中心的认证和防火墙的技术处理，辨别真伪，同时满足相关法律法规的要求，在明确的范围内，电子单证计算机记录（电子证据）可以作为合法的证据来认定事实、定性处理。

电子合同的法律地位等同于纸质版的书面合同，依据《电子签名法》第三条规定："民事活动中的合同或者其他文件、单证等文书，当事人可以约定使用或者不使用电子签名、数据电文。当事人约定使用电子签名、数据电文的文书，不得仅因为其采用电子签名、数据电文的形式而否定其法律效力。"

依据《电子签名法》第五条规定："符合下列条件的数据电文，视为满足法律、法规规定的原件形式要求：

"（一）能够有效地表现所载内容并可供随时调取查用；

"(二)能够可靠地保证自最终形成时起,内容保持完整、未被更改。但是,在数据电文上增加背书以及数据交换、储存和显示过程中发生的形式变化不影响数据电文的完整性。"

但是,在数据电文上增加背书,以及数据交换、储存和显示过程中发生的形式变化不影响数据电文的完整性。

2.1.5　电子合同与传统合同的区别

在电子商务中,合同的意义和作用虽没有发生改变,但其形式发生了极大的变化。

1. 合同订立的环境不同

传统合同的订立发生在现实世界里,交易双方可以面对面进行协商;而电子合同的订立发生在虚拟空间中,交易双方一般互不见面,甚至不能确定交易相对人,其身份仅依靠密码的辨认或认证机构的认证。

2. 合同订立的各环节发生了变化

在网络环境下,电子合同的要约与承诺的发出和收到的时间较传统合同复杂,电子合同成立和生效的构成条件也与传统合同有所不同。

3. 合同的形式发生了变化

电子合同所载信息是数据电文,不存在原件与复印件的区分,无法用传统的方式进行签名或盖章。

4. 合同当事人的权利义务也有所不同

在电子合同中,既存在由合同内容所决定的实体权利义务关系,又存在由特殊合同形式产生的形式上的权利义务关系,如数字签名法律关系。在实体权利义务法律关系中,某些在传统合同中不是很被重视的权利义务在电子合同里显得十分重要,如信息披露义务、保护隐私权义务等。

5. 电子合同的履行和支付较传统合同复杂

对电子合同的履行产生影响的主要是采用电子支付方式后引起的一些变化,在信息产品交易中,订约、交付和支付都可能在网上完成,对电子合同的履行有重大影响。履行涉及的问题主要有:①履行中的救济措施;②在信息产品交易中的电子自助权利的行使问题;③风险责任的界定;④电子支付中的法律问题。

宁波康尔绿色日用品有限公司(以下简称"甲方")与美国万顺工业有限公司(以下简称"乙方")签订合同时,双方对合同内容确认后,甲方先把一个类似于U盘的物体插到计算机上,两次输入密码后,一个红色的公司印章就印在了指定位置。之后,甲方利用网络将电子合同传输给乙方,乙方则用同样的方法盖上电子印章。这样,一份具有法律效力的电子合同就生效了,而这个过程前后只花了不到两分钟。

与传统合同相比,电子合同具有便捷、效率高的优势,大大提高了企业的整体商务效率水平。许多公司每年都要签订大量合同,采用传统纸质合同方式,管理会比较繁杂,而电子合同可以在计算机中原样归档、检索、提供数据，方便企业查找信息，还可以导入企业的企业资源计划（ERP）系统。采用电子合同方式，企业在对账、结算、资金控制等方面可以获得极大的便利。

2.2 电子合同的订立

2.2.1 电子合同的主体

1．当事人的行为能力

合同是当事人之间权利义务关系的协定，当事人订立合同，是为自己带来法律后果的行为，也就是一种民事法律行为。在电子交易过程中，一方当事人很难判断交易对方当事人真正的性别、年龄和身份，更谈不上能得知对方当事人是否具有相应的行为能力。例如，一个8岁的男孩经常上网，某日在网上购物网站上用其父亲的身份证号注册并订购了一台冰箱。结果购物网站在把货送到家后，才发现是男孩订的，其父母表示很抱歉，并拒绝买下。这时购物网站该如何处理这个问题？

根据《民法典》的规定，公民的民事权利能力是指公民"依法享有民事权利"和"承担民事义务"的资格。《民法典》第十七条、第十八条、第十九条有关规定，十八周岁以上的自然人为成年人；成年人为完全民事行为能力人，可以独立实施民事法律行为；十六周岁以上的未成年人，以自己的劳动收入为主要生活来源的，视为完全民事行为能力人；八周岁以上的未成年人为限制民事行为能力人。

《民法典》第二十二条规定："不能完全辨认自己行为的成年人为限制民事行为能力人，实施民事法律行为由其法定代理人代理或者经其法定代理人同意、追认；但是，可以独立实施纯获利益的民事法律行为或者与其智力、精神健康状况相适应的民事法律行为。"

《民法典》第五百零三条规定："无权代理人以被代理人的名义订立合同，被代理人已经开始履行合同义务或者接受相对人履行的，视为对合同的追认。"前述例子中，如果8岁男孩的父母不加以追认，这个男孩所做出的订购行为则是无效行为。在这种情况下，购物网站可以让家长或其他监护人补偿购物网站送货所花的部分费用，以示其监护不力的惩罚。

在明确消费者的行为能力的同时，还必须考虑商家的行为能力或权利能力。商家作为法人同样具有民事权利能力和民事行为能力。就法人而言，其缔约能力与民事行为能力是一致的。目前，我国法律对从事电子商务的当事人资格有限制性规定的仅限于网络中心。根据《计算机信息网络国际联网管理暂行规定（修正）》第九条规定："从事国际互联网经营活动的必须具备下列条件：

"（一）是依法设立的企业法人或事业法人；

"（二）具有相应的计算机网络、装备以及相应的技术人员和管理人员；

"（三）具有健全的安全保密管理制度和技术保护措施；

"（四）符合法律和国务院规定的其他条件。"

另外，《互联网上网服务营业场所管理条例》第六条规定中，对在我国境内设立的互联网上网服务营业场所的主体资格进行严格的限制。从联合国、发达国家的立法经验来看，世界主要发达国家虽然在立法中极少对电子合同当事人的主体资格加以限制，但是从保证电子交易的安全性和可行性的角度出发，发达国家关于电子商务的立法均对电子签名、电子认证制度做出了详细的规定，以此确保电子交易的安全性和对电子合同当事人的主体加以确认。

涉及银行卡私人密码的适用效力规则引发的储存款合同纠纷案：

2018年3月8日，原告张某在被告中国工商银行江苏省分行营业部下设的鼓楼储蓄所开设了活期储蓄账户，账号为30105059110××××，同时办理了中国工商银行江苏省分行牡丹灵通卡，卡号为430110000130××××，该卡性质是借记卡，不可透支，原告为存折和牡丹灵通卡设置了密码。2018年7月5日下午，原告在被告设在南京的银行自动柜员机（以下简称ATM机）上两次取款共3000元。同日18时59分30秒和19时0分27秒，原告所属账户在福建省厦门市ATM机上两次被支取1000元，并收取异地取款手续费各10元，原告与被告联系解决未果，故诉至南京市玄武区人民法院要求处理。南京市玄武区人民法院经审理认为，在规责原则上，原告主张适用无过错责任，这是恰当的，但前提是必须存在违约行为。从本案的事实来看，本案所涉的4笔交易均是通过牡丹灵通卡进行的ATM交易，是电子商务的一种交易方式，此种电子数据交易是通过私人密码的设密和运用进入自动交易系统从而完成交易行为的，作为电子商务中广泛运用的私人密码，它具有三种基本功能：一是私人密码的使用表明对交易者身份的鉴别及对交易内容的确认，从而起到电子签名的功能；二是私人密码的使用表明本人进行了交易行为，在交易中，信息发送者和接收者都不能对此予以否认，这就是电子商务行为的"不可抵赖性"；三是私人密码的使用表明交易是在保密状态下进行的。

基于这三种功能，产生了私人密码的使用效力规则，即本人行为原则，其含义就是：只要客观上在交易中使用私人密码，如无免责事由，则视为交易者本人使用私人密码从事了交易行为，本人对此交易应承担相应的责任。因此，从民事行为的角度，可以将在福建省厦门市进行的两笔ATM交易行为视为原告本人的行为，因此，被告不存在违约行为。本案中，原告认为其本人不可能同一天在南京与厦门取款，法院认为，情理上存在可能，但从电子签名的原则来看，电子签名的拥有者负有妥善保护其电子签名不被泄露、不被滥用的义务，即必须将电子签名保持于其独占控制之下，本案原告并没有证据证实其已履行该义务。作为金融机构，被告负有保障储户存款安全的义务，但保障存款安全的义务是双方的，且安全与否只是一个相对概念，是与现今科学技术能力相适应的安全，而不是绝对的安全。根据上述理由，法院判决驳回原告诉讼请求。

2. 电子合同代理人

在电子商务交易中，越来越多的电子合同采用EDI、电子邮件、网页单击或企业自动反应系统订立，甚至有的还采用自动方式履行，即互联网自动交易不是由一方或双方当事人在数据电文正常传送的情况下干预交易进行的，而是由当事人的计算机信息处理系统自动完成的。这些电子交易系统能按照预先设定好的程序自动发出要约、承诺，并具有审单判断的功能，许多自动履行的合同较少需要或不需要人工的介入。当事人通常要在得到清单后，才能知道这些合同的详细发生情况。这些智能化交易系统就是电子代理人，负责自动发送、接受和处理交易订单。可见，电子代理人既不是自然人，也不是法人或其他任何机构，而是一些计算机程序和自动化手段，是一种能够执行人的意图的智能化的交易工具。电子代理人不具有法律人格，与具有完全民事行为能力、具有法律主体资格的传统意义上的"代理人"是截然不同的。

2.2.2 电子合同的订立程序

电子合同是采取数据电文和电子数据的表达方式，其订立过程也是电子方式，即通过互联网通信缔结合同。但是，电子合同的订立过程仍要遵循传统合同订立的基本原理，并必须满足传统合同订立过程的"协商一致"原则。一般而言，这一过程包括要约和承诺两个阶段。只有具备这两个阶段，电子合同的订立过程才算完整。

1. 电子合同的要约

根据《民法典》第四百七十二条规定："要约是希望与他人订立合同的意思表示，该意思表示应当符合下列条件：

"（一）内容具体确定；

"（二）表明经受要约人承诺，要约人即受该意思表示约束。"

要约通常都具有特定的形式和内容，一项要约要取得法律上的效力，则必须具备特定的有效要件。

（1）要约是由具有订约能力的特定人做出的意思表示，其目的是希望得到受要约人的承诺并最终签订合同。所谓特定人，是指在客观上可以确定的人。

（2）要约必须具有订立合同的意图。

（3）要约必须向要约人希望与之缔结合同的相对人发出。

要约必须经过相对人的承诺才能签订合同，因此，要约必须是向相对人发出的意思表示。

（4）要约的内容必须具体、明确。

所谓内容具体、明确，是指要约的内容应当具备合同成立所必须具备的条款，即只要受要约人做出承诺，合同就应当成立。在合同成立所应具备的条款方面，《民法典》第四百七十条规定："合同的内容由当事人约定，一般包括下列条款：（一）当事人的姓名或者名称和住所；（二）标的；（三）数量；（四）质量；（五）价款或者报酬；（六）履行期限、地点和方式；（七）违约责任；（八）解决争议的方法。当事人可以参照各类合同的示范文本订立合同。"

从要约内容可以达到合同成立的角度来考虑，要约至少应当包括标的、数量、价格或确定价格的方法，并根据交易的具体内容做相应的调整，其传达给受要约人的信息应该是明确的。

（5）要约必须明确提出受要约人做出答复的期限。

在此期限内，要约人受自己要约的约束，且不得擅自撤回或变更要约。如果撤回要约或变更要约的通知先于或与发出的要约同时到达受要约人，要约人则可以撤回或变更要约。电子要约显然也必须符合以上条件，只是实现要约的手段不同而已。由此，可以认为电子要约是通过电子的方式希望和他人订立合同的意思表示，该意思表示应当是特定人所为的意思表示，内容应当具体、明确，并且表示一经受要约人的承诺，要约人即受该意思表示的约束。

2. 要约与要约邀请的区别

要约邀请，又叫"要约引诱"，是指希望他人向自己发出要约的意思表示。那么，在电子商务活动中，从事电子交易的商家在互联网上发布广告的行为到底是属于要约，还是属于要约邀请？在该问题上学界内有着不同的观点，一种观点认为其属于要约邀请，因为这些广告是针对不特定的多数人发出的；另一种观点认为其属于要约，因为这些广告所包含的内容是具体、明确的，包括了价格、规格、数量等交易信息。《民法典》第四百七十三条规定："要约邀请是希望他人向自己发出要约的表示。拍卖公告、招标公告、招股说明书、债券募集办法、基金招募说明书、商业广告和宣传、寄送的价目表等为要约邀请。商业广告和宣传的内容符合要约条件的，构成要约。"从法律性质上看，要约邀请不是一种意思表示，而是一种事实行为，即要约邀请是当事人订立合同的预备行为。在发出要约邀请时，当事人仍处于订约的准备阶段，要约邀请人只是在引诱他人发出要约，既不能因相对人的承诺而成立合同，也不能因自己做出某种承诺而约束要约人。在发出要约邀请以后，要约邀请人撤回邀请，只要没有给善意相对人造成信赖利益的损失，要约邀请人一般不承担法律责任。

区分要约和要约邀请可以根据以下标准。

（1）根据法律规定。法律明确规定为要约邀请的应当是要约邀请。

（2）根据内容确定。内容具体、明确，已达到合同成立所具备的条件的，是要约。

（3）根据发送人的意图确定。发送人有约束自己的条款的，是要约；表明不受约束的，是要约邀请。

（4）根据交易惯例确定。

……

3. 电子合同的承诺

承诺，又称接盘或接受，是指受要约人做出的，对要约的内容表示同意并愿意与要约人缔结合同的意思表示。《民法典》第四百七十九条规定："承诺是受要约人同意要约的意思表示。"一经受要约人承诺并送达要约人，合同即告成立。一项有效的承诺要具备如下条件。

（1）承诺必须由受要约人向要约人做出。

即便受要约人以外的第三人知道要约的内容并做出同意要约的意思表示，合同也不能因此成立。因为任何第三人都不享有承诺的资格。受要约人只有向要约人做出承诺，才能实现订立合同的目的，故承诺只有向要约人做出才有意义。

（2）承诺必须是对要约明确表示同意的意思表示。

（3）承诺的内容不能对要约的内容做出实质性的变更。

受要约人必须完全同意要约的意思表示，才能构成承诺，合同才能成立。如果受要约人对要约的内容做出实质性的变更，则只是一个新的要约，合同因此不能成立；如果受要约人对要约的内容做出非实质性的变更，除非要约人及时表示反对或要约表明承诺不得对要约的内容做出任何变更，则该承诺有效，合同的内容以承诺的内容为准。对于合同标的、数量、质量、价款，或者报酬、履行期限、地点和方式、违约责任、解决争议方法等的变

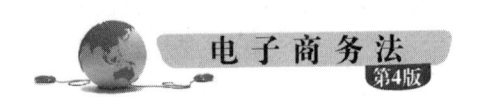

更,是对要约内容的实质性变更。

(4) 承诺必须在合理期限内做出,或者要约规定了承诺期限,则应在规定期限内做出。若未规定期限,应在合同期限内做出。

电子合同的承诺也应符合上述规定,由于网络的虚拟性,确定承诺的生效就成为判断电子合同成立的非常重要的问题。

关于承诺的方式。《民法典》第四百八十条规定:"承诺应当以通知的方式作出;但是,根据交易习惯或者要约表明可以通过行为作出承诺的除外。"在电子商务的交易环境下,以行为方式做出承诺而使合同成立的例子并不少见。当一个网络使用者阅读了某一网页上所展现的合同条款,并依照该网页的要求用鼠标单击某个超级链接或某个标有"同意"字样的按钮时,该使用者的行为即可以构成一个有效的承诺。

关于承诺生效的时间和地点。《民法典》第一百三十七条规定:"以对话方式作出的意思表示,相对人知道其内容时生效。以非对话方式作出的意思表示,到达相对人时生效。以非对话方式作出的采用数据电文形式的意思表示,相对人指定特定系统接收数据电文的,该数据电文进入该特定系统时生效;未指定特定系统的,相对人知道或者应当知道该数据电文进入其系统时生效。当事人对采用数据电文形式的意思表示的生效时间另有约定的,按照其约定。"同时,《民法典》第四百九十一条规定:"当事人采用信件、数据电文等形式订立合同要求签订确认书的,签订确认书时合同成立。"

《民法典》第四百九十二条规定:"承诺生效的地点为合同成立的地点。采用数据电文形式订立合同的,收件人的主营业地为合同成立的地点;没有主营业地的,其住所地为合同成立的地点。当事人另有约定的,按照其约定。"即电子合同成立的地点,除当事人另有约定的以外,以收件人的主营业地或其经常居住地为准,而主营业地一般为其在工商行政管理机关的登记注册地。

4. 电子要约与承诺的撤回

(1) 要约的撤回。要约的撤回,是指要约人在发出要约后,到达受要约人之前,取消其要约的行为。《民法典》第四百七十五条规定:"要约可以撤回。要约的撤回适用本法第一百四十一条的规定。"如果要约人以邮寄信件的方式发出要约,在要约到达受要约人之前,可以用更快捷的方法撤回,如电话。如果要约人采用快速通信的方法发出信息,就很难撤回了,例如,要约人向受要约人发传真,在发出的同时,受要约人便收到了。要约一旦到达受要约人后,就发生效力,要约人不能撤回。

关于电子合同中要约的撤回。一种观点认为,在电子合同的签订过程中,要约也是可以撤回的。由于现在很多网络系统都是"尽最大努力投递"系统,该类系统常见的做法是,当信息无法到达目的地的时候,系统先会等待一段时间(通常是几分钟到几小时不等),然后进行再次投递,因此,当网络繁忙的时候,要约无法立刻到达受要约人,此时要约人给受要约人发出撤回要约的通知,是可以先于要约到达受要约人或与要约同时到达受要约人指定的接收信息的系统的。因此,在电子商务中,要约是可以撤回的。

另一种观点则认为,虽然在通过 EDI 订约时,整个订约过程都可能是在计算机自动操作下进行的,甚至不存在当事人面对面的谈判和协商过程。要约的撤回几乎是不可能的。但是当通过电子邮件交易时,电子邮件在互联网上的传输受客观条件影响较大,要约的撤回并不是不可能。虽然时间短暂,但如果要约人发现市场有变化,想撤回要约,可以使一份撤回通知先于或同时到达受要约人以维护自身利益。例如，某人利用某一网络向对方当事人发出一份电子邮件形式的要约，但由于此网络服务器发生故障，或者发出要约的人所在网络的服务器发生故障，要约不能像通常情形快速送达，要约人突然发现要约存在错误，并立即通过另一正常运行的网络向受要约人的另一约定电子邮件信箱发出撤回要约的通知，或者通过电话直接通知受要约人，在这种情况下，完全可能实现撤回要约的通知先于或同时到达受要约人。

（2）承诺的撤回。承诺的撤回，是指承诺人组织承诺发生法律效力的一种意思表示。对于承诺能否撤回的问题，英美法系和大陆法系持截然相反的态度。英美法系对承诺生效采用"投邮主义"，即载有承诺的通知一经发出即告生效，承诺不能撤回。而大陆法系对于非对话要约采取"到达主义"，允许承诺人撤回承诺，只要撤回承诺的通知比承诺更先到达要约人或同时到达即可。《民法典》也采取这种到达主义原则，即承诺撤回的通知应当在意思表示到达相对人前或与意思表示同时到达相对人。

关于电子合同中承诺的撤回，法学界有两种不同的观点。一种观点认为电子数据在网络中传递的速度非常快，顷刻就可以到达对方，撤回几乎是不可能的，从而使得在法理上对承诺的撤回规定变得毫无意义。所以，这种观点认可英美法系的"投邮主义"，即承诺一经发出，马上生效。另一种观点则赞同承诺可以撤回，因为不管电子传输速度有多快，总是有时间间隔，还会有网络故障、信箱拥挤等突发性事件的存在，使得承诺不可能及时到达要约人。

从尊重契约自由原则和诚实信用原则出发，我们应当认可要约人或承诺人的撤回通知，以使电子合同的成立要件既不优于，也不劣于以其他方式订立合同。要约或承诺的撤回作为要约人或承诺人的一项权利，也不应该随意被剥夺，权利的暂时不能行使或行使的困难并不影响权利的存在。

5. 电子要约的撤销

要约的撤销，是指在要约生效后使要约失效的行为。要约的撤销不同于要约的撤回，前者发生于生效后，后者发生于生效前。《民法典》第四百七十六条规定："要约可以撤销，但是有下列情形之一的除外：

"（一）要约人以确定承诺期限或者其他形式明示要约不可撤销；

"（二）受要约人有理由认为要约是不可撤销的，并已经为履行合同做了合理准备工作。"

在线交易中，要约能否撤销与要约的撤回一样，取决于交易的具体方式。

如果当事人采用电子自动交易系统从事电子交易，承诺的做出是即刻的，要约人就没有机会撤销要约。如果通过电子邮件方式订立合同，一般情况下，要约就可以撤销。因为要约人通过以电子邮件方式发出要约后，受要约人收到要约后会有一个考虑期，而不是一种自动回应和瞬间撮合的程序。因而在发出要约与最终做出承诺之间可能有一段间隔。在此期间，要约人就可以撤销要约。另外，如果当事人在网上进行协商，这与口头方式无异，要约人在受要约人做出承诺前也是可以撤销要约的。

承诺自到达要约人时生效，承诺生效时合同即成立。同样，对于电子合同而言，承诺到达要约人，合同即告成立。《民法典》同时还允许承诺人在承诺生效之前取消承诺，撤回的通知应当在承诺通知到达要约人之前或与承诺通知同时到达。显然，承诺不存在撤销的问题，因为承诺到达要约人时，合同就宣告成立了。根据大陆法系合同理论，"承诺生效时合同成立"中的"合同"仅指诺成合同，而电子合同多为诺成合同，因此可以根据承诺生效的时间判断合同的成立时间。这也是电子合同在大陆法系和英美法系不同理论中一致性的表现之一。在两大法系不断融合的今天，各国对电子合同的相关规定也越来越趋同。

2.3 电子合同的成立与生效

2.3.1 电子合同的成立

合同的成立，是指当事人经由要约、承诺，就合同的主要条款达成合意，即双方当事人意思表示一致而建立了合同关系，表明了合同订立过程的完结。由于成立合同是双方或多方之间发生的法律行为，单方法律行为不能构成合同。这就意味着，成立一份合同，其主体必须是两个或两个以上，其意思表示必须一致合意。合同订立的过程就是当事人双方使其意思表示趋于一致的过程。这一过程在《民法典》中规定为要约、承诺。因此，合同的成立必须由双方或多方当事人对合同标的、数量、质量、价款或报酬等内容协商一致，即达成合意。

现实生活中，商家经常会遇到顾客在网上订购以后，却不付款或不接收物品的情况。这就涉及合同成立的时间问题，有人提出网上订购时，若使用在线支付，则以款项被划出账户时为准；若使用邮寄付款，则以邮戳为准。这显然对商家不利，那么未付款的合同是否成立呢？

1. 电子合同成立的时间

一般情况下，合同的成立时间就是合同的生效时间。《民法典》第五百零二条规定："依法成立的合同，自成立时生效，但是法律另有规定或者当事人另有约定的除外。

"依照法律、行政法规的规定，合同应当办理批准等手续的，依照其规定。未办理批准等手续影响合同生效的，不影响合同中履行报批等义务条款以及相关条款的效力。应当办理申请批准等手续的当事人未履行义务的，对方可以请求其承担违反该义务的责任。

"依照法律、行政法规的规定，合同的变更、转让、解除等情形应当办理批准等手续的，适用前款规定。"

所谓电子合同成立的时间，是指电子合同当事人产生法律约束力的时间。一般情况下，电子合同的成立时间就是电子合同的生效时间，合同成立的时间是对双方当事人产生法律效力的时间。

《民法典》第四百八十三条规定："承诺生效时合同成立，但是法律另有规定或者当事人另有约定的除外。"同时，第四百八十四条规定："以通知方式作出的承诺，生效的时间适用本法第一百三十七条的规定。承诺不需要通知的，根据交易习惯或者要约的要求作出承诺的行为时生效。"

《民法典》第一百三十七条规定："以非对话方式作出的意思表示，到达相对人时生效。以非对话方式作出的采用数据电文形式的意思表示，相对人指定特定系统接收数据电文的，该数据电文进入该特定系统时生效；未指定特定系统的，相对人知道或者应当知道该数据电文进入其系统时生效。当事人对采用数据电文形式的意思表示的生效时间另有约定的，按照其约定。"可以看出,《民法典》延续了到达主义原则。

在网上交易中,合同的标的为交付商品并采用快递物流方式交付的,以收货人签收时间为交付时间。合同的标的为提供服务的,以生成的电子或实物凭证中所载明的时间为交付时间。合同的标的为在线提供数字产品的,以承担交付义务的一方当事人将数字产品发送至对方当事人指定的特定系统并且能够检索识别的时间为交付时间。

合同当事人对交付方式、交付时间另有约定的,从其约定。

现实生活中消费者在网上购物时,当单击"确认"时,即已做出了承诺,此时电子合同已告成立。至于付款方式,实际上将进入电子合同的履行阶段。

认定发送和接收电子合同的时间对于判断交易成立和生效有重要的意义。根据《民法典》和民事法律关系基本原理和电子合同的实际情况,认定发送电子通信时间的默认规则为:在双方没有相反约定的情况下,某个电子信息进入某个输送人无法控制的信息系统则视为该信息已经被发送,如果信息先后进入了多个信息系统,那么该信息被发送的时间就是最先进入网络服务提供者的服务器的时间。在判断信息接收时间方面,如果电子信息的接收人指定了一个信息接收系统,则电子信息进入该系统的时间即信息接收的时间。

2. 电子合同成立的地点

电子合同的成立地点是指电子合同成立的地方。确定电子合同成立的地点涉及发生合同纠纷后由哪地、哪级法院管辖及其适用的法律问题。《民法典》第四百九十二条规定:"承诺生效的地点为合同成立的地点。采用数据电文形式订立合同的,收件人的主营业地为合同成立的地点;没有主营业地的,其住所地为合同成立的地点。当事人另有约定的,按照其约定。"我国立法对电子意思表示采取的是到达主义原则,规定以收到地点为合同成立的地点,其原因是考虑到当事人意思自治原则和特殊性问题。

《民法典》第四百九十二条之所以这样规定,主要是因为电子交易中收件人接收或检索数据电文的信息系统经常与收件人不在同一管辖区内。《民法典》这一规定确保了收件人与视为收件地点的所在地有着某种合理的联系,充分考虑到了电子商务不同于传统交易的特殊性。

2.3.2 电子合同的效力

电子合同的成立只是意味着当事人之间已经就合同内容达成了意思表示一致,但合同能否产生法律效力、是否受法律保护还需要看其是否符合法律的要求,即合同是否符合法定的生效要件。

1. 电子合同生效的含义

电子合同的成立并不等于电子合同的生效。合同的生效是指已经成立的合同在当事人之间产生一定的法律拘束力。虽然合同在成立并具备一定的要件后便能产生一定的法律效力,但这种法律效力并不是指合同能够像法律那样产生约束力,而是指符合法定生效要件的合同可以受到法律的保护,并能够产生合同当事人所预期的法律后果。如果一方当事人不履行合同义务,另一方当事人则可以依靠国家强制力强制对方当事人履行合同并承担违

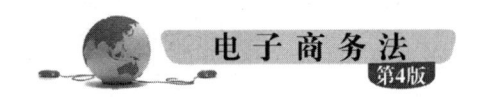

约责任。这里强调的是合同对当事人的拘束性。

电子合同是一种典型的民事法律关系。《民法典》第一百四十三条规定:"具备下列条件的民事法律行为有效:

"(一)行为人具有相应的民事行为能力;

"(二)意思表示真实;

"(三)不违反法律、行政法规的强制性规定,不违背公序良俗。"

这些条件是合同生效的一般要件,有的电子合同还须具备特殊要件,例如,有些特殊的电子合同还须到有关部门办理批准登记手续后才能生效。

大多数情况下,合同在成立时即具备了生效的要件,因而其成立时间和生效时间是一致的。《民法典》第五百零二条规定:"依法成立的合同,自成立时生效,但是法律另有规定或者当事人另有约定的除外。"

2. 电子合同的生效要件

电子合同的生效须具备以下几个法定要件。

(1)行为人具有相应的民事行为能力。行为人具有相应的民事行为能力的要件在学理上又被称为"有行为能力原则"或"主体合格原则"。行为人必须具备正确理解自己行为性质和后果,独立地表达自己的意思的能力。

(2)电子意思表示真实。电子意思表示真实是指利用资讯处理系统或计算机而为真实意思表示的情形。电子意思表示的形式是多种多样的,包括电话、电报、电传、传真、电邮、EDI、互联网数据等,具体是指通过封闭型的EDI网络、局域网与互联网连接开放型的因特网或传统的电信进行电子交易信息的传输。

电子商务当事人使用自动信息系统订立或履行合同的行为对使用该系统的当事人具有法律效力。

当事人在电子商务中推定其具有相应的民事行为能力,其意思表示真实。但是,有相反证据证明的除外。

(3)不违反法律、行政法规的强制性规定,不违背公序良俗。不违反法律、行政法规的强制性规定,不违背公序良俗是指电子合同的内容合法,即不仅要符合法律的规定,而且不得违反社会公共利益。凡属于严重违反公共道德和善良风俗的电子合同,应当认定其无效。

3. 电子合同的效力问题

(1)电子合同具有书面形式的法律效力。

1996年12月,贸法会通过了《电子商务示范法》,该法指出:因为数码信息具有以后被引用的可能性,足以担当书面文件的任务,不能仅仅因为信息采用的方式是数码信息而否定其法律效力、有效性和可强制执行性。《民法典》已将传统的书面合同形式扩大到数据电文形式,赋予了电子合同与传统合同同等的法律效力。这种规定也完全符合国际贸易委员会建议采用的"同等功能法"。

(2)电子签名的效力与电子合同的成立。

《民法典》第四百九十条规定:"当事人采用合同书形式订立合同的,自当事人均签名、盖章或者按指印时合同成立。在签名、盖章或者按指印之前,当事人一方已经履行主要义务,对方接受时,该合同成立。法律、行政法规规定或者当事人约定合同应当采用书面形式订立,当事人未采用书面形式但是一方已经履行主要义务,对方接受时,该合同成立。"在传统合同中,手写签名或盖章有两种功能:一是表明合同各方的身份;二是表明受合法约束的意愿。但在电子商务中,传统的签名方式很难应用于电子交易,因此,人们开始采用电子签名机制来相互证明身份。这种电子签名由符号及代码组成,具备了上述签名的特点和作用。2005年4月1日起施行的《电子签名法》第十四条规定:"可靠的电子签名与手写签名或者盖章具有同等的法律效力。"

《民法典》第四百九十一条规定:"当事人采用信件、数据电文等形式订立合同要求签订确认书的,签订确认书时合同成立。当事人一方通过互联网等信息网络发布的商品或者服务信息符合要约条件的,对方选择该商品或者服务并提交订单成功时合同成立,但是当事人另有约定的除外。"也就是在实行合同签署时,可以不签订确认书,直接使用电子签名;也可以根据实际情况,首先签订使用这种方法的确认书。后一种做法可以提高合同的可靠性,防止电子签名的伪造。实际上,《刑法》第二百八十条已规定了有关伪造、变造、买卖或盗窃、抢夺、毁灭国家机关的公文、证件、印章的,以及伪造公司、企业、事业单位、人民团体的印章的犯罪。

4. 电子合同效力的认定

(1) 电子证据与电子合同。传统的确定交易各方权利义务的各种书面合同单证,在被储存于计算机设备中的电子文件代替后,这些电子文件就成了电子证据。由于电子商务中确定各方的权利义务的各种合同和单证都是采用电子形式的,因此,电子证据作为一种新的能引起一定法律后果的行为载体,在诉讼中,已不仅仅是合同形式,同时也是具有证据意义的权利义务根据。《电子商务示范法》第九条规定,任何方面不得以数据电文形式不是原件为由否定其作为证据的可接受性。

电子证据显然是一种介于物证与书证之间的独立证据,我国诉讼法对其法律效力目前已有明确规定。2021年12月24日,第十三届全国人大常委会第三十二次会议通过《全国人民代表大会常务委员会关于修改<中华人民共和国民事诉讼法>的决定》,自2022年1月1日起施行。根据《民事诉讼法》第六十六条规定,"证据包括:(一)当事人的陈述;(二)书证;(三)物证;(四)视听资料;(五)电子数据;(六)证人证言;(七)鉴定意见;(八)勘验笔录。证据必须查证属实,才能作为认定事实的根据。"而《民法典》也规定了电子合同可以作为书面合同的形式,因此,我国法律在证据采纳方面已明确,一经查实的电子证据可以作为证据采纳。

(2) 电子合同证据效力的认定。《民事诉讼法》第七十四条规定:"人民法院对视听资料,应当辨别真伪,并结合本案的其他证据,审查确定能否作为认定事实的根据。"可见,视听资料不能单独、直接地证明待证事实,属间接证据的范畴。同时,由于电子证据容易被伪造、篡改,加上易受人为或环境和技术条件的影响而出错,故也应将电子证据归入间接证据。

按照法理学的理论,只有直接证据才能直接单独地证明案件主要事实,而间接证据必须和其他证据联系在一起才能证明案件的主要事实。因此,审查判断电子证据的真实可靠性和如何与其他证据结合起来认定案件事实将是最主要的工作。主要从以下几个方面进行审查:①审查电子证据的来源,包括形成时间、地点、制作过程等;②审查电子证据的收集是否合法；③审查电子证据与事实的联系，只有与案件相关的事实或逻辑上相关的事实才能被认为是证据；④审查电子证据的内容是否真实，有无伪造、篡改等；⑤结合其他证据进行审查判断，如与其他证据相一致，共同指向同一事实，就可认定其效力，作为定案根据，反之则不能。

微信付款截图是否可以作为证据采纳：

上海的倪先生以公司名义在微信平台上和广东东莞一家公司谈生意，预订了几千个水滴标（挂在红酒瓶上的一种酒标），支付了3万元，收货后，剩下的数万元货款却迟迟不肯支付。上海市浦东新区人民法院（以下简称"浦东法院"）自由贸易区法庭审理，并对这起买卖合同纠纷案做出判决，倪先生所在的公司应该支付欠款。双方没有签订书面合同，协商水滴标采购事宜、转账等均在微信平台上完成。原告提供的微信截图等电子证据被浦东法院采纳。

——中青在线

（3）认定效力需注意的问题。

① 在实践中，双方均认可的电子证据，其打印稿应当作为证据认定。因为当事人的承认性陈述本身就可以作为证据认定，而这种承认性陈述又能被电子证据的内容印证，所以应当把打印稿作为证据认定。

② 若当事人只提交电子证据的打印稿，而原件已在计算机中被永久删除，除非对方认可，合则无论对方是否有能力提出反证，该打印稿就不可以作为定案根据。这是因为根本无法判断该打印稿是否就是原件。这时也不能以对方举不出反证而确认该证据有效。

③ 对于存在争议的电子证据，应先核对其电子签名，若相符，则可以认定其系拥有该电子签名的人所收发。因为电子签名是代表个人身份的电子标记，如私人印章一般，自己应当有保管义务，即使为他人盗用，也应对善意相对人承担责任。但若未采用电子签名，在目前网络立法尚不完善的情况下，则较难处理。有学者认为，对于轻信未采用电子签名的合同，未进行严格审查的，应承担相应的责任。

④ 电子系统的专业技术性太强，如使用公用资源的非注册用户或计算机"黑客"的侵袭就应另当别论。因此，对电子证据的取证十分重要。目前，只能向网络服务提供商做调查和采取证据保全，查明对电子证据有无删改，确定收发件网址与时间等。必要情况下，应当引入专家评定制度，即由专门机构和专家对技术上的问题进行认证鉴定，以保证最大限度的公正合理性。

2.3.3 合同成立与合同生效的区别

合同成立并不等于合同生效。《民法典》中将合同的成立与生效区分开来，这主要体现在《民法典》合同编第一分编"通则"的第二章"合同的订立"和第三章"合同的效力"规定的内容中。结合《民法典》及其他法律的相关规定，可以对合同成立与合同生效做出如下区分。

1. 体现的意志不同

合同是当事人之间达成的合意。但合同成立后，能否产生效力，能否产生当事人所预期的法律后果，并不是由当事人意志决定的，而是取决于国家法律对该合同的态度和评价。

即使合同已经成立，如果不符合法律法规规定的生效要件，就不能产生法律效力。所以，合同成立体现了合同自由的原则，体现了当事人的意志，而合同是否生效，则体现了国家对合同所做的肯定或否定的评价，反映了国家对合同关系的干预。

2．反映的内容不同

合同成立与合同生效是两个不同性质、不同范畴的问题。合同成立属于合同的订立范畴，解决合同是否存在的事实问题，属于对合同的事实上的判断；而合同生效属于合同的效力范畴，解决已经存在的合同是否符合法律规定，是否具有法律效力的问题，属于法律上的判断。合同成立是判断合同生效的前提，合同只有在成立以后，才谈得上生效问题。也就是合同成立后，只有符合生效条件，才能受到法律保护。而不符合生效条件的合同，虽然已经成立，并且也可能反映着当事人之间事实上发生了一定的经济往来关系，但这种合同及其反映的经济往来关系不仅得不到法律的保护，有时还要受到法律的制裁。

3．构成要件不同

合同成立是订约当事人就合同的主要条款达成合意，即合同因承诺生效而成立，故合同成立的条件一般就是承诺生效的条件。《民法典》第四百六十五条规定："依法成立的合同，受法律保护。依法成立的合同，仅对当事人具有法律约束力，但是法律另有规定的除外。"在这里，合同"成立"的前提是"依法"，说明合同的成立应当具有法定的构成要件。联系《民法典》合同编第二章"合同的订立"关于合同的订立，包括合同的主体资格、合同的形式、合同的内容、合同的订立过程等的规定，可以看出合同成立的要件一般包括：①合同的主体必须有一方或多方当事人，仅有一方当事人是不可能产生合意的，因而合同不可能成立；②合同的内容必须具备合同的必备条款；③合同的订立程序必须经过要约、承诺两个阶段，并达成合意，这是合同成立的根本要件，也是合同成立的实质要件。另外要式合同必须采用特定的形式，实践合同必须交付合同标的，才告成立。

合同生效的条件是判断合同是否具有法律效力的标准。对合同生效的构成要件，《民法典》并没有做出明确的规定。但从逻辑上看，合同只有成立，才能考察其是否有效，合同成立是合同生效的前提。因此，合同成立的要件也可以当作合同生效的要件。除此之外，根据《民法典》第一百四十三条关于民事法律行为生效要件的规定，合同生效的要件还应当包括：①行为人具有相应的民事行为能力；②意思表示真实；③不违反法律、行政法规的强制性规定，不违背公序良俗。这些规定也是合同生效的一般要件，也是合同生效的实质要件。

有些合同，还须具备特殊要件方能生效。

《民法典》第五百零二条规定："依法成立的合同，自成立时生效，但是法律另有规定或者当事人另有约定的除外。

"依照法律、行政法规的规定，合同应当办理批准等手续的，依照其规定。未办理批准等手续影响合同生效的，不影响合同中履行报批等义务条款以及相关条款的效力。应当办理申请批准等手续的当事人未履行义务的，对方可以请求其承担违反该义务的责任。

"依照法律、行政法规的规定，合同的变更、转让、解除等情形应当办理批准等手续的，适用前款规定。"

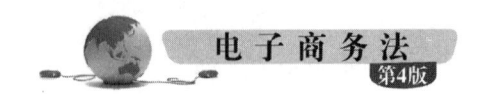

4. 法律效力及产生的法律后果不同

《民法典》第四百六十五条规定："依法成立的合同，受法律保护。依法成立的合同，仅对当事人具有法律约束力，但是法律另有规定的除外。"合同成立以后，当事人不得对自己的要约与承诺随意撤回，合同不成立的后果仅仅表现为当事人之间的民事赔偿责任，这种责任一般表现为缔约过失责任。也就是合同不成立只能产生民事责任而不能产生其他的法律责任。合同生效以后，当事人必须按照合同的约定履行，这一点与合同成立的效力是一致的，且多数合同成立的时间就是生效的时间。但对于已成立但未生效的合同来说，其结果可能有多种，例如，有的因依法批准登记或条件成就、期限届至而生效；有的因危害国家和社会公共利益而无效；有的属于效力待定合同，可变更、可撤销合同，等等。其中，无效合同自始至终就没有法律上的约束力，当事人必须停止履行。如果合同的无效是由于违反了国家的强制性规定而无效，有过失的当事人除了要承担一定的民事责任，还有可能承担行政或刑事上的责任。当事人恶意串通，损害国家、集体或第三人的利益，并因此获得的财产应当收归国家所有，或者返还集体、第三人。

5. 适用的法律与处理原则不同

合同是否成立，应当主要适用《民法典》合同编第一分编"通则"的第二章"合同的订立"，要约与承诺的有关规定，以及证据法关于证明责任的规定。对于一些不符合成立条件而可能导致无效的合同，如仅仅某些条款不具备或不明确的合同，通过推测、探究当事人的真实意思而将其补缺。尊重当事人的意志，通过解释合同将当事人的真实意愿表现出来，从而减少无效合同的产生，减少当事人财产的损失和浪费，充分鼓励其交易。而合同是否有效的纠纷，则应当适用《民法典》合同编第一分编"通则"的第三章"合同的效力"的有关规定。因为合同的效力体现了国家对合同的评价和干预，合同是否有效不能通过对合同当事人的意思的探究来加以认定。在此情况下，因无效合同内容或形式具有违法性，违反了法律的强制性规定或危害了国家、集体、第三人的利益，处理时不能通过推测、探究当事人的真实意思而将其补缺并促成其生效，只能依据合同的生效制度确认其无效。

2.4 电子合同的履行

2.4.1 电子合同履行的概念

电子合同的履行是指合同的当事人按照合同的约定，全面或适当地完成各自应承担的合同义务，使合同关系得以全部终止的整个行为过程。合同的履行是一个行为过程，是合同效力的具体体现。我国法律对合同的履行规定了基本的要求，《民法典》第五百零九条规定："当事人应当按照约定全面履行自己的义务。当事人应当遵循诚信原则，根据合同的性质、目的和交易习惯履行通知、协助、保密等义务。当事人在履行合同过程中，应当避免浪费资源、污染环境和破坏生态。"由于双方当事人交易的产品有数字化产品与非数字化产品之分，故而相应的电子合同在履行上也会表现出不同。非数字化产品的电子合同，其履行方式与传统方式没有较大的差异；而数字化产品的电子合同，由于特殊性，在履行中则表现出较多不同。

2.4.2 电子合同履行的原则

1．全面履行原则

全面履行原则，又称正确履行原则、适当履行原则，是指合同的当事人必须按照合同关于标的、数量、质量、价款或报酬、履行期限、履行方式等的约定，正确而完整地履行自己的义务。当事人一方未履行合同约定义务的任何一个环节，都违反了全面履行原则。

2．诚实信用原则

《民法典》第五百零九条规定："当事人应当按照约定全面履行自己的义务。当事人应当遵循诚信原则，根据合同的性质、目的和交易习惯履行通知、协助、保密等义务。当事人在履行合同过程中，应当避免浪费资源、污染环境和破坏生态。"此规定可以理解为在合同履行问题上将诚实信用作为基本原则的确认。当事人在合同履行中不仅要适当、全面履行合同约定，还要基于诚实信用原则，对对方当事人的履行债务的行为给予协助，使之能够更好地、更方便地履行合同。

根据诚实信用原则的要求，当事人在履行电子合同时至少应做到以下几点。

（1）债务人不得履行自己已知有害于债权人的电子合同。对于此种情形，债权人可以请求撤销电子合同。

（2）在以给付特定物为义务的电子合同中，债务人于交付物之前，应尽到善良管理人的注意义务，妥善保存该物。

（3）当发生不可抗力或其他因素致使电子合同不能履行，或者不能按预定条件履行时，债务人应及时通知债权人，以便双方协商处理电子合同债务。

（4）在电子合同未就某一有关事项做明确规定时，债务人应依公平原则并考虑事实状况合理履行。如电子合同中的告之债务人其收货地址和身份信息等，债权人不得拒绝。

2.4.3 电子合同履行的方式

《电子商务法》第五十三条规定："电子商务当事人可以约定采用电子支付方式支付价款。

"电子支付服务提供者为电子商务提供电子支付服务，应当遵守国家规定，告知用户电子支付服务的功能、使用方法、注意事项、相关风险和收费标准等事项，不得附加不合理交易条件。电子支付服务提供者应当确保电子支付指令的完整性、一致性、可跟踪稽核和不可篡改。

"电子支付服务提供者应当向用户免费提供对账服务以及最近三年的交易记录。"

从我国目前开展电子商务的情况来看，无论是哪一种产品，我们都可根据支付与交货的方式将电子合同的履行方式分为三种：①在线支付，在线交货；②在线支付，离线交货；③离线支付，离线交货。

有形产品的支付可采取在线或离线方式，而其交货必然要采取离线方式，因此有形产品的支付方式可以根据《民法典》的有关规定执行；而无形产品的支付，亦可采取在线或离线方式，只是在合同履行的时间、履行地、检验、退货方面有其特殊性。在电子合同履行中，可能需要第三方加入协助履行，例如，在线支付往往需要银行的网络化服务、信息访问许可合同、中介服务提供商提供的信息平台等。

2.4.4 电子合同当事人的权利义务

合同当事人的权利义务有所不同。电子合同除了具有实体权利义务关系，还存在由特殊合同形式产生的权利义务关系，如数字签名法律关系、保护隐私权义务、信息披露义务等。

2.5 电子合同的违约救济

违约责任是指在当事人不履行合同债务或履行合同债务不符合规定时，依法产生的法律责任。违约责任既是违约行为的法律后果，也是合同效力的表现。例如，2017年6月19日，用户马先生在天天网购买了一款"蜗牛水"，订单号为7077037，直到6月30日还未发货，马先生便取消了订单，可网站一直不给退费，他又打电话联系客服，却打不通电话，整个平台跟失踪了一样。用户在线上下单，并提交订单成功，那么其和平台就建立了买卖合同关系，而平台长时间拒不发货，甚至不能正常退款，这种情况属于卖方违约。所谓电子合同违约责任，是指电子合同当事人因违反电子合同所应承担的继续履行、采取补救措施或赔偿损失等违约责任。电子合同虽是以数据电文形式表现的合同，但同样也应当遵守传统合同法律制度的一般要求，具有传统合同违约的一般特征。又因电子合同的非传统化，其违约还具有订立过程的虚拟性及采用数字签名等特征。

2.5.1 电子合同违约的归责原则

归责原则是指违约方承担民事责任的法律原则。合同违约的归责原则有两种，一种是过错责任原则，另一种是严格责任原则。

（1）过错责任原则。所谓过错责任原则，是指当事人一方违反合同的义务，不履行和不适当履行合同时，应以过错作为确定责任的要件和确定责任范围的依据。

（2）严格责任原则。严格责任原则指的是当事人一方不履行合同义务或履行合同义务不符合约定的，应当承担继续履行、采取补救措施或赔偿损失等违约责任。因为违约责任源于当事人自愿成立的合同，如果以过错免责，对相对人就不公平。从国际立法文件和有关合同归责的发展进程看，以严格责任原则为合同的归责原则是发展趋势。

电子合同的违约责任应以严格责任原则为主。一方面，严格责任原则更符合合同责任的本质。合同责任的基础在于违反了合同，而合同从本质上是双方合意的产物，也是当事人允诺的一种体现。因而，违约行为是违反了自己与他人约定的义务，这种义务是当事人自愿同意为自己设定或创制的，理应受其允诺的意思表示的拘束。合同责任作为违反这种义务应当承担的法律后果理应比侵权责任更为严格。另一方面，严格责任原则更能发挥合同责任的功能。合同责任作为保障债权实现和债务履行的重要措施，其主要功能在于补偿性，即保障债权人能从债务人的财产中获得或尽可能获得因债务不履行所遭受的全部损失的补偿。严格责任原则在我国合同法律制度中予以明确规定，因而有理由认为其是合同责任的主要归责原则。

2.5.2　电子合同违约的免责事由

违约救济是指一方当事人在违反合同约定或法律规定义务的情况下，另一方当事人依照合同约定或法律规定，以保障合同的法律约束力、维护自身合法权益为目的而采取的各种措施的总称。违约救济的目的是保护受害方的权益，尽量避免或减少违约造成的损失。电子合同违约救济的主要方式有实际履行、停止使用、继续使用、中止访问、支付违约金和损害赔偿等。

网络传输的特殊性也会使电子合同违约产生传统法律中不曾有过的问题，因此，在明确严格责任的同时，还需规定免责的事由。电子合同违约的免责事由包括不可抗力、法律的特殊规定、债权人的过错和约定的免责条款等。所谓不可抗力，是指不能预见、不能避免且不能克服的客观情况。在网络中，下述情形可认为是不可抗力。

（1）电子文件感染病毒。许可方尽到了合理注意的义务后，不承担责任。目前，计算机面临的安全威胁绝大部分来自病毒，它能够破坏计算机系统、影响计算机工作并能实现自我复制。如果许可方采取了合理的、积极有效的防御措施仍无法避免电子文件感染病毒，也就是许可方尽了最大努力仍不能避免事件造成的损害后果，那么可以不承担违约责任。但这并不排除许可方返还对方的价款的义务。

（2）非因自己原因的网络中断。如果当事人对此无法预见和控制，则应属不可抗力。

（3）非因自己原因引起的电子错误。电子错误是指在电子合同订立过程中，双方当事人因使用信息系统而产生的错误或变异。若电子错误是消费者由于系统本身的程序缺陷而做出错误的意思表示，则消费者不应承担违约责任。

（4）因遭受攻击而不能履行电子合同的，也应免责。不可抗力或当事人在免责条款中约定的免责事由导致合同义务人违约，可以免除当事人责任，但并非全部免除合同义务人责任。当不可抗力并没有使合同义务人不能履行合同，或者仅导致合同义务人不能履行部分合同义务时，不能免除责任或只能免除部分责任。只有当不可抗力导致合同义务人不能履行全部合同义务时，才能免除承担全部违约责任。另外，若当事人延迟履行合同后发生不可抗力的，不能免除其违约责任；若当事人订立的不可抗力条款违反了《民法典》第五百九十条的禁止性规定的，依法不能免责。

2.5.3　电子合同违约救济的主要方式

（1）实际履行。请求实际履行是债权人享有的一项权利。在许可方违约时，要求许可方实际交付，使被许可方能够实际使用。保证合同得到切实执行以实现缔约目的，有利于减少当事人尤其是接受方的利益损失。

（2）停止使用。停止使用是指因被许可方的违约行为，许可方在撤销许可或解除合同时，请求对方停止使用并交回有关信息。它对电子信息产品而言有着特殊的意义，因为电子合同终止后，交回的如果只是信息产品的载体，并没有实际意义，只有停止使用才能保护许可方的利益。但如果被许可的信息在许可过程中已发生改变或与其他信息混合，使之无法分离，则无须也无法交回。

（3）继续使用。继续使用是指在合同终止或许可方违约时，被许可人可以继续使用许可方的信息。继续使用不同于继续履行。继续履行是指当事人在未能按照合同约定正常履行义务时，由法律强制其继续履行该义务；但是在被许可方实际使用或获得许可后，许可方违约，被许可方可以继续使用。继续履行针对的是违约方，作为惩治，法律强制违约方继续履行义务；继续使用针对的是正常履行合同的一方。不管是继续使用，还是继续履行，法律保护的都是守法履约当事人一方的合法权益。

（4）中止访问。它是对信息许可访问合同的救济，当被许可方有严重违约行为时，许可方可以中止其获取信息。中止访问是许可方对被许可方的一种抗辩行为，是履行中的抗辩。

（5）支付违约金。违约金是合同约定的一方当事人在违约时向另一方当事人支付的一定数额的金钱。违约金的支付一般服从双方约定。但由于约定的违约金具有预定的赔偿性质，当约定的违约金过分高于或低于违约造成损失的金额时，当事人可以请求法院或仲裁机构予以适当减少或增加。

（6）损害赔偿。损害赔偿是最基本的，也是最重要的违约救济方式。它与上述几种违约救济方式是互补的，当事人一方违约后，除了采取特定补救方式处理，还应对已造成的损害予以赔偿。损害赔偿的作用在于使受害者得到完全的赔偿。损害赔偿有两个主要特点，一是适用范围极其广泛；二是即使违约方履行了义务或采取了救济措施，只要守约方还有损失，仍可要求损害赔偿。

以案解法

素养小课堂：诚信

1. 答：电子合同与传统合同的区别如表2.1所示。

表2.1 电子合同与传统合同的区别

项 目	电 子 合 同	传 统 合 同
订立的环境	在网络中，通过电子数据，订立电子合同	面对面协商，订立书面合同
订立的环节	要约与承诺复杂，成立与生效条件复杂	要约和与承诺较为简单，成立和生效条件少
生效确认方式	需电子签名方式生效	需当事人签字或盖章生效
权利义务	除了传统合同基本的权利义务，还具有自身独特的权利义务	传统合同基本的权利义务
即时付款的交易方式	可以通过电子支付，也可以货到付款	即时付款
表现方式	数据电文	书面合同

2. 答：要约与要约邀请有明显的区别如表2.2所示。

表2.2 要约与要约邀请的区别

项 目	要 约	要 约 邀 请
意思表示不同	希望和他人订立合同	希望他人向自己发出要约
约束力	只要受约人承诺，合同即成立，要约人受到要约的约束	不具备成立合同的全部要素，要约人不承担约束力
主要条件	具备主要条款	不具备主要条款
法律效力	有	无

本案某生物科技公司所签的电子合同属于要约。

3．答：合同成立与合同生效的区别如表2.3所示。已订立的电子合同只有具备了合同生效的一般要件，才自成立时生效。

表2.3 合同成立和合同生效的区别

项 目	合 同 成 立	合 同 生 效
解决问题角度	解决合同是否存在的问题	解决存在的合同是否产生了法律约束力
条件	要约一经承诺，合同即告成立	具备合同生效一般要件的合同，自成立时生效
效力	合同成立后，当事人不得对自己的要约和承诺随意撤回	按合同约定，当事人必须履行合同的约定

本案某生物科技公司与某软件公司之间存在合同关系。

4．答：请参见教材有关内容。

5．答：电子要约在以下情况时可以撤回：(1)当网络繁忙时，要约无法即刻到达；(2)当发送电子邮件时，服务器发生故障，要约不能快速到达。但通过EDI等自动交易系统订约时，电子要约不可以撤回！

若当事人采用电子自动交易系统完成交易，电子要约几乎不能撤销。但交易双方在网上协商后，电子要约可以撤销。

6．答：电子承诺几乎不能撤回，但在出现网络故障、信箱拥挤时，电子承诺可以撤回。

电子承诺绝对不可以撤销。

7．答：电子合同违约方应承担的违约责任参见教材有关内容。本案某生物科技有限公司违约，法院应判决其履行合同。

以案用法

2018年7月，正在兴建某市住宅小区的被告宏达基建工程公司（以下简称"工程公司"）突然接到河沙供应商青蓝河沙厂的加急电报。电报称：连降大雨致使洪水泛滥，运送河沙的铁路被洪水冲毁，青蓝河沙厂无法再按时运送河沙，请工程公司另想良策购买河沙。因正值施工旺季，工地需要大量河沙，而冲毁的铁路又难以在短期内通车，工程公司为不影响施工进度，遂向东乡河沙厂和原告胜利河沙厂发出电报，称我公司急需建筑用河沙200吨，如贵厂有河沙，请于见报之日起两日内电报通知我公司，我公司将派技术员前往验货并购买。东乡河沙厂和胜利河沙厂收到电报后，均向工程公司拍发了电报，并提供了河沙的型号及价格。而胜利河沙厂在拍发电报的同时，又通过关系向铁路车站报领了车皮，用火车将100吨河沙运往工程公司所在的车站。在该批河沙到达工程公司所在的车站前，工程公司已派技术员丁某到东乡河沙厂验货并签订了购销合同，合同签订后的第二天上午，东乡河沙厂和丁某一起给工程公司拍电报，称货已发出。当天下午，胜利河沙厂的河沙运到，工程公司告诉胜利河沙厂，其已购买了东乡河沙厂的河沙并支付了货款，再无资金购买胜利河沙厂的河沙。胜利河沙厂认为工程公司既然发出了要约，而自己又在要约约定的有效期内做出了承诺，工程公司应受要约的约束。因此，胜利河沙厂坚持要求工程公司收货并付款，工程公司则以自己发出的仅仅是购买河沙的意向书而非要约为由拒绝收货和支付货款。双方协商不成，胜利河沙厂遂向人民法院起诉。

请分析：

1. 被告向原告发出电报称："我工程公司急需建筑用河沙200吨，如贵厂有河沙，请于见报之日起两日内电报通知我公司，我公司将派技术员前往验货并购买。"请分析这份电报的法律性质。

2. 原告与被告之间是否已构成合同关系？为什么？

3. 法院会支持原告的诉讼请求吗？

思考练习题

一、判断对错，并将错处改正

1. 要约的生效地点就是电子合同成立的地点。（   ）

2. 刘某看到某网站出售 VCD 影碟的广告后，依照该网页的要求用鼠标单击了标有"同意"字样的按钮，刘某的行为完全可以构成一个有效的承诺。（   ）

3. 要约一经承诺，合同即告成立。（   ）

4. 要约邀请具备合同的主要条款。（   ）

5. 电子合同承诺的意思表示形式可以是数据电文形式，也可以是行为方式，当事人还可以在合同成立之前，要求签订确认书。（   ）

6. 要约一经承诺，合同即告生效。（   ）

7. 要约的撤回与撤销是一回事。（   ）

8. 合同成立后，当事人不得随意撤回自己的要约与承诺。（   ）

9. 承诺的生效地点就是电子合同成立的地点。（   ）

10. 在电子合同被确认为无效或被撤销后，双方当事人也应进行财产返还，承担赔偿损失等民事责任。（   ）

11. 电子商务交易法的主要内容包括电子合同制度、电子认证、电子签名法律问题和域名法律问题。（   ）

12. 要约邀请是受要约人同意要约的意思表示。（   ）

13. 承诺可以撤回，但不可以撤销。（   ）

二、填空题

1. 电子合同订立的环境是（   ），电子合同生效的确认方式是（   ）。

2. 电子合同履行的基本方式有：（   ）、（   ）和（   ）。

3. 希望他人向自己发出要约的意思表示，指的是（   ）。

三、单项选择题

1. 某商业网站在其广告页上称某品牌某型号笔记本电脑八折出售给某日该网站的前三位访问者，该网络广告属于（　　　）。
   A．要约　　　　　B．要约邀请　　　C．承诺

2. 常见的网站广告属于（　）。
   A．要约邀请　　　B．要约　　　　　C．承诺　　　　　D．点击合同

四、多项选择题

1. 当电子合同履行过程中当事人发生违约行为时，承担违约责任的具体方式包括（　　　）。
   A．警告
   B．实际履行
   C．采取补救措施
   D．赔偿损失
   E．支付违约金
   F．定金罚则

2. 以下说法中正确的有（　　　）。
   A．电子要约几乎不存在撤回的可能
   B．电子承诺几乎不存在撤回的可能
   C．在通过电子邮件做出承诺时，网络服务器发生故障，发出要约的人可以通过另一正常网络撤回承诺的通知或电话通知要约人
   D．采用电子自动交易系统，承诺的做出是即刻的，要约人没有机会撤销要约
   E．通过电子邮件方式，在一般情况下，要约是可以撤销的
   F．通过电子邮件方式，在一般情况下，承诺是可以撤销的

五、问答题

1. 什么是电子合同？电子合同具有哪些特征？
2. 电子要约与电子承诺的构成要件分别有哪些？
3. 对电子合同而言，影响其效力的原因之一是无权代理订立的合同。请说出其具体的情形有哪些。

第 3 章

电子签名与电子认证法律制度

电子签名及其法律效力

导入案例

2019年6月，原告刘先生和张女士夫妻二人（以下简称"刘、张二人"）在成都某房屋中介公司（以下简称"中介公司"）处求购房屋，并与其签订了《独家求购服务协议》。刘、张二人看中了被告黄先生所有的一套住房。而黄先生是新加坡籍人，签约时人不在国内，在中介公司的安排下以电子邮件方式与刘、张二人签订了《房屋转让合约》，该合约中"黄杰伟"签名系电子签名。

合约约定黄先生将其所有的房屋出售给刘、张二人，并约定双方协同到成都市房地产交易中心签订《成都市存量房买卖合同》，否则视为违约。后黄先生拒绝前往办理手续，刘、张二人诉至法院要求黄先生承担违约责任。签订《房屋转让合约》后，刘、张二人已将定金交付给中介公司，纠纷发生后，中介公司将尚未交付给黄先生的定金20 000元退还给刘、张二人。庭审中，被告黄先生称自己没有签订过《房屋转让合约》，也没有收取过原告的定金。

成都高新区人民法院经审理认为，因当事人未有效签名，双方签订的《房屋转让合约》不成立，判决驳回原告要求被告支付违约金的诉讼请求。

以案问法

通过阅读导入案例，请思考以下问题。
1. 本案中的电子邮件是否可以作为证据？
2. 本案中所提到的电子签名是否与手写签名具有同等的法律效力？
3. 电子签名在房屋转让中是否有效？

3.1 电子签名法律制度

在传统交易中，一份书面合同一般应由当事人签字或盖章，能够让交易对方识别是谁签的合同，并能保证签字的人或盖章的人认可合同的内容，只有这样法律上才承认这份合同是有效的。在电子商务中，合同或文件是以电子的形式表现和传递的，无法进行传统的手写签名或盖章，必须靠技术手段替代。电子签名应运而生，它能够在电子文件中识别交易人的身份，保证交易安全，起到与手写签名或盖章同等的作用。而实现电子签名不仅需要技术保障，还需要法律保障。电子签名技术在我国早已成熟，可是由于没有法律保障，电子签名的实际应用依然存在不少阻碍。

在传统的法律环境下，电子签名的应用存在如下问题：一是电子签名、数据电文是否具有法律效力无明文规定，给电子商务和电子政务发展造成了法律障碍，客观上制约了电子商务和电子政务的发展；二是电子签名的规则不明确，对电子签名人的行为缺乏规范，纠纷发生后的责任难以认定；三是认证机构的法律地位和法律责任不明确，行为不规范，认证的合法性难以保证；四是电子签名的安全性、可靠性没有法律保障，交易双方对电子交易的安全缺乏信心。

3.1.1 我国电子签名的立法状况

全世界范围内第一部全面规范电子签名的法律是美国犹他州于 1995 年颁布的《数字签名法》，随后欧洲一些国家也很快出台了相关法律。在我国，广东、上海等地也较早完成了与数字签名有关的地方性法规和规章的建设，并设置了一些电子签名的认证机构。2002 年，国务院委托有关单位开始起草《中华人民共和国电子签章条例》，随着网络经济和数据电信行业的迅猛发展，国务院在对原来起草的条例内容进行了较大幅度的修改后，形成了《中华人民共和国电子签名法（草案）》。2004 年 3 月 24 日，在国务院常务会议上，《中华人民共和国电子签名法（草案）》获得原则通过，随即被提交全国人大讨论。2004 年 4 月 2 日，第十届全国人大常委会第八次会议第一次对该草案进行了审议，2004 年 6 月 21 日，第十届全国人大常委会第十次会议再次对该草案进行了审议。

2004 年 8 月 28 日，第十届全国人大常委会第十一次会议通过了《中华人民共和国电子签名法》，并于 2005 年 4 月 1 日起施行。之后经过两次修正：根据 2015 年 4 月 24 日第十二届全国人大常委会第十四次会议《关于修改〈中华人民共和国电力法〉等六部法律的决定》第一次修正；根据 2019 年 4 月 23 日第十三届全国人大常委会第十次会议《关于修改〈中华人民共和国建筑法〉等八部法律的决定》第二次修正。

《电子签名法》通过确立电子签名的法律效力和签名规则，设立电子认证服务市场准入制度，加强对电子认证服务业的监管，规定电子签名安全保障制度等，规范各方当事人在电子签名活动中的行为，确立其行为准则。

《电子签名法》分为五章，共三十六条，包括总则、数据电文、电子签名与认证、法律责任和附则。它主要解决了以下几个方面的问题：一是确立了电子签名的法律效力；二是规范了电子签名的行为；三是明确了认证机构的法律地位及认证程序，并给认证机构设置了市场准入条件和行政许可程序；四是规定了电子签名的安全保障措施；五是明确了认证机构行政许可的实施主体是国务院信息产业主管部门。

2012 年，我国修正的《刑事诉讼法》和《民事诉讼法》，首次将电子证据纳入法定证据的范围，使电子证据的法律地位得到了明确。电子证据的形式有很多种，包括文本、图片、音频或视频文件及网络、数据库中的电子信息。同时，移动互联网的发展，云计算和大数据的应用，打破了原有的网络边界，让原本边界责任清晰的工作模式和理念发生颠覆性变化，也直接影响到立法及司法的实践，加大了司法鉴定及认证的难度，因此推进法规和标准真正落地就显得极为必要。

电子签名和数据电文已经覆盖了包括金融科技、大型制造业、电子商务、土地、房屋转移登记、在线政务在内的主流业务。这些主流业务的天然属性决定了其对数据高度敏感，对安全性要求极高。从行业实践角度来看，电子签名技术能很好地实现降本增效，安全可控地赋能各类业务，推进产业数字化。因此，针对电子签名技术扩展到原有法律限定不适用的场景，以及针对涉及土地、房屋等不动产权益的转让，适用"电子签名、数据电文"是有实际的实践基础的。

"电子签名"是各政府职能部门提供"联网通办"，消除"信息孤岛"的重要手段。就不动产管理方面，国务院办公厅印发的《关于压缩不动产登记办理时间的通知》中提出三项主要任务，其中一项便是推动信息共享集成。该任务要求有关部门和单位及时提供不动产登记相关信息，与不动产登记机构加强协同联动和信息集成，推行"互联网+不动产登记"，建立不动产"网上（掌上）登记中心"，构建"外网申请、内网审核"模式，实现服务企业和群众零距离。这和全国各地大力推行的"最多跑一次""一次都不跑"的思路和趋势是完全契合的。

3.1.2 电子签名概述

1. 电子签名的定义

传统的签名必须依附于某种有形的介质，而在电子交易过程中，文件是通过数据电文的发送、交换、传输、存储而形成的，没有有形介质。这就需要通过一种技术手段在电子文件中识别交易双方的真实身份，保证交易的安全性、真实性及不可抵赖性，起到与手写签名或盖章同等的作用。这种技术手段即电子签名。

贸法会的《电子签名示范法》对电子签名给出如下定义："在数据电文中以电子形式所含、所附或在逻辑上与数据电文有联系的数据，它可用于鉴别与数据电文相关的签名人和表明签名人认可数据电文所含信息。"欧盟的《电子签名统一框架指令》中规定"以电子形式所附或在逻辑上与其他电子数据相关的数据，作为一种判别的方法"称电子签名。

《电子签名法》第二条规定："本法所称电子签名，是指数据电文中以电子形式所含、所附用于识别签名人身份并表明签名人认可其中内容的数据。本法所称数据电文，是指以电子、光学、磁或者类似手段生成、发送、接收或者储存的信息。"

具体来说，电子签名的概念包括以下内容。

（1）电子签名是以电子形式出现的数据。

（2）电子签名是附着于数据电文的。电子签名可以是数据电文的一个组成部分，也可以是数据电文的附属，它与数据电文有着某种逻辑关系。

（3）电子签名必须能够识别签名人身份并表明签名人认可与电子签名相联系的数据电文的内容。

2. 电子签名的形式

电子签名具有多种形式。例如，附着于电子文件的手写签名的数字化图像，可以采用生物笔迹鉴别法所形成的图像；向收件人发出证实发送人身份的密码、计算机口令；采用特定生物识别技术，如指纹或虹膜识别技术等。无论采用什么样的技术手段，只要符合《电子签名法》第二条规定的条件，就是《电子签名法》所称的电子签名。

3．电子签名的实现方法

电子签名的实现方法有多种，前提是已确认签署者的身份，即经过认证。这些方法有基于 PKI（Public Key Infrastructure，公钥基础设施）的公钥密码技术的数字签名；独一无二的以生物特征统计学为基础的识别标志，如手写签名和图章的电子图像的模式识别；手印、声音印记或视网膜扫描的识别；一个能让收件人识别发件人身份的密码代号、密码或 PIN（Personal Identification Number，个人身份识别码）；基于量子力学的计算机等。但其中比较成熟的、使用方便并具有可操作性的电子签名技术是基于 PKI 的数字签名技术，它可提供多种网上安全服务，如认证、数据保密性、数据完整性和不可否认性。所以，目前世界上许多国家（含中国）普遍使用的还是基于 PKI 的数字签名技术。

有人称"电子签名"就是"数字签名"，这是错误的。数字签名只是电子签名的一种特定形式。电子签名虽然具有技术中立性，但在使用时也会给人们带来不便。所以，法律上又对电子签名做了进一步规定，如贸法会的《电子签名示范法》和欧盟的《电子签名统一框架指令》中就规定了"可靠电子签名"和"高级电子签名"，实际上就是规定了数字签名的功能，使数字签名拥有了更高的应用安全性和可操作性。

所谓"数字签名"，是指通过某种密码运算生成一系列符号及代码并组成电子密码进行签名，来代替手写签名或盖章。对于这种电子式的签名还可进行技术验证，其验证的准确度是一般手写签名和盖章的验证所无法比拟的。数字签名技术通过这种运算建立起一对唯一匹配的密钥，即公钥和私钥。公钥与签名人（公钥持有人）的信息是验证签名人身份的中介；私钥则是签名制作数据，通过公钥与私钥的特性，建立起电子签名人与电子签名制作数据之间的联系。"数字签名"是目前电子商务和电子政务中应用最普遍、技术最成熟、可操作性最强的一种电子签名方法。它采用规范化的程序和科学化的方法，不仅可以用于鉴定签名人的身份及对一项电子数据内容的认可，还能验证文件的原文在传输过程中有无变动，确保传输电子文件的完整性、真实性和不可抵赖性。

4．电子签名的功能

传统的签名主要有三种功能：一是证明文件的来源，即识别签名人；二是表明签名人对文件内容的确认；三是能够构成签名人对文件内容正确性和完整性负责的根据。可靠的电子签名也具有与传统商务活动中的手写签名或盖章相同的功能。此外，基于 PKI 的数字签名还具有以下功能。

（1）保密功能。经过数字签名的数据电文，只有在接收方知道发送方的公钥后才能够对密文进行解密而得到明文。互联网遵循 TCP/IP 协议，是一个开放网络，在网络上的其他人虽然可以截取密文，但由于没有发送方的公钥，也无法解密。所以，使用数字签名大大提高了数据电文的保密性。此外，在数字签名中还可以采用数字信封技术来保证通信内容的高度保密。

（2）识别机器的身份。在网络上人们使用域名连接到特定的服务器进行交易，如果连接到错误的服务器，就可能存在被欺诈的危险，例如，客户连接到错误的银行网站，输入的银行卡卡号和密码就可能被盗，给自己造成损失。而基于 PKI 数字签名的服务器证书就能够证明客户访问的服务器确实是自己想要访问的服务器,从而避免欺诈情况的发生。

(3)数字时间戳、VPN(虚拟专用网)证书、软件签名证书等其他新增功能。

5. 与电子签名相关的概念

(1)电子签名人,是指持有电子签名制作数据,并以本人身份或以其所代表的人的名义实施电子签名的人。

(2)电子签名依赖方,是指基于对电子签名认证证书或电子签名的信赖从事有关活动的人,也称"电子签名信赖方"。

(3)电子签名认证证书,是指可证实电子签名人与电子签名制作数据有联系的数据电文或其他电子记录。记载了公钥与签名人信息的数据电文就是电子签名认证证书。

(4)电子签名制作数据,是指在电子签名过程中使用的将电子签名与电子签名人可靠地联系起来的字符、编码等数据。如前文所述,对数据原文进行变换的程序和算法就是电子签名制作数据。

(5)电子签名验证数据,是指用于验证电子签名的数据,包括代码、口令、算法或公钥等。可以直观获取并能将签名人鉴别出来的数据就是电子签名验证数据,如通过数字签名技术中的公钥就可以找出电子签名人是谁。

6. 电子签名与传统签名的关系

签名一般是具有法律意义的行为。在传统商业活动中,书面文件要由当事人或其负责人签字、盖章,以便让交易双方识别,保证交易的安全与真实,只有这样法律上才能承认该书面文件的合法有效性。在电子商务活动中,合同或文件是以无形的电子文件形式表现和传递的,传统的手写签名或盖章无法在电子文件上进行,此时就必须依靠技术手段。电子签名是一种与手写签名或盖章可以发挥同等作用的技术手段。

电子签名与传统签名的主要功能相同,表现为:一是表明文件的来源,即识别签名人;二是表明签名人对文件内容的确认;三是能够构成签名人对文件内容正确性和完整性负责的根据。但是,电子签名并不是传统签名的简单电子化。从手段上来看,电子签名与传统签名之间并无实质联系。之所以称之为"电子签名",只是基于电子签名的使用目的和履行的功能与传统签名相同而已。

3.1.3 电子签名和数据电文的法律效力

1. 使用电子签名、数据电文应当遵从意思自治原则

当事人意思自治,是民事法律中的一项基本原则。在民事活动中,除法律有强制性规定外,各民事主体可以自主决定自己的行为,交易各方可以自愿约定相互之间的权利义务关系,其核心是尊重当事人自主的意思选择,从法律上承认当事人可以自由决定相互之间的法律关系。电子商务领域的活动虽然是通过电子形式进行的,但在本质上与一般的民事交易活动没有区别,因此当事人同样应当遵循意思自治原则,自主约定是否使用数据电文、电子签名。不同国家的电子签名法一般都承认当事人意思自治,如美国《统一电子交易法》规定:"本法仅适用于每一方均同意以电子手段进行交易的当事人之间的交易。当事人是否同意以电子手段进行交易,由上下文和周围情势(包括当事人的行为)来确定。"

我国的《电子签名法》既注意借鉴国际立法经验又兼顾我国电子商务发展的实际情况。《电子签名法》第三条第一款明确规定:"民事活动中的合同或者其他文件、单证等文书,当事人可以约定使用或者不使用电子签名、数据电文。"应该注意的是,电子签名、数据电文并不仅限在民事活动中使用,还可以适用于电子政务活动和其他社会活动。

2. 电子签名、数据电文的法律效力范围

虽然电子签名、数据电文与手写签名、书面文件不同,其以电子形式出现,但是不能因此不承认其法律效力。只要符合法律规定的条件,电子签名、数据电文就具有与手写签名、书面文件同等的法律效力。因此,我国和有关国际组织、国家及地区的电子商务法或电子签名法一般都对电子签名、数据电文的法律效力问题做出了规定,要求不得因其采用电子形式而加以歧视。

由于电子交易是一种新兴的交易方式,电子签名尚未在社会活动中获得广泛应用,广大民众对其的认知度不高。同时,电子签名的应用需要借助一定的技术手段,这一物质条件也限制了一部分民众使用电子签名。鉴于上述原因,并基于交易安全因素的考虑,《电子签名法》第三条第三款规定了该法的适用例外,包括:"(一)涉及婚姻、收养、继承等人身关系的;(二)涉及停止供水、供热、供气等公用事业服务的;(三)法律、行政法规规定的不适用电子文书的其他情形。"

3. 可靠的电子签名

(1) 可靠的电子签名应当具备的法定条件。依据《电子签名法》第十三条规定,电子签名同时符合下列条件的,视为可靠的电子签名。

① 电子签名制作数据用于电子签名时,属于电子签名人专有。电子签名制作数据是指在电子签名过程中使用的,将电子签名与电子签名人可靠地联系起来的字符、编码等数据,它是电子签名人在签名过程中掌握的核心数据。唯有通过电子签名制作数据的归属判断,才能确定电子签名与电子签名人之间的同一性和准确性。因此,一旦电子签名制作数据被他人占有,依赖于该电子签名制作数据而生成的电子签名则有可能与电子签名人的意愿不符,显然不能视为可靠的电子签名。

② 签署时电子签名制作数据仅由电子签名人控制。这项规定是对实施电子签名行为过程中电子签名制作数据归谁控制的要求。所规定的控制是指一种实质上的控制,即基于电子签名人的自由意志而对电子签名制作数据的控制。在电子签名人实施电子签名行为的过程中,无论电子签名人自己实施签名行为,还是委托他人代为实施签名行为,只要电子签名人拥有实质上的控制权,其所实施的签名行为则满足此项规定的要求。

③ 签署后对电子签名的任何改动能够被发现。签名人采用数字签名技术签署后,对方当事人可以通过一定的技术手段来验证其所收到的数据电文是否是发件人所发出的,发件人的数字签名有没有被改动。倘若发现发件人的数字签名在签署后又被他人更改,则该项签名不能成为一项可靠的电子签名。

④ 签署后对数据电文内容和形式的任何改动能够被发现。电子签名具有一项重要功能,即表明签名人认可数据电文的内容,而实现这一功能,必须要求电子签名在技术手段上能够保证经签名人签署后的数据电文不被他人篡改。否则,电子签名人依据一定的技术手段实施电子签名,而签署后的数据电文被他人篡改却不能够被发现,此时出现的法律纠纷将

无法依据《电子签名法》予以解决，电子签名人的合法权益也难以得到有效的保护。因此，要符合《电子签名法》规定的可靠的电子签名的要求，必须保证电子签名签署后，对数据电文内容和形式的任何改动能够被发现。

另外，当事人也可以选择符合其约定的可靠条件的电子签名。

（2）可靠的电子签名具有与手写签名或盖章同等的法律效力。随着现代科学技术的发展，越来越多的技术手段被运用于电子签名领域。这些技术手段主要包括计算机口令、虹膜识别技术、数字签名技术等。在电子商务交易中，以何种技术生成的电子签名才是安全可靠、具有法律效力的，这是电子签名法应当解决的问题。从世界各国的规定来看，电子签名法主要有三种立法模式：一是技术特定化方案，即只承认数字签名的法律效力；二是技术中立方案，即在法律上不规定某种技术方案，而将技术方案的选择权留给当事人；三是技术折中方案，即一方面规定了安全可靠的电子签名应当具备的条件，另一方面则没有限定采用何种技术的电子签名才具有法律效力。我国的《电子签名法》采用的是技术中立方案，主要借鉴了《电子商务示范法》及一些电子商务、电子签名立法的有关规定，确认了可靠的电子签名具有与手写签名或盖章同等的法律效力。

《电子签名法》第十四条规定："可靠的电子签名与手写签名或者盖章具有同等的法律效力。"

4．电子签名人的法律义务

《电子签名法》第十五条对电子签名人的法律义务，做出明确规定："电子签名人应当妥善保管电子签名制作数据。电子签名人知悉电子签名制作数据已经失密或者可能已经失密时，应当及时告知有关各方，并终止使用该电子签名制作数据。"

（1）在实践中，电子签名制作数据的载体包括磁盘、光盘等，尽管这些载体在使用过程中需要加入电子签名人的安全指令才能启动，然而它们一旦丢失或被他人窃取，他人就有可能通过破解一些相对简单的安全指令并以电子签名人的名义从事交易活动。与传统交易不同，在网上交易过程中当事人往往并不见面，当事人主要凭借对方当事人的电子签名来验证和核实相互间的身份，所以，电子签名制作数据的丢失会给不法分子提供可乘之机。因此，电子签名人应当妥善保管电子签名制作数据，防止其丢失或为他人所窃取，以免给自己和对方当事人造成不必要的损失。

（2）所谓"知悉电子签名制作数据已经失密或者可能已经失密"包含两层意思：一是电子签名人明确知道电子签名制作数据已失密，例如，电子签名人发现未经自己允许，有人在互联网上以电子签名人的名义从事商业活动；二是电子签名人知悉电子签名制作数据有可能已经失密，例如，电子签名人发现自己存放签名制作数据的磁盘丢失，在这种情况下，丢失磁盘中的安全指令有可能被破译，电子签名制作数据有可能被他人用于非法活动。在这两种情况下，依据本条的规定，电子签名人应当做到：①立即停止使用电子签名制作数据；②及时告知有关各方当事人，避免有关各方当事人因继续信赖电子签名人的签名而造成损失或损失的进一步扩大。

5．伪造、冒用、盗用他人电子签名的法律责任

伪造他人的电子签名是指未经电子签名合法持有人的授权而创制电子签名或创制一个认证证书列明，但实际并不存在的用户签名；冒用他人的电子签名是指非电子签名持有人

未经电子签名人的授权,以电子签名人的名义实施电子签名;盗用他人的电子签名是指秘密窃取并使用他人的电子签名。

(1)伪造、冒用、盗用他人电子签名的刑事责任。伪造、冒用、盗用他人电子签名的犯罪,主要是指构成《刑法》第二百八十条规定的关于妨害国家机关的公文、证件、印章的犯罪,伪造公司、企业、事业单位、人民团体的印章的犯罪。构成该条犯罪,必须具备以下条件:一是主观上故意;二是客观上实施了伪造、冒用、盗用他人电子签名的行为。对于构成犯罪的,依照《刑法》第二百八十条规定,"伪造、变造、买卖或者盗窃、抢夺、毁灭国家机关的公文、证件、印章的,处三年以下有期徒刑、拘役、管制或者剥夺政治权利,并处罚金;情节严重的,处三年以上十年以下有期徒刑,并处罚金。伪造公司、企业、事业单位、人民团体的印章的,处三年以下有期徒刑、拘役、管制或者剥夺政治权利,并处罚金。"

(2)伪造、冒用、盗用他人电子签名的民事责任。民事责任,是指进行了民事违法行为的人在民法上承担的对其不利的法律后果。合法的民事权益受法律保护,如果受到他人的非法侵害,则需要给权利人以充分的法律救济,这就是民事责任制度。伪造、冒用、盗用他人电子签名属于侵权的民事行为,承担的民事责任主要包括停止侵害、排除妨碍、消除危险、返还财产、恢复原状、赔偿损失、赔礼道歉等。对于承担民事责任的几种方式,可以单独适用,也可以合并适用。

3.2 电子认证法律制度

3.2.1 我国现行电子认证的法律体系

我国现行的电子认证法律主要包括《电子签名法》《电子认证服务管理办法》《电子认证服务密码管理办法》等。

1.《电子签名法》

2004年8月28日,第十届全国人大常委会第十一次会议通过《中华人民共和国电子签名法》,并先后经过两次修正:根据2015年4月24日第十二届全国人大常委会第十四次会议《关于修改〈中华人民共和国电力法〉等六部法律的决定》第一次修正;根据2019年4月23日第十三届全国人大常委会第十次会议《关于修改〈中华人民共和国建筑法〉等八部法律的决定》第二次修正。《电子签名法》共五章、三十六条,分别为总则、数据电文、电子签名与认证、法律责任及附则。

如前所述,《电子签名法》重点解决了5个方面的问题,一是确立了电子签名的法律效力;二是规范了电子签名的行为;三是明确了认证机构的法律地位及认证程序,并给认证机构设置了市场准入条件和行政许可程序;四是规定了电子签名的安全保障措施;五是明确了认证机构行政许可的实施主体是国务院信息产业主管部门。《电子签名法》是我国信息化领域的第一部法律,同时也是《行政许可法》实施以来以法律形式对直接关系公众利益的电子认证服务机构设立许可,并授予工业和信息化部作为实施机关对认证机构实施监督管理的一部法律。

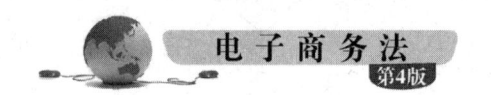

2. 《电子认证服务管理办法》

《电子认证服务管理办法》于2009年2月18日以中华人民共和国工业和信息化部令第1号公布，自2009年3月31日起施行。根据2015年4月29日中华人民共和国工业和信息化部令第29号《工业和信息化部关于修改部分规章的决定》修订。该办法包含总则，电子认证服务机构，电子认证服务，电子认证服务的暂停、终止，电子签名认证证书，监督管理，罚则，附则；共八章、四十三条。中华人民共和国原信息产业部于2005年2月8日发布的《电子认证服务管理办法》同时废止。

《电子认证服务管理办法》以电子认证服务机构为主线，主要涵盖了以下几个方面的内容。

（1）电子认证服务机构的设立。规定设立电子认证服务机构应具备的条件，以及在申请时应向工业和信息化部提交的材料；工业和信息化部对申请材料进行形式和实质审查；变更和续展的相关要求。

（2）电子认证服务。规定了电子认证服务机构的业务规则、服务内容及电子认证服务机构应履行的义务。

（3）电子认证服务的暂停、终止。对电子认证服务机构的注销和承接的程序做了规定。

（4）电子签名认证证书。明确了电子签名认证证书的内容、可撤销电子签名认证证书的几种情况，以及电子认证服务机构的审核义务。

（5）监督管理及罚则。规定了工业和信息化部对电子认证服务机构的监督管理，其中包含对电子认证服务机构的行政处分和其应承担的刑事责任。

该办法是对《电子签名法》关于电子认证内容的细化，其制定与实施有特殊的现实意义。它是电子认证方面的相关配套规章，它的施行更有利于《电子签名法》的顺利实施。

3. 《电子认证服务密码管理办法》

修订后的《电子认证服务密码管理办法》，自2009年12月1日起施行。该办法明确规定了电子认证服务机构申请"电子认证服务使用密码许可证"的条件和程序，同时就《电子认证服务使用密码许可证》应载明的内容予以规定。2005年3月31日国家密码管理局发布的《电子认证服务密码管理办法》同时废止。

3.2.2 电子认证概述

1. 电子认证与电子认证服务机构

"认证"一词的意思就是鉴别，主要指权威的、中立的、没有直接利害关系的第三人或机构，对当事人提出的包括文件、身份、物品及其产地、品质等具有法律意义的事实与资格，经审查属实后做出的证明。"电子认证"是以特定的机构对电子签名及其签署者的真实性进行验证的具有法律意义的服务。目前，应用较为普遍的是数字认证，认证过程中，有一个把数字签名与特定的人或实体加以联系的专门管理机构，这个专门管理机构就是CA认证中心（简称CA）。CA作为电子商务交易中受信任的第三方，承担公钥的合法性验证的责任，为每个使用公开密钥的用户发放一个认证证书。认证证书的作用是证明证书中列出的用户合法拥有证书中列出的公开密钥。CA负责签发、分配并管理所有参与网上交易的个体所需的认证证书,它所做的工作是安全电子交易的核心环节。

《电子签名法》第十六条规定:"电子签名需要第三方认证的,由依法设立的电子认证服务提供者提供认证服务。"

这里所说的电子认证服务提供者指的是认证机构。电子签名与电子认证都是电子商务活动正常开展的保障。电子签名的目的是保护数据电文的安全,防止其内容被仿冒、更改或否认。法律强调对电子签名安全技术标准的认定,其目的是把电子签名和交易联系起来,确保交易对方得到的电子签名不是他人假冒的。为此,法律还强调对认证机构的组织结构的设置和权利、义务的分配,对认证机构的设立和监管,以及确定认证机构的归责原则及其赔偿责任。如果说电子签名主要用于保护数据电文本身的安全,使之不被否认或篡改,是一种技术手段上的保证,那么电子认证则是以特定的机构对电子签名及其签署者的真实性进行验证的服务。电子认证主要应用于交易安全方面,是一种组织制度上的保证。

2. 电子认证的程序

电子签名的认证是指特定的机构通过一定的方法对签署方及其电子签名的真实性进行验证的过程。电子签名主要包括生理特征签名、电子化签名和数字签名三种。在对生理特征签名进行认证时,签署方应先将其采用的生理特征样本交给认证机构,以便文件接收方在鉴别电子签名时,可以到认证机构的网站将自己收到的电子签名与签署方提交给认证机构的样本加以对照。如果签署方使用的是电子化签名,那么就需要向认证机构提交电子化签名的原本样式。如果签署方使用的是数字签名,那么就需要向认证机构提交公用密钥。电子认证的具体操作程序如下。

(1)发件人利用密钥制造系统产生公钥和私钥。

(2)发件人在做电子签名前,必须将自己的身份信息和公钥送给一个经合法注册、具有从事电子认证服务许可证的第三方,也就是 CA 认证中心,向该认证中心申请登记并由其签发认证证书。

(3)认证机构根据有关的法律规定、认证规则,以及自己和当事人之间的约定,对申请进行审查。如果符合要求,就给发件人颁发认证证书,证明发件人的身份、公开密钥及其他有关的信息。

(4)发件人把要约信息以其私钥制作数字签名文件,连同认证证书一并发送给收件方,向对方发出要约。

(5)收件方接收到电子签名文件和认证证书之后,根据认证证书的内容,向相应的认证机构提出申请,请求认证机构将对方的公开密钥发给自己。

(6)收件人通过公钥和电子签名的验证,即可确信电子签名文件的真实性和可靠性。若认证机构有"认证废止目录",则可以通过查询该目录了解该认证证书是否依然有效;若收件人承诺,则电子合同成立。

由此可见,在电子文件环境中,认证机构起到了一个行使具有权威性公证的第三人的作用。

3. 在电子认证中所涉及的法律关系

认证机构承担着对公众的责任,在整个电子商务体系中处于至关重要的地位,它能否提供值得信赖的认证服务直接影响公众利用电子商务来进行交易的信心。所以,认证机构要严格遵守电子认证业务规则，提供可靠的电子认证服务，承担对公众的责任。国务院信息产业主管部门要监督认证机构是否对公众负责。

进行网络交易之前，交易主体首先要搞清楚是在和谁做交易，他的身份是否真实，信用如何，而有关身份方面的事情，则由认证机构提供的认证证书来说明。由此，围绕认证证书这个核心形成了如下两种法律关系。

（1）认证机构与电子签名人之间的关系。

（2）认证机构与电子签名依赖方之间的关系。

电子签名人是指持有电子签名制作数据并以本人身份或以其所代表的人的名义实施电子签名行为的人；电子签名依赖方是指基于对电子签名认证证书或电子签名的信赖从事有关活动的人。

认证机构提供电子认证服务，目的是表明电子签名人身份信息的真实性。这是建立网络商事关系的前提。这种服务是一种信息服务，双方的权利和义务记载在该证书的申请、接受等认证业务规则中，用户要经过申请才能获得这样的服务。

认证机构与电子签名人（电子签名认证证书持有人）之间是民事合同关系，认证机构依照合同约定承担责任。认证机构对电子签名依赖方的责任是基于法律规定而产生的，即二者是法律上的信赖关系，认证机构对电子签名依赖方的法定义务是其承担责任的基础。同时，电子认证服务行业是一个高风险的行业，既有内部风险，又有外部风险，并且一旦发生风险往往会造成非常严重的后果。

认证机构在从事电子认证服务活动时，既应履行相应的义务，也应承担相应的责任。但在无过错的情况下，认证机构不应承担责任。而无过错的举证责任要由认证机构承担，这是因为认证机构处于中立的第三方，其行为和信誉直接关系到电子签名人与电子签名依赖方的利益，且相对于电子签名人及电子签名依赖方，它又处于强势地位。一些国家均规定了较为严格的责任制度，且设立了举证责任倒置的制度，即认证机构如能证明其对于责任事项无任何过错方可免责。

4．电子签名和电子认证的关系

电子签名和电子认证都着力解决电子商务的安全问题，但二者又有着明显的区别。电子签名解决的是文件归属与身份辨别的问题，即交易者是谁的问题；电子认证解决的是电子签名人可信度的问题，即交易对方是否确实就是所签署的名字对应的人，而且是由公正的第三方来保证电子签名人的身份。电子签名属于网络安全的技术保证，是从技术角度进行身份认证的；电子认证则属于网络安全的制度保证，是从制度角度进行身份认证的。因此，电子签名是电子认证产生的前提条件，电子认证则是电子签名的有效保障，二者是既相互一致又相互区别的关系。

3.2.3 电子签名认证证书制度

1．电子签名认证证书的概念与作用

电子签名认证证书是指可证实电子签名人与电子签名制作数据有联系的数据电文，或者其他电子记录，其必须具有唯一性和可靠性。目前最常用的电子签名认证证书是数字证书，它是由认证机构签发的数据电文或相关记录，用以确认持有特定密钥者身份的文

件。基于 PKI 的数字证书是电子商务安全体系的核心，由可信任的、公正的权威认证机构颁发，用途是利用公钥加密系统来保护和验证公众的密钥。用户向认证机构申请证书时，可提交个人有效身份证件（如身份证、护照等），经认证机构验证后，获得数字证书，证书包含了用户的姓名等信息和其公钥。之后在从事电子交易时，用户向对方提交这个由认证机构签发的包含个人身份信息的证书，即可使对方相信自己的身份，保证网上支付的安全性。

2．电子签名认证证书的内容

《电子签名法》第二十一条规定："电子认证服务提供者签发的电子签名认证证书应当准确无误，并应当载明下列内容：

"（一）电子认证服务提供者名称；

"（二）证书持有人名称；

"（三）证书序列号；

"（四）证书有效期；

"（五）证书持有人的电子签名验证数据；

"（六）电子认证服务提供者的电子签名；

"（七）国务院信息产业主管部门规定的其他内容。"

3．电子签名认证证书的使用流程

（1）电子商务的参与各方。电子商务应用主要有 5 个交易参与方：买家、服务商、供货商、银行和认证机构。

（2）交易流程的主要阶段。

第一阶段：电子签名认证证书的注册申请。交易各方通过认证中心获取各自的电子签名认证证书。

第二阶段：银行的支付中心对买家的电子签名认证证书进行验证，验证通过后，将买家的付款冻结在银行中。此时，服务商和供应商也相互进行电子签名认证证书的验证，通过验证后，履行交易内容，安排发货。

第三阶段：银行验证服务商和供货商的电子签名认证证书后，将买家被冻结在银行中的货款转到服务商和供货商的户头上。此项电子交易完成。

只有参与电子交易的各方都持有认证机构颁发的电子签名认证证书，才能够保证在交易的过程中参与各方的真实身份，防止他人假冒。

3.2.4　电子认证服务机构的设立及管理

1．电子认证服务机构的管理部门及其责任

《电子签名法》第二十五条规定："国务院信息产业主管部门依照本法制定电子认证服务业的具体管理办法，对电子认证服务提供者依法实施监督管理。"

《电子认证服务管理办法》是国家法律特别授权制定的，与《电子签名法》相配套，具有重要的法律效力和作用。为了保证电子认证服务机构以公正的第三方的身份对电子签名提供真实可信的电子认证服务，政府部门应当加强对电子认证服务的监督管理。国务院信

息产业主管部门是依照《电子签名法》负责电子认证服务业管理工作的部门，具体负责电子认证服务机构的从业许可。在电子认证服务机构拟暂停或终止电子认证服务、未能就业务承接事项与其他电子认证服务机构达成协议时，该部门要安排其他电子认证服务机构承接其业务。此外，该部门还负责对违反相关规定的行为行使行政处罚权。

《电子签名法》第三十三条规定："依照本法负责电子认证服务业监督管理工作的部门的工作人员，不依法履行行政许可、监督管理职责的，依法给予行政处分；构成犯罪的，依法追究刑事责任。"

2. 电子认证服务机构的设立

（1）电子认证服务机构应当具备的条件。根据《电子签名法》第十七条规定："提供电子认证服务，应当具备下列条件：

"（一）取得企业法人资格；

"（二）具有与提供电子认证服务相适应的专业技术人员和管理人员；

"（三）具有与提供电子认证服务相适应的资金和经营场所；

"（四）具有符合国家安全标准的技术和设备；

"（五）具有国家密码管理机构同意使用密码的证明文件；

"（六）法律、行政法规规定的其他条件。"

（2）从事电子认证服务活动的申请与受理。《电子签名法》第十八条规定："从事电子认证服务，应当向国务院信息产业主管部门提出申请，并提交符合本法第十七条规定条件的相关材料。国务院信息产业主管部门接到申请后经依法审查，征求国务院商务主管部门等有关部门的意见后，自接到申请之日起四十五日内作出许可或者不予许可的决定。予以许可的，颁发电子认证许可证书；不予许可的，应当书面通知申请人并告知理由。取得认证资格的电子认证服务提供者，应当按照国务院信息产业主管部门的规定在互联网上公布其名称、许可证号等信息。"

从事电子认证服务，应当向国务院信息产业主管部门提出申请，并提交符合《电子签名法》第十七条规定的五项条件的相关材料，以证实其具有从事电子认证服务活动的能力。申请人应当如实向行政机关提交有关材料和反映真实情况，并对申请材料实质内容的真实性负责。行政机关也不得要求申请人提交与其申请的行政许可事项无关的技术资料和其他资料。

国务院信息产业主管部门受理申请人从事电子认证服务活动的申请后，依法进行审查（行政程序进入审查阶段），不仅要审查申请材料是否齐全、是否符合法定形式，还要审查申请材料的实质内容是否符合法定条件。在审查阶段，国务院信息产业主管部门要征求国务院商务主管部门等有关部门的意见，并自接到申请之日起四十五日内做出许可或不予许可的决定。予以许可的，颁发电子认证许可证书；不予许可的，应当书面通知申请人并告知理由。说明理由的内容应当包括事实方面和法律方面，以及自由裁量是否符合法定目的，叙述应当简洁、清楚。

取得认证资格的电子认证服务机构，应当遵守国务院信息产业主管部门的规定在互联网上公布名称、许可证号等信息。

（3）未经许可提供电子认证服务应承担的法律责任。《电子签名法》第二十九条规定："未经许可提供电子认证服务的，由国务院信息产业主管部门责令停止违法行为；有违法所得的，没收违法所得；违法所得三十万元以上的，处违法所得一倍以上三倍以下的罚款；没有违法所得或违法所得不足三十万元的，处十万元以上三十万元以下的罚款。"

对于未经许可提供电子认证服务的，应当承担以下行政责任。

① 责令停止违法行为，即由国务院信息产业主管部门责令违法行为人停止提供电子认证服务的行为。由于电子认证服务涉及民事合同有关各方的交易安全，为了使电子签名人及电子签名依赖方免受损失，国务院信息产业主管部门一旦发现未经许可从事提供电子认证服务的行为，应当立即责令违法行为人停止违法行为。

② 有违法所得的，没收违法所得。这里的违法所得是指由于非法提供电子认证服务行为而获得的全部经营收入。

③ 违法所得三十万元以上的，对其处以罚款。罚款是指有行政处罚权的行政机关强制行为人承担金钱给付义务，即在一定期限内缴纳一定钱款的处罚形式。依照该条规定，行使行政处罚权的机关是国务院信息产业主管部门。即由国务院信息产业主管部门对违法行为人处以罚款。罚款的幅度为违法所得一倍以上三倍以下。

④ 没有违法所得或违法所得不足三十万元的，处十万元以上三十万元以下的罚款。

3．电子认证服务机构的暂停与终止

《电子签名法》第二十三条规定："电子认证服务提供者拟暂停或者终止电子认证服务的，应当在暂停或者终止服务九十日前，就业务承接及其他有关事项通知有关各方。

"电子认证服务提供者拟暂停或者终止电子认证服务的，应当在暂停或者终止服务六十日前向国务院信息产业主管部门报告，并与其他电子认证服务提供者就业务承接进行协商，作出妥善安排。

"电子认证服务提供者未能就业务承接事项与其他电子认证服务提供者达成协议的，应当申请国务院信息产业主管部门安排其他电子认证服务提供者承接其业务。

"电子认证服务提供者被依法吊销电子认证许可证书的，其业务承接事项的处理按照国务院信息产业主管部门的规定执行。"

电子认证服务提供者暂停或终止电子认证服务，会影响相关方的利益，因此应当在暂停或终止服务九十日前，就业务承接及其他有关事项通知有关各方。此外，电子认证服务提供者拟暂停或终止电子认证服务，还应当履行以下义务。

（1）报告。电子认证服务提供者应当在暂停或者终止服务六十日前向国务院信息产业主管部门报告，使其了解情况。

（2）协商承接。电子认证服务提供者除在法定期限内向国务院信息产业主管部门报告外，还要对业务承接事项做出妥善安排，与其他电子认证服务提供者就业务承接事项进行协商，达成一致意见。

（3）指定承接。电子认证服务提供者若未能就业务承接事项与其他电子认证服务提供者达成协议，则应当申请国务院信息产业主管部门安排其他电子认证服务提供者承接其业务。当电子认证服务提供者被依法吊销电子认证许可证书后，其业务承接事项的处理按照国务院信息产业主管部门的规定执行。

3.2.5 电子认证法律关系

1. 电子认证服务机构对公众的责任

电子认证服务机构能否提供令人信服的认证服务,关系到公众对利用电子商务从事交易的信心。电子认证服务机构要制定、公布电子认证业务规则,包括责任范围、作业操作规范和信息安全保障措施等事项。这有利于增强公众对电子商务的信心,同时有利于促进电子商务的发展。认证机构还要严格遵守自己制定的电子认证业务规则,妥善保存与电子认证服务相关的信息。这需要国家的监督,国务院信息产业主管部门承担了这一职责。

《电子签名法》第十九条规定:"电子认证服务提供者应当制定、公布符合国家有关规定的电子认证业务规则,并向国务院信息产业主管部门备案。电子认证业务规则应当包括责任范围、作业操作规范、信息安全保障措施等事项。"

《电子签名法》第三十一条规定:"电子认证服务提供者不遵守认证业务规则、未妥善保存与认证相关的信息,或者有其他违法行为的,由国务院信息产业主管部门责令限期改正;逾期未改正的,吊销电子认证许可证书,其直接负责的主管人员和其他直接责任人员十年内不得从事电子认证服务。吊销电子认证许可证书的,应当予以公告并通知工商行政管理部门。"

电子认证业务规则是电子认证服务提供者制定的,是用于约束电子认证服务提供者、电子签名人及电子认证证书的信赖者的业务声明,各方当事人必须遵守。电子认证服务是专业性很强的活动,由电子认证服务提供者制定有关业务规则是合理的,也是符合实际的。当然,电子认证服务提供者不能制定损害电子签名人和电子签名依赖方利益的、不公平的"霸王条款"。为了防止这种情况出现,《电子签名法》第十九条第一款规定:"电子认证服务提供者应当制定、公布符合国家有关规定的电子认证业务规则,并向国务院信息产业主管部门备案。"

电子认证业务规则主要包括以下事项。

(1)责任范围。电子认证服务提供者在提供电子认证服务过程中,当未履行其应尽义务,尤其是未尽保证其签发证书的真实性、可靠性的义务时,既可能产生对电子签名人的责任,也可能产生对电子签名依赖方的责任。电子认证服务提供者若能证明其对于责任事项无任何过错方可免责。《电子签名法》第二十八条明确规定:"电子签名人或者电子签名依赖方因依据电子认证服务提供者提供的电子签名认证服务从事民事活动遭受损失,电子认证服务提供者不能证明自己无过错的,承担赔偿责任。"

(2)作业操作规范。电子认证作业操作规范包括的内容非常广泛,例如,对数字证书申请身份审查,提供相应的身份有效证件和审查流程;数字证书类别及证书申请、签发、撤销、更新等新的操作流程;以及信息公开的要求,主要是发布相关认证信息,如发布证书生效、失效等公开信息。

(3)信息安全保障措施。电子认证服务提供者是为互联网用户提供身份认证服务的,主要负责接受证书申请、审核申请人身份、签发证书及管理证书等。与其他互联网服务提供商一样,电子认证服务提供者也是通过互联网提供服务的,因此也会存在安全威胁,如遭受非法入侵、植入病毒、窃取密钥等外部攻击。另外,认证系统内部也存在威胁,如内部工作人员的管理、机房的安全管理、软件的管理等出现漏洞。为此需要制定具体的信息安全保障措施，防范风险。

如果电子认证服务提供者不遵守认证业务规则的规定，就构成了违法行为。例如，按照某电子认证服务提供者制定的电子认证业务声明的规定，电子认证服务提供者应当对认证证书申请者的身份进行鉴别。如果电子认证服务提供者没有对申请者所提供的材料进行验证，就会影响电子认证证书的真实性与安全性，甚至构成违法行为，应依照相关规定承担相应的法律责任。

电子认证服务提供者应当妥善保存与认证相关的信息。这是《电子签名法》对电子认证服务提供者规定的一项义务。考虑到与认证相关的信息涉及电子签名人的一些个人资料，电子认证服务提供者还要保证电子签名依赖方能够证实或了解电子签名认证证书所载内容及其他有关事项，并采取有效的措施予以保存，如采取物理安全保障措施以使相关信息免遭恶劣环境或突发事件等的破坏。如果电子认证服务提供者不能妥善保存与认证相关的信息，确保这些信息在规定的期限内满足查阅的需要，则构成违法行为，应承担相应的法律责任。

国务院信息产业主管部门有权制定电子认证服务业的具体管理办法。电子认证服务提供者必须遵守国务院信息产业主管部门依法制定的电子认证服务业管理办法，如果未遵守就构成违法行为，也应依照相关规定承担法律责任。

电子认证服务提供者不遵守认证业务规则、未妥善保存与认证相关的信息，或者有其他违法行为的，国务院信息产业主管部门会责令其限期改正，即责令行为人在规定的期限内改正。如果电子认证服务提供者在规定的期限内未改正的，国务院信息产业主管部门则会吊销其电子认证许可证书，同时，对电子认证服务提供者的直接负责的主管人员和其他直接责任人员处以资格处罚，即十年内不得从事电子认证服务。

2. 电子认证服务机构与电子签名人之间的关系

认证机构与电子签名人之间的关系，一方面，可以视为认证机构和客户（即消费者）之间的服务关系，双方的权利和义务可以从有关消费者保护方面的法律规则中找到规定；另一方面，双方的法律关系又是根据认证合同建立起来的，所以双方的权利和义务可以从有关合同方面的法律规则及合同本身的规定中找到依据。除此之外，《电子签名法》对二者之间的关系也做了如下规定（仅列出部分条款）。

《电子签名法》第二十条规定："电子签名人向电子认证服务提供者申请电子签名认证证书，应当提供真实、完整和准确的信息。电子认证服务提供者收到电子签名认证证书申请后，应当对申请人的身份进行查验，并对有关材料进行审查。"

《电子签名法》第二十四条规定："电子认证服务提供者应当妥善保存与认证相关的信息，信息保存期限至少为电子签名认证证书失效后五年。"

《电子签名法》第十五条规定："电子签名人应当妥善保管电子签名制作数据。电子签名人知悉电子签名制作数据已经失密或者可能已经失密时，应当及时告知有关各方，并终止使用该电子签名制作数据。"

《电子签名法》第二十七条规定："电子签名人知悉电子签名制作数据已经失密或者可能已经失密未及时告知有关各方、并终止使用电子签名制作数据，未向电子认证服务提供者提供真实、完整和准确的信息，或者有其他过错，给电子签名依赖方、电子认证服务提供者造成损失的，承担赔偿责任。"

《电子签名法》第二十八条规定："电子签名人或者电子签名依赖方因依据电子认证服务提供者提供的电子签名认证服务从事民事活动遭受损失，电子认证服务提供者不能证明自己无过错的，承担赔偿责任。"

《电子签名法》第三十二条规定："伪造、冒用、盗用他人的电子签名，构成犯罪的，依法追究刑事责任；给他人造成损失的，依法承担民事责任。"

综上所述，通常情况下，认证机构对电子签名人必须履行如下义务。

（1）提供可靠、安全且系统的义务。证书信赖人对电子签名的验证，完全依赖于认证机构的系统，所以可靠的系统是完成认证机构和证书持有人之间合同的必要条件。同时，认证机构还应该建立认证系统的备份机制和紧急事件处理程序，确保在人为破坏或发生自然灾害时认证系统和认证证书使用的安全。

（2）谨慎审核的义务。对于认证证书申请者所提交的有关材料的真实性，认证机构应该谨慎地加以审核。因为证书的发布、信赖方的信赖都依赖于对这些资料真实性的审查。

（3）颁发证书的义务。一旦认证证书申请方的材料通过审核，认证机构就应该按照有关规定，向其颁发电子签名认证证书。

（4）中止证书的义务。针对影响认证安全的紧急事件，经请求，认证机构应该中止证书的效力。但中止证书的效力只是暂时阻止证书的使用，待需要调查处理的事宜处理完毕后，认证机构需重新决定证书是否可以继续使用。

（5）撤销证书的义务。证书的有效期是有限制的，通常标示在证书的签署部分，规定了起始与期满的时间。然而，在某些情况下，用户必须在有效期满之前停止对证书的使用，当出现私钥泄露、主体名称改变，或与认证机构的关系发生改变等情况时，认证机构应该撤销证书。

（6）披露信息的义务。认证机构应该将其所颁发的证书予以公布。如果只有用户知道证书的存在而交易，公众并不知道，就不能使证书起到其应有的作用。另外，申请认证证书应该符合什么条件，申请的程序，应提交的材料，哪些证书已被中止、撤销、终止等事项，都应该予以公布。

（7）保护证书持有人的商业秘密和个人隐私的义务。

当然，认证机构在履行以上这些义务的同时，也拥有下列权利。

（1）要求证书申请者提供真实信息的权利。

（2）证书持有人的身份信息发生某种程度变化的时候，认证机构有及时获得通知的权利。

（3）在用户申请数字证书的重要事项不真实，用户数字证书已遭冒用、伪造、篡改，用户解散、终止，个人用户死亡等情况下，认证机构有单方撤销或中止证书的权利。

（4）对所提供的服务收取费用的权利。

电子签名人（证书持有人）必须对认证机构履行如下义务。

（1）必须真实陈述电子签名人的身份、地址、营业范围等重要信息。这是证书可信赖性的前提，也是电子签名人应履行的基本义务。

（2）妥善保管私人密钥和证书的义务。

（3）认证机构颁发证书时，电子签名人有义务检验证书中所描述信息的准确性。

（4）电子签名人应按照法律法规和认证机构宣布的证书使用的相关规定，正确地使用证书，不得利用证书从事任何非法的行为。

（5）在发生私钥泄露或其他有可能影响到电子签名真实性的事件时，电子签名人应该及时通知认证机构，以便认证机构及时采取措施，减少损失。

（6）对所享受的服务按照约定缴纳费用。

当然，电子签名人同时拥有的权利有：（1）获得电子证书的权利；（2）中止证书的权利；（3）变更证书的权利；（4）撤销证书的权利。

3. 电子认证服务机构与电子签名依赖方之间的关系

《电子签名法》第二十二条规定："电子认证服务提供者应当保证电子签名认证证书内容在有效期内完整、准确，并保证电子签名依赖方能够证实或者了解电子签名认证证书所载内容及其他有关事项。"

《电子签名法》第二十八条规定："电子签名人或者电子签名依赖方因依据电子认证服务提供者提供的电子签名认证服务从事民事活动遭受损失，电子认证服务提供者不能证明自己无过错的，承担赔偿责任。"

（1）认证机构对电子签名依赖方的权利与义务。一般说来，认证机构对电子签名依赖方有如下义务。

① 制定并公布符合国家有关规定的电子认证业务规则，并严格依据此规则行事。

② 在证书的整个有效期内，保证所有和证书有关的或已包括在证书内的重要陈述的准确性和完整性。

③ 提供合理的查证途径，使证书依赖方能够通过证书确认：证书服务者的身份；证书持有人在签名时对签名设施拥有控制权；签名设施在证书签署时运行正常。

④ 提供合理的查证途径，使证书依赖方能够通过证书及相关资料确认：用以识别证书持有人身份的方法；签名设施及所用证书的目的和意义；签名设施运行是否正常；认证机构约定的责任范围是什么；签名设施受损时是否能及时通知证书持有人；是否提供及时的证书撤销服务。

⑤ 在签名设施受损时，及时通知签名的各个依赖方，并保证及时中止或撤销认证服务。

⑥ 保证认证机构所使用的系统、程序和人员是绝对可靠的。

同时，认证机构对电子签名依赖方有如下权利。

① 要求电子签名依赖方按照一定程序对电子签名进行确认。

② 向电子签名依赖方明确以证书为基础的交易范围。

（2）电子签名依赖方对认证机构的权利与义务。一般来说，电子签名依赖方对认证机构具有如下义务。

① 遵守认证机构的要求，采取合理的步骤确认签名的真实性。按照认证机构规定的程序获取证书的相关信息，确认证书的有效性，如有没有被中止、撤销等。

② 遵守任何有关证书的限制，在证书所载的可信赖度以内从事交易，将证书用于规定的用途。如果电子签名依赖方超出了认证机构建议的范围来使用认证证书，那么认证机构不对其超出证书可靠性建议范围的交易负责。

同时，电子签名依赖方对认证机构有如下权利。

① 要求认证机构谨慎地保证证书中内容的真实性，否则可以求得赔偿。

② 要求认证机构履行信息披露的义务，可以就不明事宜向认证机构询问。

以案解法

1. 电子签名法的核心内容，在于赋予数据电文、电子签名、电子认证相应的法律地位，其中数据电文的概念非常广泛，基本涵盖了所有以电子形式存在的文件、记录、单证、合同等，可以理解为信息时代所有电子形式的信息的基本存在形式。根据证据规则的相关规定，录音录像及数据电文可以作为证据使用，但数据电文直接作为认定事实的证据，还应有其他书面证据相佐证。因此，本案中电子邮件可以作为证据使用，但必须审查其作为证据的真实性。

2. 《电子签名法》第十四条规定："可靠的电子签名与手写签名或者盖章具有同等的法律效力。"同时，《电子签名法》第十三条规定，"电子签名同时符合下列条件的，视为可靠的电子签名：（一）电子签名制作数据用于电子签名时，属于电子签名人专有；（二）签署时电子签名制作数据仅由电子签名人控制；（三）签署后对电子签名的任何改动能够被发现；（四）签署后对数据电文内容和形式的任何改动能够被发现。"一项电子签名如果同时符合上述四项条件，可以视为可靠的电子签名。所以，被告黄先生所签的电子签名与手写签名具有同等的法律效力。

3. 根据《电子签名法》第三条规定："民事活动中的合同或者其他文件、单证等文书，当事人可以约定使用或者不使用电子签名、数据电文。当事人约定使用电子签名、数据电文的文书，不得仅因为其采用电子签名、数据电文的形式而否定其法律效力。"

由此可见，本案中房屋买卖合同采用电子签名具有法律效力。

以案用法

原告赵刚通过上网浏览中山市阪神电器有限公司（以下简称"阪神公司"）的网页，按照网上留下的电话号码与被告业务员吴小明取得联系，准备经营该公司的厨卫产品。2009年10月28日，赵刚从宜宾市前往中山市实地考察后与吴小明签订了一份订货合同，并当场交付定金1000元。回到宜宾后，赵刚多次通过网络QQ聊天的方式和吴小明商量订购电器的型号、数量、价格、送货等细节问题（原告赵刚的QQ名为"梦想成功"，被告吴小明的QQ名为"吴明"）。

2010年1月3日，赵刚根据吴小明的要求将货款现金68 790元存入其个人银行账户。同月，吴小明通过物流公司分批次托运给赵刚电器179台和展示架一批。赵刚收货后发现，产品并非阪神公司的产品且存在明显质量问题。后赵刚携带该电器样品前往阪神公司交涉。阪神公司经检查，认定该批电器不是公司生产的产品，并给赵刚出具书面答复：其与吴小明达成口头协议或通过网络QQ达成协议系吴小明的个人行为，所有订单均未获得本公司的确认。

法院查明，原告、被告双方所有关于商谈买卖的内容均是在名为"梦想成功"和"吴明"的QQ上进行的，号码稳定未更换；被告的公司同事张鸥证实，吴小明曾在出差期间委托其对赵刚进行跟单，也能从侧面证实名为"梦想成功"的QQ为原告所有，名为"吴明"的QQ则为吴小明所有；双方的QQ聊天记录上有"吴明"留下的电话号码，法官曾按此电话号码打过去，接听电话的人正是被告。庭审中，被告承认与原告存在交易，但提供不了证据证实双方是通过QQ之外的方式进行交易的。

请分析：
1. QQ聊天记录可以作为定案证据吗？请说明法理。
2. 审查数据电文能否作为证据，应考虑哪些因素？
3. 原告、被告双方存在买卖合同关系吗？为什么？
4. 被告是否违约？为什么？

思考练习题

一、判断对错，并将错处改正

1. 认证机构不遵守认证业务规则被责令限期改正而逾期未改正的，除被吊销电子认证许可证书外，其直接负责的主管人员和其他直接责任人员五年内不得从事电子认证服务。（　　）

2. 认证机构与证书信赖人之间的关系是一种法定信赖利益关系。（　　）

二、填空题

1. 《中华人民共和国电子签名法》是（　　）年8月28日通过、（　　）年4月1日起施行。全文分为总则、（　　）、（　　）、法律责任、附则。

2. 世界上许多国家（含中国）普遍使用的电子签名技术是基于（　　）的数字签名技术。

3. 电子认证法律关系体现为：认证机构与（　　）之间的关系；认证机构与（　　）之间的关系。

4. 认证机构未妥善保存与认证相关的信息被责令限期改正；逾期未改正的，吊销电子认证许可证书，其直接负责的主管人员和其他直接责任人员（　　）年内不得从事电子认证服务。

5. （　　）与手写签名或盖章具有同等的法律效力。

三、单项选择题

1. 数字签名指的是只有（　　）才能生成，别人无法伪造的一段数字串。
   A. 信息发送者
   B. 信息接收者
   C. 信息传输者
   D. 信息认证者

2. 以下关于"认证服务"的说法中，你认为不正确的有（　　）。
   A. 认证机构与证书持有人之间的关系是一种金融服务合同关系
   B. 认证机构与证书持有人之间的关系是一种认证服务合同关系
   C. 认证机构与证书持有人之间的合同是双务、有偿合同
   D. 认证机构与证书持有人之间的合同具有最大诚信、诺成的特点

3. 认证机构应当妥善保存与认证相关的信息，信息保存期限至少为电子签名认证证书失效后（　　）年。

A. 五　　　　　B. 十　　　　　C. 十五　　　　　D. 二十

四、多项选择题

1. 以下属于电子签名形式的有（　　）。

A. 附着于电子文件的手写签名的数字化图像
B. 身份密码
C. 计算机口令
D. 指纹
E. 虹膜

2. 认证机构违反《电子认证服务管理办法》规定，未能按照公布的电子认证业务规则提供电子认证服务，应承担的责任有（　　）。

A. 限期改正　　　　　　　　　B. 警告
C. 罚款　　　　　　　　　　　D. 有期徒刑三年

3. 以下关于"认证服务"的说法中，正确的有（　　）。

A. 认证机构与证书持有人之间的关系是一种金融服务合同关系
B. 认证机构与证书持有人之间的关系是一种认证服务合同关系
C. 认证机构与证书持有人之间的合同是双务、有偿合同
D. 认证机构与证书持有人之间的合同具有最大诚信、诺成的特点
E. 认证机构与证书持有人之间的合同属于无名合同

五、问答题

可靠的电子签名应具备什么样的条件？

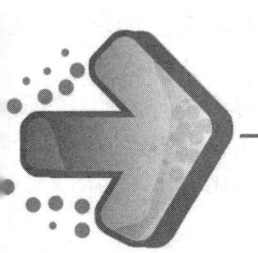

第 4 章 电子支付法律制度

导入案例

原告赵某在被告中国工商银行某支行（以下简称"工行某支行"）办理了一张牡丹灵通卡，并开通了手机银行（短信）业务。2019 年 12 月 23 日 23 点 31 分，赵某收到牡丹灵通卡被支取 29 800 元的短信。因此时该卡在自己身上，于是赵某就到最近的中国工商银行 ATM 机上查询款项，发现 29 800 元确已被支取。在查询时，23 点 34 分，赵某又收到"ATM 机支取 9 笔共 38 100 元"的短信。赵某遂拨打工行 24 小时服务热线 95588，挂失未果。23 点 45 分，赵某再次收到支取 2500 元的短信。23 点 55 分，赵某拨打 110 报警，110 出警后，在警察询问情况过程中，赵某又收到"24 日 00：07ATM 机支取 11 笔共 48 400 元"的短信。至此，赵某的牡丹灵通卡在自己保管的情况下，被盗取共 118 800 元。

后赵某找被告工行某支行交涉，但被告工行某支行拒绝承担任何责任。双方为此发生纠纷，赵某将工行某支行告上法庭，要求工行某支行返还赵某在被告处的储蓄存款 118 800 元，并赔偿其他损失 10 000 元。

以案问法

通过阅读导入案例，请思考以下问题。
1. 电子支付过程中涉及哪几方当事人？
2. 电子支付过程中各参与方的权利义务分别有哪些？
3. 试分析本案中赵某与工行某支行间的法律关系。
4. 电子支付过程中违约方应承担哪些责任？
5. 本案中工行某支行是否应承担责任？
6. 本案中赵某是否应承担责任？

4.1 电子支付概述

电子商务的发展促使电子支付产生，电子支付又反作用于电子商务，提高了电子商务的可信度。中国互联网络信息中心（CNNIC）在京发布第 50 次《中国互联网络发展状况统计报告》（以下简称《报告》）。《报告》显示，截至 2022 年 6 月，我国网民规模为 10.51 亿人，互联网普及率达 74.4%。另据中商情报网讯，截至 2022 年 6 月，我国网络支付用户规模达 9.04 亿人，占网民整体的 86.0%。同时，我国网络支付市场秩序不断规范，支付服务质量持续提升，数据显示，2022 年第一季度银行共处理网上支付业务 235.70 亿笔，移动支付业务 346.53 亿笔。数字人民币不断融入互联网平台，支付生态逐步形成并日渐丰富。生活服务类平台为数字人民币提供多元消费场景，吸引用户使用。以美团、京东、携程等为代表的互联网生活服务平台，连接海量线下实体商户及用户，助推数字人民币快速进入网民日常生活。

4.1.1 电子支付的概念与特征

1. 电子支付的概念

在传统的商务活动中，支付方式主要有两种：一是票据支付，如支票、汇票等，多用于企业与企业间的交易活动；二是现金支付，常用于企业对个体消费者之间的商品零售过程。而在电子商务环境下，传统的支付方式已不适应商务活动电子化的要求，必须由全新的电子支付方式来代替。电子支付是指从事电子商务交易的当事人，包括消费者、厂商和金融机构，使用安全电子支付手段通过网络进行的货币支付或资金流转。具体来说，电子支付是支付命令发送方把存放于商业银行的资金通过一条线路划入收益方的开户银行，以支付给收益方的一系列转移过程。第三方电子商务交易平台采用的电子支付应当由银行或具备合法资质的非金融支付机构提供。

电子支付行为是当事人在电子商务活动中使用电子支付工具来进行资金给付的一种民事法律行为。当前，电子支付按其所涉及的内涵和外延不同，分为狭义的电子支付和广义的电子支付。狭义的电子支付是指在互联网上的电子支付行为；广义的电子支付不仅涉及网上支付，还包括 ATM/POS、支付卡、互联网、手机、机顶盒等电子支付行为。

2. 电子支付的特征

电子支付与传统的支付方式相比具有以下特征。

（1）电子支付是采用先进的技术通过数字流转来完成信息传输的，即采用数字化的电子信息指令方式进行款项支付；而传统的支付方式则是通过现金的流转、票据的转让及银行的汇兑等物理实体的流转来完成款项支付的。

（2）电子支付的工作环境基于一个开放的系统平台（互联网）；而传统的支付方式则是在较为封闭的银行系统中进行运作的。

（3）电子支付具有方便、快捷、高效、经济的优势。用户只要拥有一台能上网的个人计算机，便可足不出户，在很短的时间内完成整个支付过程，所花费的支付费用仅相当于传统的支付方式的几十分之一，甚至几百分之一。

（4）电子支付适用于最先进的通信媒介，如 Internet、Extranet；而传统的支付方式则适用于传统的通信媒介。电子支付对软、硬件设施要求很高，一般要求有互联网的微机、相关的软件及其他一些配套设施；而传统的支付方式则没有这么高的要求。

4.1.2 电子支付的形式与流程

1. 电子支付的主要形式

随着计算机技术的发展，电子支付的方式越来越多。这些支付方式可以分为三大类：第一类是电子信用卡类，包括智能卡、借记卡、电话卡等；第二类是电子货币类，如电子现金、电子钱包等；第三类是电子支票类，如电子支票、电子汇票、电子划款等。这些支付方式分别有各自的特点和运作模式，适用于不同的交易过程。

（1）智能卡。智能卡（Smart Card），也称 IC 卡（Integrated Circuit Card，集成电路卡），是一种内部嵌入集成电路芯片、能独立进行信息处理与交换的卡片式现代信息工具。

智能卡可分为存储型、带中央处理器（Central Processing Unit，CPU）型两种。智能 CPU 型卡内安装了嵌入式微型控制器芯片，可储存处理相关数据，卡上的价值受用户的个人识别码（Personal Identification Number，PIN）的保护，只有用户才能合法访问它。另外，超级智能 CPU 型卡不仅内嵌高性能的 CPU 及相关硬件，而且配备独自的基本软件，能够如同个人计算机那样自由地增加和改变功能。这种智能卡还设有"自爆"装置，如果犯罪分子想打开智能卡非法获取信息，卡内软件上的内容将自动消失。智能卡提供了一种简便、快捷的支付方法，可用来存储和解释私人密钥与证书，并且非常容易携带。它是目前最常用的电子货币，可在商场、饭店、车站、互联网等许多场所使用，可采用刷卡记账，销售终端（Point of Sale，POS）结账，ATM 提取现金、网上结算等方式进行支付。

（2）电子现金与电子钱包。电子现金（e-cash），又称电子货币（e-money）或数字货币（Digital Cash）。电子现金是现实货币的电子或数字模拟，是一种以数据形式流通的货币。它把现金数值转换成一种加密的序列数据，通过这些序列数据来表示现实中各种现金的金额值。电子现金以数字信息形式存在，存储于银行服务器混合用户计算机终端上。它具有多用途、灵活使用、匿名性、快速简便的特点，无须与银行连接便可直接使用，适用于小额交易。从目前支持电子现金的要件不同来划分，电子现金可分为如下两类。

① 需要新硬件并以其为核心的电子现金支付系统。主要是智能卡形式的支付卡，其用途多，应用范围广，具有信息存储、安全密码锁等功能，安全可靠，最常见的是 U 盾。从技术角度看，U 盾是用于网上银行电子签名和数字认证的工具，它内置微型智能卡处理器，采用 1024 位非对称密钥算法对网上数据进行加密、解密和数字签名，以确保网上交易的保密性、真实性、完整性和不可否认性。

② 只需要软件支持的电子现金支付方式，如数字方式的现金软件。基于安全使用的考虑，消费者、销售商和发行者之间交换金融申请都有其自己的不同类型的协议。每个协议由后端服务器软件（电子现金支付系统）和客户端的"钱包"软件执行。所谓"钱包"，是指一个可以由持卡人进行安全电子交易和储存交易记录的软件，就像生活中人们随身携带的钱包一样。持卡人可以直接使用与自己银行账号相连接的电子商务系统服务器上的"钱包"软件，也可以从互联网上调出来，采用各种保密方式利用互联网上的"钱包"软件。而这些软件通常都是免费提供的。目前广为流行的"支付宝"采用的就是这种形式。

电子现金既具有现金所拥有的基本特点，又因和网络结合而具有互通性、多用途、快速、简便等新特点，已经在国内外的网上支付中被广泛使用。在网上交易中，电子现金主要用于小额支付业务，使用起来要比借记卡、信用卡更为方便和节省。

电子钱包（Electronic Purse）也是电子商务活动中顾客购物常用的一种支付工具，是一种客户端的小数据库，用于存放电子现金和电子信用卡，同时包含信用卡账户、数字签名、身份验证等信息。目前世界上常用的电子钱包有 Visa Cash 和 Mondex 两大软件，其他电子钱包软件有 Master Card Cash，EuroPay 的 Clip 和比利时的 Proton 等。使用电子钱包购物，通常需要在电子钱包服务系统中运行。电子钱包软件通常免费提供，顾客可以直接使用与自己银行账户相连接的电子商务系统服务器上的电子钱包软件，也可以采用各种保密方式调用互联网上的电子钱包软件。

（3）电子支票。电子支票（Electronic Check，e-check）是一种借鉴纸质支票转移支付的优点，利用数字化网络传递将钱款从一个账户转移到另一个账户的电子付款形式。电子支票的支付是在与商户及银行相连的网络上以密码方式传递的，多数使用公用关键字加密签名或个人身份密码代替手写签名。使用电子支票支付的优点是事务处理费用较低，而且银行也能为参与电子商务的商户提供标准化的资金信息。电子支票支付的主要发展方向是逐步过渡到国际互联网络上进行传输，即采用电子资金转账或网上银行服务（互联网存入银行）方式。电子资金转账直接支付的种类主要包括以下几种。

① 直接存款（存放），是指通过电子方式将资金（如工资、退休金、股息及养老金等）划归个人存款账户的支付方式。

② 直接支付（指示付款），是指被授权指定的公司在特定的日期从消费者的存款账户上划拨资金，如水电费、电话费、有线电视收视费的支付等。直接支付要求消费者对那些以电子支付方式划拨资金的公司进行签名授权。

③ 电话支付（打电话发出支付指令），是指消费者通过给按键电话输入关键信息而对银行发出支付指令，从其存款账户上向特定的公司进行支付。金融机构提供给消费者每月进行电子交易的银行清单。

④ 个人计算机银行（个人计算机银行业），是指消费者通过个人计算机及其连接的网络，发出资金划拨的指令。许多商业银行的电子支付程序允许消费者通过个人计算机查询账户信息，如查询个人账户余额或在账户间进行转账。

根据支票处理的类型，电子支票可以分为两类：一类是借计支票（Credit Check），即债权人向银行发出支付指令，以向债务人收款的划拨；另一类是贷记支票（Debit Check），即债务人向银行发出支付指令向债权人付款的划拨。

（4）以信用卡系统为基础的支付。这种电子支付方式的基本做法是通过专用网络或国际互联网以信用卡号码传送做交易，持卡人就其所传送的信息，先进行数字签章加密，数字签名经认证机构的认证后，将信息本身连同电子证书（电子的证书）等一并传送至商家。具体可分为以下几种。

① 账号直接传输方式。即客户在网上购物后把信用卡号码信息加密后直接传输给商家。这种支付方式存在两大不足：一是只适用于信用卡，不适用于借记卡；二是商家必须有良好的信誉，从而使得客户能够放心地把信用卡号码予以告知。账号直接传输方式在国际互联网站尤其是美国应用非常普遍。

② 专用账号方式。这种支付方式要求商家在银行的协助下核实每一个客户是否为银行卡的持有人，并且由商家为每一个客户建立一个与银行卡对应的虚拟账户，每个虚拟账户都有独立的账号和密码。当客户使用虚拟账户在互联网上付款时，银行卡账号和密码先经

加密再传输到商家系统，避免在网上被直接使用，保证了银行账户的安全。这种支付方式提供了较高的安全性，但是由于虚拟账户须由商家建立，建立过程比较复杂，并且同一张银行卡在不同的商家有不同的账号和密码，客户使用起来很不方便。

③ 设定方式。设定方式是维萨、万事达两个信用卡组织联合微软、IBM、网景等计算机公司在 1996 年共同推出的，为了在互联网上进行安全的信用卡支付而定义的电子支付协议。它的技术标准非常复杂，对信用卡持卡人、商家和银行三方的要求都很高。但这种支付方式需提供商家和收单银行的认证，确保了交易数据的安全、完整、可靠和交易的不可抵赖性，特别是具有保护消费者信用卡号不暴露给商家等优点，因此它成为目前公认的信用卡/借记卡的网上交易的国际标准。

④ 专用协议方式。这种支付方式的关键点是在客户、商家和电子支付服务供应商之间采用一种专用加密协议，把信用卡账号转化为密码。由电子支付服务供应商向其客户和商家免费提供客户端软件。这种软件会自动地通知商家把电子订购表格发送给客户，让客户填写姓名和信用卡号码，软件再将其译成密码发送给商家。

（5）电子资金划拨。根据美国《电子资金划拨法》规定，电子资金划拨（Electronic Funds Transfer，EFT）不是以支票、期票或其他类似票据的凭证，而是通过电子终端、电话、电传设施、计算机、磁盘等命令、指示或委托金融机构向某个账户付款或从某个账户提款，或者通过零售商店的电子销售、银行的自动提款机等电子设施进行的直接消费、存款或提款。

2. 电子支付系统流程

（1）银行卡非 SET 电子商务支付系统（SSL）。该系统是国内网上支付普遍采用的网上支付系统。它使用 SSL 协议、RSA 加密算法、数字签名和防火墙等保证交易的安全，支付时使用的是银行发行的储值卡（借记卡）、信用卡。该系统风险较高，但只要银行肯参与，就是可行的。该系统的主体有持卡人、商家、支付网关和发卡银行。流程如下。

① 持卡人登录商品发布站点，验证商家身份。

② 持卡人决定购买，向商家发出购买请求。

③ 商家返回同意支付等信息。

④ 持卡人验证支付网关的身份，填写支付信息，将定购信息和支付信息通过 SSL 传给商家，但支付信息被支付网关的公开密钥加密过，商家是不可读的。

⑤ 商家用支付网关的公开密钥加密支付信息等，传给支付网关，要求支付。

⑥ 支付网关解密商家传来的信息，通过传统的银行网络到发卡银行验证持卡人的支付信息是否有效，并即时划账。

⑦ 支付网关使用私有密钥加密结果，并将结果返回商家。

⑧ 商家用支付网关的公开密钥解密后返回信息给持卡人，支付结束。

该电子支付系统有如下特点。

① 有银行的参与，支付网关必须得到银行的授权。

② 商家及支付网关使用证书，由支付网关签名的 Root CA。

③ 持卡人支付时使用的微型电子钱包是一个 APPLET 应用程序，放在支付网关的服务器上，并经过支付网关的签名认证。

④ 商家与持卡人通信使用 SSL 协议，商家与支付网关通信使用 RSA 加密。

⑤ 持卡人必须与支付网关签约，成为其会员。

⑥ 支付网关与发卡行的通信可通过 POS 机拨号连接银行的前置机（业务量不大时），或者走专线，通过 ISO 8583 等协议连接银行的前置机。

（2）银行直接参与的非 SET 电子商务支付系统（类 SSL）。该系统支付信息不经商家，直接到银行站点支付，即银行直接接收、处理用户的支付信息，风险较小。该系统的主体有持卡者、商家和发卡银行。流程如下。

① 持卡人登录商品发布站点。

② 持卡人决定购买，向商家发出购买请求，并跳转到发卡银行支付站点。

③ 持卡人验证发卡银行支付站点身份，通过 SSL 向发卡银行传送支付信息。

④ 银行处理用户的支付信息，划账。

⑤ 商家定期到发卡银行站点查询成交商品，送货，交易完成。

该电子支付系统有如下特点。

① 银行亲自建立支付站点，成为支付系统的主体。

② 支付信息不经商家。

③ 使用 SSL 协议，保证交易的安全。

（3）基于 SET 协议的电子商务支付系统。SET（安全电子交易协议）是指在开放网络（互联网或公众多媒体网）上使用付款卡（信用卡、借记卡和取款卡等）支付的安全事务处理协议。它的实现不需要对现有的银行支付网络进行大改造。该协议的 1.0 版本于 1997 年 5 月 31 日发布。

SET 规定了电子商务支付系统各方购买和支付消息传送的流程。该系统的主体有持卡人、商家和支付网关。流程如下。

① 持卡人决定购买，向商家发出购买请求。

② 商家返回同意支付等信息。

③ 持卡人验证商家身份，将定购信息和支付信息安全传送给商家，但支付信息对商家来说是不可读的（用银行公钥加密）。

④ 商家验证支付网关身份，将支付信息传给支付网关，要求验证持卡人的支付信息是否有效。

⑤ 支付网关验证商家身份，通过传统的银行网络到发卡银行验证持卡人的支付信息是否有效，并将结果反馈给商家。

⑥ 商家返回信息给持卡人，送货。

⑦ 商家定期向支付网关发送要求支付信息，支付网关通知卡行划账，并将结果反馈给商家，交易结束。

SET 使用的安全技术包括加密（公开密钥加密和私人密钥加密）、数字信封、数字签名、双重数字签名、认证等。它通过加密保证了数据的安全性；通过数字签名保证交易各方的身份认证和数据的完整性；通过使用明确的交互协议和消息格式保证了互操作性。由于它实现起来比较复杂，每次交易都需要经过多次加密、Hash 运算及数字签名，并且须在客户端安装专门的交易软件，因此现在使用该协议的电子支付系统并不多。目前中国银行的网上银行中的支付方式是基于 SET 的安全电子交易。

4.2 电子支付法律关系

电子支付要涉及参与支付的各个主体——当事人、参与支付的客体——电子货币、提供中介服务的系统等,对各主体有着严格要求,如电子支付当事人一定要取得相应的资格,电子货币要具备一定的法律效力,由此产生了较多的法律问题。电子支付所引起的法律关系,要比传统的支付活动复杂,不仅涉及电子支付的当事人、金融机构,还涉及提供信息服务的中介机构,所以必须有新的法律法规来调整。

4.2.1 电子支付法律关系的特征及表现形式

1. 电子支付法律关系的特征

一般意义上的法律关系是指由法律事实引起的,当事人之间形成的权利义务关系。电子支付法律关系则是指在电子商务活动中,由电子商务交易活动事实引起的,当事人双方在电子支付方面的权利义务关系。电子支付法律关系是由电子商务法及相关法律规范所调整的行为规范,所以它是在电子交易过程中形成的,具有一定民事权利义务内容的法律关系。电子支付法律关系不同于一般意义上的民事法律关系,具有以下特点。

(1) 电子支付法律关系必须以相应的电子商务法律规范为前提。电子商务法律规范是调整一切电子商务活动的行为准则。电子支付活动是电子商务活动的一个组成部分,离开了电子商务法律规范,调整电子支付活动是不可能的,也是不现实、不可操作的。

(2) 电子支付法律关系是基于电子商务交易法律事实而形成的平等主体之间的商务关系。在电子支付活动中,涉及的主体虽然有多个,但是各个主体之间的地位是平等的,各有自己的权利主张,不存在强势与弱势之分。电子支付活动中各个主体之间法律关系的调整,是建立在这种平等关系的基础之上的。

(3) 电子支付法律关系具有主体本身真实直接的意思表示和委托授权的法律行为。电子支付当事人主体本身的意思表示和委托授权的法律行为,是电子支付法律关系成立的要件。任何背离了电子支付当事人主体意思表示真实的行为和超越委托受权范围的行为,都不能形成电子支付法律关系。

(4) 电子支付法律关系是由国家强制力社会保障措施来实现的,以保障电子支付当事人权利义务为内容的社会关系。从表面上看,电子支付活动大多是由电子计算机自动完成的,但是计算机执行的是计算机的拥有者或控制者的指令,其自动执行过程体现了计算机背后操纵者之间的关系。这种关系本质上是一种社会关系,须由国家强制力社会保障措施来实现,以保障电子支付当事人的权利义务。

(5) 电子支付法律关系是一种由参与电子支付活动的不同当事人之间所体现出的不同具体关系的组合关系。一个完整的电子支付活动,至少需要有四方当事人参加,即付款人(指令人)、收款人、电子支付银行和电子认证服务机构。这些当事人之间所体现的法律关系各有不同,共同构成了电子支付法律关系的整体。

2. 电子支付法律关系的表现形式

前面提到,电子支付法律关系是由多种关系组成的组合关系。在电子支付的实施过程中，虽然仅有四方当事人参与，但各个当事人之间存在多种法律关系，如交易关系、合同关系、债权债务关系、借贷关系、委托代理关系、认证关系等。这就意味着各个当事人之间所体现的关系不同，各自的权利义务也就不同。同时，电子支付法律中的这些具体法律关系，均是建立在合同关系的基础上的，这就要求当事人之间的关系是平等的，必须在平等的基础上调整这些关系。电子支付当事人之间的法律关系具体有以下几种。

（1）付款人与收款人之间是由商品买卖合同所规定的债权、债务关系。这种关系的形成，普遍是由货物买卖合同引起的。在货物买卖合同履行中，买方指示其开户银行将合同中规定的货款发送到指定的收款人账户中，以履行其货物买卖合同中的付款义务；卖方在电子支付过程中，以同意买方采用电子支付方式支付货款并收取相应货款，配合付款人完成电子支付活动。

（2）付款人与电子支付指令银行之间是电子支付服务合同关系。电子支付银行之所以接受付款人的指令并实施电子货币款项的划拨，是因为其与付款人之间存在有关电子支付服务的合同关系。付款人向电子支付银行发出支付指令，是在行使合同权利；电子支付银行按照付款人指令实施电子货币款项的划拨是在履行合同。同时，电子支付银行收取相应费用，也是在行使合同权利；付款人向电子支付银行缴纳费用则是在尽合同义务。

（3）收款人与电子支付收款银行之间是一般金融服务合同关系。为了保证电子支付活动发挥方便、高效、快捷的作用，客观上要求收款人在电子支付收款银行开设账户。开设账户就意味着电子支付收款银行要向收款人提供服务。这种服务的依据与一般金融服务相同，收款人应与电子支付收款银行订立一般金融服务合同。

（4）付款人、收款人和电子支付银行与电子认证服务机构之间均是证书服务合同关系。付款人、收款人和电子支付银行向电子认证服务机构提出证书申请都是在发出要约，而电子认证服务机构发放电子签名认证证书的这一行为是对要约进行承诺和对这种合同关系的履行。

4.2.2　电子支付法律关系的当事人

电子支付法律关系的当事人即为电子支付法律关系的主体。在电子商务法律关系中，电子支付法律关系的主体是依法享有商务交易权利和承担电子支付义务的法人或自然人。

电子支付的法人是指依法能够以自己的名义进行电子支付活动，享有电子支付当事人的权利，承担电子支付当事人的义务，发出电子资金或接收电子资金的企事业单位、国家机关、社会团体组织和其他组织。电子支付的法人主要包括两大类：电子支付的企业法人和电子支付的社会团体法人。

电子支付的自然人是指符合电子商务的法律规定，达到民事法律年龄，依法享有民事法律权利，能够承担民事法律义务，能够以自己的名义进行电子支付活动，享有电子支付当事人的权利，承担电子支付当事人的义务，能够发出电子资金或接收电子资金的公民。

如前所述，从实际参加支付活动的角色来说，电子支付的有关当事人可以分为以下4种。

（1）付款人。在电子支付过程中通常是消费者或买方。

（2）收款人。在电子支付过程中通常是商家或卖方。

（3）电子支付银行。即在电子支付过程中处于付款人、收款人之间的中介人，通常为网上银行或金融机构。在电子支付系统中，参与电子支付活动的银行可同时扮演发送银行和接收银行的角色,完成信用中介、支付中介和结算中介等方面的金融服务。电子支付活动也可以由两个或两个以上的金融机构来承担,发出电子支付指令的付款人的开户银行被称为"发起行";收款人的开户银行被称为"接收行",它是电子支付指令接收人的开户银行。接收人未在银行开立账户的,"接收行"则是指电子支付指令确定的资金汇入银行。"转发人"是指在发起行和接收行以外,有资格从事接收、传送电子支付指令或有关电子支付数据交换的机构。以上三种机构均可视为参与电子支付活动的银行。

(4)电子认证服务机构(CA)。电子认证服务机构是电子认证服务提供者,是指为电子签名人和电子签名依赖方提供电子认证服务的第三方机构。电子认证服务机构为参与电子商务各方的各种认证要求提供证书服务,以确认支付各方的真实身份。

4.2.3　电子支付当事人的权利

电子支付当事人的权利是参与电子支付不同资格的主体为应获利益所行使的合法主张。各方当事人在电子支付过程中所发挥的作用不同,各自的权利也就不同。

1. 付款人的权利

(1)开户权。资金支付人有在网络银行开户的权利,这是电子支付的必要条件。电子支付中付款人必须在网络银行中开户,并在账户中存入一定数量的资金,这样才能保证电子支付活动的顺利进行。开户权是电子支付中付款人对网络银行的主张。

(2)指令权。付款人有权要求发起行按照其指令的时间及账户,及时准确地将指定的货币金额(包括币种及数额)支付给指定的收款人。这是电子支付的核心工作。没有指令权,电子支付就不存在了。

(3)获得电子支付信息反馈权。电子支付活动发生后,作为电子支付活动的支付一方,付款人有权获得电子支付活动是否成功的反馈信息。这是付款人的一个基本主张。

(4)个人信息保护权。在电子支付活动中,支付款项的一方将其各种信息上传到网络银行,其中涉及许多个人信息,如个人自然信息、账号、资金数量等,对于本人不愿公开的信息有权获得保护。

(5)指令错误纠正权。虽然电子支付方便、快捷,但也有由于某种因素而发出错误指令的可能,在这种情况下,付款人应当有纠正错误指令的权利。指令错误纠正权是保证电子支付活动推广普及的重要条件,特别是目前电子支付活动处于观念和技术都不很成熟的阶段,指令错误纠正权显得尤为重要。

(6)投诉权。当电子支付活动中付款人的权利或利益受到损害时,付款人应当有投诉的权利。投诉权是对电子支付活动中当事人的一种监督和约束。

2. 收款人的权利

电子支付活动中的收款人具有特殊的法律地位。电子支付收款人与接收指令的银行和付款人之间所体现的法律关系并不相同。电子支付收款人与接收指令的银行之间并不直接存在支付合同上的权利义务关系,电子支付收款人仅仅是接收指令银行的工作对象。因此,电子支付收款人不能基于电子支付行为,向接收指令银行主张权利。电子支付收款人与付款人之间,也不存在支付合同中的权利义务关系。电子支付收款人与付款人之间的经济法律关系，只是基于电子商务活动中的行为所形成的债权债务关系。收款人作为债权人，有向债务人也就是付款人要求支付相应款项的权利，但是没有电子支付合同中的权利主张。在电子支付活动中，电子支付收款人的权利义务关系大多表现在接收款项后的义务方面。

3．电子支付银行的权利

（1）开户者信息审查权。电子支付活动必须依靠付款人和收款人在网络银行开设账户。接收指令的银行在执行指令前，有权对开户者的信息进行审查。这种审查是为了保证电子支付活动的主要当事人的利益不受虚假用户的欺骗或错误信息的损害。

（2）资金划拨权。当接收银行接到付款人的付款指令后，有权将指定资金从付款人账户转到指定账户。资金划拨权中规定了接收指令银行的基本工作权利。

（3）收取电子支付服务费用权。电子支付是一种由网络银行提供的资金结算服务，在这项服务中，接收指令的银行就是提供服务的一方，当其提供服务后，有要求指令人支付所指令资金并承担支付费用的权利。该权利是接收指令的银行生存和发展的基础和条件。

（4）拒绝接收错误指令权。接收电子支付指令的银行，对于付款人发出的错误指令，有权要求指令人修正其发出的无法执行的、不符合规定程序和要求的指令。

4．电子认证服务机构的权利

电子认证服务是指电子认证服务机构为电子签名相关各方提供真实性、可靠性验证的公众服务活动。电子认证服务机构在电子商务活动中充当着裁判的角色，是将电子计算机网络这一虚拟世界同商务交易这一现实世界结合的桥梁和中介。电子认证服务机构的主要权利如下：

（1）申请者资料审查权。对于个人申请人，审查包括个人的姓名、身份证号、联系电话、寻呼、通信地址、邮政编码、电子邮箱等资料；对于单位申请人，除对具体的申请人审查上述个人资料外，还要审查单位名称、单位主页地址、单位营业执照号、工商税号、单位地址、单位电子邮箱、单位所属行业类别、机构代码、电话、传真等。

（2）证书发放权。电子认证服务机构对电子证书申请人进行资格审查后，有权发放电子签名认证证书。根据《电子认证服务管理办法》的规定，证书应当准确载明签发机构的名称、证书持有人名称、证书序列号、证书有效期、证书持有人的电子签名验证数据、电子认证服务机构的电子签名及工业和信息化部规定的其他内容。

（3）电子证书撤销权。若发生下列情况，电子认证服务机构可以撤销其已签发的证书：证书持有人申请撤销证书；证书持有人提供的信息不真实；证书持有人没有履行双方合同规定的义务；证书的安全性不能得到保证；法律、行政法规规定的其他情况。对于所撤销的证书，电子认证服务机构应当及时予以公告。

（4）收取费用权。电子认证服务机构是企业性质的法人，当向申请人提供电子认证服务后，有权向申请人收取相关的费用。

4.2.4　电子支付当事人的义务

电子支付当事人的义务是指参与电子支付活动的各方主体，在从事电子支付活动中应当履行的作为行为与不作为行为。不同的电子支付当事人应当从不同方面履行自己的义务。

1. 付款人的义务

（1）开设电子账户的义务。电子账户是电子支付的必要工具，没有电子账户，网上银行便不能在接收付款人指令后，完成资金划转工作，所以付款人必须履行开设电子账户的义务，以保证电子支付活动的顺利进行。

（2）提供真实可靠的个人信息、接受审查的义务。付款人在开设电子账户和申请电子证书时，应当提供真实可靠的信息，并接受相关部门的审查。提供虚假的、不可靠信息，属于网络诈骗行为，相关付款人应承担相应的法律责任。

（3）受自身指令约束的义务。付款人一经发出付款指令，应当受到自身指令的约束，不得随意变更或不执行指令。这一义务是对电子支付活动其他主体的保护。

（4）修改错误指令的义务。付款人有按照接收银行的程序，检查指令有无错误或歧义，并对错误指令发出修正指令的义务。

（5）缴纳费用的义务。付款人应向电子认证服务机构缴纳服务费用，向电子支付银行缴纳电子支付手续费用。电子认证服务机构服务费用主要在接受证书时缴纳，电子支付银行支付手续费用在支付活动指令发出时缴纳。

2. 收款人的义务

收款人是电子支付活动中的受益者，所以，在电子支付活动中必须履行相应的义务。

（1）遵守电子商务法律规范的义务。收款人必须遵守银行出台的有关电子货币、电子支付和电子结算业务的管理办法。

（2）接受电子认证服务机构审查的义务。收款人应当向电子认证服务机构提供真实、可靠的信息，确保电子签名依赖方能够证实或了解电子签名认证证书所载内容及其他有关事项。

（3）提供相关回执的义务。收款人在收到款项后，有及时提供相关收款回执的义务，以保证电子支付活动其他主体及时完成终了电子支付业务活动。

（4）支付相应款项的义务。尽管收款人不能依据电子支付合同对电子支付银行提出权利主张，但是，收款人在电子支付活动中是在接受电子支付银行的服务，所以有支付服务费用的义务。

（5）严格遵守保密规定的义务。收款人对于电子支付本人和电子支付对方的各种信息资料，有保密的义务。

3. 电子支付银行的义务

（1）按照指令人的指令完成资金支付的义务。转发人、发起行、接收行应按照协议规定及时转发、发送、接收和执行电子支付指令，并回复确认。发起行或转发人应采取有效措施，保证在客户发出电子支付指令前能够对指令的准确性和完整性进行充分确认，并正确执行客户的电子支付指令。对电子支付指令进行确认后，转发人、发起行应能够向客户提供纸质或电子的回单供客户索取。转发人、发起行、接收行还应确保电子支付指令传递的可跟踪稽核和不可篡改。

（2）对客户资料保密的义务。电子支付银行使用客户资料、交易记录等，不得超出法律许可和客户授权的范围并对客户的资料信息、交易记录等保密。除国家法律、行政法规另有规定外，电子支付银行、转发人有权拒绝除客户本人以外的任何单位或个人的查询。

4. 电子认证服务机构的义务

（1）颁发证书的义务。认证机构应向符合条件的申请者颁发电子签名认证证书，并将证书内容公布于认证机构的存储器内。认证机构还应在向申请人颁发证书前确认下列情况：列于即将颁发的证书中的人就是未来的签署者；将颁发的证书中的信息是正确的；未来的签署者合法拥有私人密钥，此私人密钥与证书中列的公开密钥构成功能性密钥对，并且可以用来生成数字签名；将颁发的证书中所列的公开密钥可以用来验证由签署者拥有的私人密钥生成的数字签名；将颁发的证书中所使用的公钥算法在现有技术条件下不会被攻破。

需要指出的是，认证机构的义务不仅包括发放证书，还包括管理证书，如中止证书或撤销证书。可以说，中止证书和撤销证书的义务是基于确保证书内容真实、准确的义务而派生出来的。

（2）使用可信赖系统的义务。认证机构应该使用可信赖系统来完成证书的颁发、中止和撤销等项操作。所谓可信赖系统，是指计算机的硬件、软件和程序能满足以下要求：①是相当安全的，可防止侵扰和滥用；②具有较高的可用性和可靠性，并提供了正确的操作；③非常适合执行它们的固有功能；④符合通常公认的安全程序。

（3）妥善保管自身私钥的义务。认证机构自身的私钥对于验证该认证机构作为颁发数字证书机构的身份具有不可或缺的作用，一旦丢失，该认证机构所发出的所有数字证书都将作废，因此认证机构应妥善保管自身的私钥。

（4）信息发布的义务。认证机构应及时发布有关的信息，如自身的政策或认证业务声明，证书的发布、中止及撤销信息等。发布的方式应是醒目的、易发现的。

4.3 电子支付法律责任

电子支付法律责任是在电子商务活动中产生的，由电子商务及相关法律规范所规定和调整，在电子交易过程中当付款人、收款人、电子支付银行和电子认证服务机构等电子支付当事人的行为对其他当事人带来损害时所应承担的后果。

电子支付过程中的法律责任有三种：一是刑事责任，即电子支付当事人在电子支付过程中因违法行为构成犯罪而应当承担的法律责任；二是行政责任，即在电子支付过程中具有行政职能的主体因违反《行政许可法》没有履行其职能而应承担的法律责任；三是民事责任，即在电子支付中的民事主体违反民事义务而应承担的法律后果。

电子支付过程中的民事责任主要有违约责任和侵权责任两种类型。在电子支付过程中因违反《民法典》而形成的民事责任属于违约责任。违约责任是指在当事人不履行合同债务时，所应承担的赔偿损害、支付违约金等责任，是保障债权实现和债务履行的重要措施。在电子支付活动中，加害人因侵权行为造成他人财产或人身损害而依法承担的民事责任为侵权责任，其形式有赔偿损失、停止侵害、排除妨碍、消除危险、返还原物、恢复原状、消除影响、恢复名誉及赔礼道歉等。

电子支付过程中的刑事责任是指建立在刑事法律基础之上的，满足认定刑事责任要素的犯罪当事人应承担的法律责任。虽然《刑法》中还未单列电子支付犯罪行为的惩罚条款，但是可以借助《刑法》中相关条款对电子支付过程中的各种犯罪行为予以惩处。针对破坏网上银行的计算机系统数据和应用程序，制作、传播计算机破坏性程序等的犯罪，可参照《刑法》第二百八十六条、第二百八十七条的规定进行处罚。针对利用计算机实施网上金融诈骗、盗窃、贪污、挪用公款，以及利用信用卡等进行电子货币诈骗等的犯罪，可参照《刑法》第一百九十六条、第二百二十四条、第二百六十六条、第二百八十七条的规定进行处罚。对于那些不涉及计算机技术的电子支付中的传统支付犯罪，可参照《刑法》第一百七十四条、二百六十四条、第二百六十六条、第二百八十七条的有关规定进行处罚。当然，在电子支付过程中应用现行《刑法》时还存在诸多问题，针对性的法律有待尽快出台。

电子支付过程中各方法律责任的划分是一个比较复杂的问题，可能涉及 8 个方面：支付平台、交易平台、配送方、交易方、银行、认证服务方、系统运营商、系统开发商，其中最主要的有四方当事人：付款人、收款人、电子支付银行和电子认证服务机构。其各自的法律责任在《电子商务法》中规定如下：

"第五十三条　电子商务当事人可以约定采用电子支付方式支付价款。

"电子支付服务提供者为电子商务提供电子支付服务，应当遵守国家规定，告知用户电子支付服务的功能、使用方法、注意事项、相关风险和收费标准等事项，不得附加不合理交易条件。电子支付服务提供者应当确保电子支付指令的完整性、一致性、可跟踪稽核和不可篡改。

"电子支付服务提供者应当向用户免费提供对账服务以及最近三年的交易记录。

"第五十四条　电子支付服务提供者提供电子支付服务不符合国家有关支付安全管理要求，造成用户损失的，应当承担赔偿责任。

"第五十五条　用户在发出支付指令前，应当核对支付指令所包含的金额、收款人等完整信息。

"支付指令发生错误的，电子支付服务提供者应当及时查找原因，并采取相关措施予以纠正。造成用户损失的，电子支付服务提供者应当承担赔偿责任，但能够证明支付错误非自身原因造成的除外。

"第五十六条　电子支付服务提供者完成电子支付后，应当及时准确地向用户提供符合约定方式的确认支付的信息。

"第五十七条　用户应当妥善保管交易密码、电子签名数据等安全工具。用户发现安全工具遗失、被盗用或者未经授权的支付的，应当及时通知电子支付服务提供者。

"未经授权的支付造成的损失，由电子支付服务提供者承担；电子支付服务提供者能够证明未经授权的支付是因用户的过错造成的，不承担责任。

"电子支付服务提供者发现支付指令未经授权，或者收到用户支付指令未经授权的通知时，应当立即采取措施防止损失扩大。电子支付服务提供者未及时采取措施导致损失扩大的，对损失扩大部分承担责任。"

4.3.1　付款人的法律责任

付款人在电子支付过程中是一般民事活动主体，在电子支付活动中所能够引起的法律责任主要有违约责任、侵权责任和刑事责任。

（1）付款人在电子支付过程中是支付指令的发出人，是电子支付活动的起点。在电子支付过程中若付款人未按合同规定发出指令，违反《民法典》的规定，则应按照《民法典》的规定承担违约责任。

（2）付款人在电子支付过程中发出支付指令，是对接收电子支付指令银行要求其提供电子支付服务的一种权利主张。如果付款人发出错误指令，对其他相关人造成侵权，给其他相关当事人带来损失，那么应当承担相应的民事责任。

（3）如果付款人故意发出错误指令，给其他相关当事人带来损失，这就超出了一般民事活动范围，构成了网络盗窃或网络诈骗，那么应当视情节轻重，承担相应的刑事责任。

① 被告使用信用卡发生透支被银行多次催收仍未清偿：

被告陈某与原告中国银行股份有限公司广东省分行（简称"中行广东分行"）信用卡纠纷一案中，陈某涉案消费的9000元虽是通过上海银联电子支付服务有限公司电子商务交易平台划转的，但陈某是通过自行输入信用卡卡号、手机号码、信用卡背面的末尾三位数字及授权验证码等方式实现网上自助转账或消费的。在此过程中，没有证据显示中行广东分行在该交易中存在过错。故应由陈某自行承担由此产生的损失风险。

② 银行卡被盗刷损失谁负：

某女士收到一条显示为"10086"发来的短信，称其已获得手机积分奖励，可兑换奖品，并附上了一个链接。某女士点击该链接后按照提示在页面上输入了银行卡相关信息及手机号，并下载安装了一个"积分兑换"的客户端应用软件，但安装后无法正常打开，某女士也没有在意。第二天，某女士使用该银行卡时被提示卡内余额不足，查询发现银行卡在前一晚发生多笔大额交易。某女士赶紧报案，但已经造成损失。

4.3.2 收款人的法律责任

收款人在电子支付过程中的法律责任主要是承担义务。如果收款人在电子支付过程中没有履行应尽的义务，给其他当事人造成损害，则应承担必要的法律责任。

（1）收款人应当向电子支付银行申请开设电子银行账户或指定收款账户。对于拒不申请电子银行账户或不能指定收款账户者，电子支付银行可拒绝为其提供电子支付收款服务。

（2）收款人在申请电子银行账户或电子证书时，应当向电子银行或电子证书服务机构提供真实、可靠的信息，确保电子签名依赖方能够证实或了解电子签名认证证书所载内容及其他有关事项信息以接受电子认证服务机构的审查。对于提供虚假信息、骗取电子银行账户或电子签名认证证书的，其电子银行账户或电子签名认证证书应当予以撤销；利用骗取的电子签名认证证书和电子银行账户收取的款项，一经查出应当予以收回；涉及网上诈骗的，应当依法追究其刑事责任。

（3）收款人在收到款项后，应当及时提供相关回执。对于未能及时提供的，电子支付银行可按向收款人发放贷款处理。

利用虚假现货交易平台实施诈骗案：

公安机关侦办了一起涉嫌利用虚假现货交易平台实施诈骗的案件，犯罪嫌疑人成立电子商务类公司，虚构"×××大宗商品现货交易平台"等现货交易平台，征召多个一级代理商招揽群众参与平台交易。在被骗者处于刚开始投入小额资金试探阶段，犯罪嫌疑人故意让其盈利，待其投入大额资金时，又通过后台人为操纵造成被骗者亏损。最后，犯罪嫌疑人把这些亏损金额通过已签订协议的支付机构从被骗者银行账户或支付账户转入其控制的、事先购买并设置的银行账户中。

4.3.3 电子支付银行的法律责任

电子支付银行是在电子支付活动中负责执行电子支付收款方与电子支付付款方支付清算指令的组织。根据中国人民银行会同原中国银行业监督管理委员会发布的《电子支付指引》，电子支付银行在电子支付过程中产生的差错和应当承担的法律责任如下。

（1）由于银行和转发人保管使用不当，客户资料信息遭泄露、破坏，客户资金受到损害的，应承担相应责任。

（2）转发人或银行因自身系统、内控制度或按协议为其提供服务的第三方服务机构的原因，电子支付指令无法按约定时间传递、传递不完整或被篡改的，应承担相应责任。因第三方服务机构造成损失的，转发人或银行可根据与第三方服务机构的协议进行追偿。

（3）接收行由于自身系统、内控制度等原因对电子支付指令未执行、未适当执行或迟延执行，客户款项无法按协议约定处理时间准确入账的，应承担相应责任。

（4）非资金所有人盗取他人存取工具发出电子支付指令，并且其身份认证和交易授权通过了发起行或转发人的安全程序，发起行或转发人对该指令进行处理所产生的后果不承担责任，但应积极配合客户查找原因，尽量减少客户的损失。但下列情形除外：使用数字证书和电子签名等作为安全认证方式的；因转发人或银行，客户安全认证数据被盗的。

（5）使用数字证书和电子签名等方式确定客户身份和交易授权的，非资金所有人盗取他人存取工具发出电子支付指令，并且其身份认证和交易授权通过了发起行或转发人的安全程序，如果该数字证书由合法的第三方认证服务机构提供，且第三方认证服务机构不能证明自己无过错的，应承担相应责任。

（6）客户的有关电子支付业务资料、存取工具被盗或遗失，应按约定方式和程序及时通知转发人和银行。由于客户未妥善保管电子支付交易存取工具，且未及时采取补救措施造成资金损失的，若转发人或银行在电子支付交易办理过程中无过错，则对此资金损失不承担赔偿责任。

（7）客户发现自身未按规定操作，或者自身其他原因造成电子支付指令未执行、未适当执行或延迟执行的，应在协议约定的时间内按照约定程序和方式通知银行或转发人。银行或转发人不承担责任，但应积极调查并告知客户调查结果。银行或转发人发现因客户造成电子支付指令未执行、未适当执行或延迟执行的，应通知客户改正或配合客户采取补救措施。

（8）客户按规定已变更或撤销指定办理电子支付业务账户的，如果银行已确认该账户被变更或撤销后，仍发生电子支付交易并造成资金损失的，银行应承担全部责任。

（9）因不可抗力造成电子支付指令未执行、未适当执行或延迟执行的，银行或转发人不对客户承担赔偿责任，但应当采取积极措施防止损失扩大。因该差错取得不当得利的，应负有返还义务。

① 支付机构未尽到安全注意义务应承担相应责任：

2014年7月，张先生在某购物网站上和卖家协商购买了一台价值27 500元的照相机，双方约定分多笔交易付款。张先生后根据支付机构网页提示登录到网上银行进行付款操作，收款方名称为：××支付科技有限公司。付款后该购物网站显示"等待买家付款中"，张先生到银行查询，被告知钱款已经打到支付机构。后张先生发现打入支付机构的钱款已被转入另外一个银行账户，而此账号并非本次交易卖方的账户。经查明，支付机构未将钱款转入卖方账户而转入他人账户，法院认定支付机构未尽到安全注意义务。其经营的网络系统、服务器和程序的安全性不足，或者他人利用网络技术非法入侵，均有可能导致张先生的财产受到损失。最终法院判决支付机构应赔偿张先生相应损失，共计20 129元。

② 办理信用卡被诈骗导致银行卡资金被转走：

务工人员小张在网络上看到某代办信用卡的信息，联系到代办人刘某，并按刘某要求提供了个人身份证号、银行卡卡号等信息，随后，其银行卡内的10 000元资金被转走。经查询，该笔资金是通过某支付平台转出的。不法分子作案手法如下：第一步，以代办信用卡需要证明申请人的"财力"为由，要求小张新办理一张借记卡，并存入至少15 000元；第二步，以方便"验资"为借口，要求小张在办理借记卡时填写指定的手机号为预留号码，并提供办卡人的身份证号和银行卡卡号；第三步，巧妙利用某支付平台的交易规则，根据小张提供的银行卡卡号、身份证号等信息申请绑定银行卡，并通过指定的手机号码接收验证码，完成支付账户对银行卡的绑定，盗取资金。

4.3.4 电子认证服务机构的法律责任

电子认证服务机构是为电子签名人和电子签名依赖方提供电子认证服务的第三方机构。根据修订后的《电子认证服务管理办法》相关规定，电子认证服务机构对下列行为应当承担法律责任。

（1）电子认证服务机构向工业和信息化部隐瞒有关情况、提供虚假材料或拒绝提供反映其活动的真实材料的，由工业和信息化部依据职权责令改正，并处警告或五千元以上一万元以下罚款。

（2）工业和信息化部及省、自治区、直辖市的信息产业主管部门的工作人员，不依法履行监督管理职责的，由工业和信息化部或省、自治区、直辖市的信息产业主管部门依据职权视情节轻重，分别给予警告、记过、记大过、降级、撤职、开除的行政处分；构成犯罪的，依法追究刑事责任。

（3）电子认证服务机构违反《电子认证服务管理办法》相关规定，未能按照公布的电子认证业务规则提供电子认证服务或未能根据工业和信息化部的安排承接其他机构开展的电子认证服务业务的，由工业和信息化部依据职权责令限期改正，并处警告或一万元以下的罚款，或者同时处以以上两种处罚。

（4）电子认证服务机构违反《电子认证服务管理办法》第三十三条规定的，对于已经取得电子认证服务许可的电子认证服务机构，在电子认证服务许可的有效期内降低其设立时所应具备的条件。由工业和信息化部依据职权责令限期改正，并处三万元以下罚款。

4.4 电子支付的国内立法及其风险防范

传统的法律是建立在一定时间、一定空间内,并以真实的纸币、票据、实物为载体的交易与支付规则。而电子商务冲破了国家的地域管辖权的限制,没有时间和空间阻碍,以一种全新的时空优势,以电子网络为依托,自由进入任何一个国家的商业网站,与任何一个用户进行交易,这就对传统法律规范中的支付手段提出了挑战。

4.4.1 我国的电子支付立法

1.《电子签名法》出台前后的电子支付立法

《电子签名法》出台前,各金融机构电子支付的管理办法和操作规章主要有:中国人民银行1997年12月公布的《中国金融IC卡卡片规范》和《中国金融IC卡应用规范》;1998年9月公布的与IC卡规范相配合的POS设备规范;1999年1月26日,中国人民银行颁布的《银行卡业务管理办法》,对银行信用卡、借记卡等做出规范。我国电子支付立法工作随着银行系统电子化程度的提高和社会发展对电子支付业务需求的增长而逐步开展。

2005年4月1日,《电子签名法》出台,电子支付的立法进程也随之加快。为了规范电子支付业务,2005年6月9日,中国人民银行与原中国银行业监督管理委员会发布了《电子支付指引(征求意见稿)》,同年10月26日,中国人民银行公布了《电子支付指引(第一号)》。该指引旨在规范和引导电子支付业务健康发展,防范电子支付业务风险,确保银行和客户资金的安全,维护电子支付业务中当事人的合法权益,促进电子支付业务健康发展。根据《电子签名法》和《支付结算办法》等法规制度,在中华人民共和国境内的电子支付活动都适用该指引。该指引对电子支付业务的申请、电子支付指令的发起和接收、安全控制、差错与责任都做出了详细的规定。2005年11月10日,原中国银行业监督管理委员会颁布了《电子银行业务管理办法》,该办法对电子银行业务等进行界定,并对电子银行业务的申请与变更、风险管理、数据交换与转移管理、业务外包管理等予以明确的规范。2007年5月20日,中国人民银行发布了《关于改进个人支付结算服务的通知》,其围绕提高个人支付结算服务效率、提升个人支付结算服务水平等提出了明确具体的政策措施。

2.《电子商务法》出台后的电子支付立法

2019年1月1日起施行的《电子商务法》是首部对电子支付加以规定的法律。该法主要从电子支付用户的自主选择权、知情权、公平交易权、免费对账的权利、安全受保障权,以及对于错误支付和未授权支付的处理上维护了用户的合理权益。维护安全、防范风险是电子支付相关立法的主轴,《电子商务法》从电子支付指令和安全管理要求方面完善了有关电子支付安全保障和风险防范的法律规定,并适当规定了用户应尽的义务,以更好地维护其合法权益,同时保障电子支付安全,促进行业发展。

3. 电子支付立法任重而道远

随着电子支付超常规发展,各方权利义务关系及责任界定与承担日益复杂。电子支付过程中也暴露出信息泄露、资金被盗、违法诈骗等风险点，这些都影响到电子支付产业的规范发展和安全运行，迫切需要国家从立法层面予以关注和解决。

然而我国尚未制定出针对电子支付统一、完整的法律。目前遵行的主要是行政规章和规范性文件，这些规章制度在电子支付发展之初起到了很好的促进和规范作用，但法律效力层级较低，已不能适应国内支付产业高速发展的需要。由于缺乏统一立法，电子支付领域的某些诉讼案件也出现了裁量标准不一、同案不同判的情况。随着电子支付方法和手段的发展，电子支付的安全问题在法律上和技术上都亟待解决。

4.4.2　电子支付的风险防范

网络电子支付立法的目的除了确认电子支付工具的法律地位，还有防范电子支付本身易引发的风险，如软件开发和设计风险、系统崩溃风险、操作不规范风险、黑客侵入风险、计算机病毒危害风险等。而防范这些风险除了从法律上确认风险责任分担、严惩违法侵入者，还应通过技术的发展，提高电子支付当事人的自我防护能力。

1. 电子支付系统中的风险

电子支付产生的风险，不外乎来自网络技术方面和经济活动方面，可分别称其为技术风险和经济风险。

（1）技术风险。也称为"系统风险"，是指由于网络技术方面，电子支付活动不能实现。技术风险包括系统故障、系统遭受外来攻击、虚假电子支付指令、伪造电子货币和网络欺诈等。

（2）经济风险。电子支付是一种经济活动，同传统的支付活动一样存在着经济风险。如信用危机，电子支付机构可能因无法满足对货币支付的要求而出现的支付危机等。

电子支付活动的实现不仅涉及技术层面的问题，还包含了经济和法律等方面的 3 个重要因素：支付工具的适用范围；不同支付工具中付款人、收款人和电子支付银行的操作办法；不同的政策与法律监管机制。

此外，在现代科技迅速发展的今天，伪币和欺诈的出现、消费者的信用卡号和密码等身份数据的被盗用都会引发财产损失和透支等纠纷。

① 扫描含病毒的二维码导致银行卡被盗刷：

A 女士经常网购，最近发现一家承诺购物能返 100 元红包的网店。她在该店挑选了一件 500 元的毛衣，并询问卖家如何获得红包。卖家向其发送了一个二维码并称扫描该二维码，就可以获得红包。A 女士扫描后发现，红包界面并未出现，便怀疑自己遇到了骗子，于是急忙联系卖家，可卖家已下线。不久之后，她发现自己的银行卡被盗刷，并立即报警。经警方调查，当时扫描的二维码中含有木马病毒，盗取了 A 女士的银行卡相关信息。

② 用户名和密码被窃取导致银行卡被盗刷：

某先生接到银行客服的交易核实电话，称其名下的银行卡发生了多笔大额消费，而某先生并未操作这些交易，便立即报了案。警方根据交易资金流向的线索破案后发现，不法分子先通过黑客技术入侵了某网站，窃取了某先生在该网站的用户名和登录密码，然后将其用于网络支付，由于某先生在支付网站也设置了相同的用户名和密码，银行卡因此被盗刷。

2. 电子支付系统风险的控制和防范

为确保电子货币的健康发展，维护电子货币支付系统的稳定与安全，必须从国家、行业、企业这三个层面对电子货币支付系统可能面临的各种风险进行管理和控制。

（1）在国家层面上，制定和明确电子货币规范化运作的一系列相关法律法规。

（2）在行业层面上，央行对电子货币系统的各种风险进行监管和控制。

（3）在企业层面上，电子货币的开发者、发行人对各种风险进行防范和控制，防范洗钱等犯罪。

电子货币在空间领域上的突破促进了经济的发展，但也带来了金融管理上的困难。

首先，电子货币可以被很容易地进行远距离的转移。这不仅是由于电子货币的体积小，而且因为借助电话线、互联网，电子货币可以在瞬间转移到世界任何一个角落。

其次，电子货币具有很强的匿名性。传统货币的匿名性也比较强，这也是传统货币可以无限制流通的原因，但电子货币的匿名性比传统货币更强，其主要原因就是加密技术的采用及电子货币远距离传输的便利。

犯罪分子正是利用电子货币的这些弱点，把电子货币作为其进行洗钱等犯罪活动的工具，并将非法所得快速转移到法律薄弱的国家。

长期以来，不同国家银行业务与支付系统的发展大多局限于国界内，并形成了各自不同的支付文化，最直观表现在支付工具及使用方法上。早期，我国习惯把现金、支票用于对公业务，储蓄消费占据主要地位。而美国及欧洲国家非面对面的现金支付方式相对比较普遍。从整体上看，全球零售支付呈现出向电子非现金方式转移的趋势，如电子支付工具及卡支付的快速增长、直接借记转账的大量应用等。

4.5 我国电子支付中面临的相关政策与法律问题

4.5.1 电子货币的法律定性

电子支付的法律关系是以电子货币为载体的，电子货币的法律问题成了电子支付法律的关键点。电子货币的产生与发展，给各个国家的金融机构、法律执行机构等提出了一系列问题与挑战。如怎样认定电子货币的法律性质、电子货币发行、如何对电子货币进行监管等，都是各国不可回避的问题。而研究及讨论此类问题是为了给电子货币的流通创造一个清晰、安全和可靠的法律环境，以此来保障消费者和企业的利益，增强人们使用电子货币的信心。

电子货币具有以下特点。

（1）无形性。电子货币以电子数据形式存储，通过计算机网络传递使用。从货币的发展历史来看，电子货币实现了从有形货币到无形货币的飞跃。

（2）广泛性。电子货币不受金额、对象和区域等限制，可以被广泛地使用在生产、交换、分配和消费等领域，并将储蓄、信贷和非现金结算等多种功能合为一体。

（3）储值性。电子货币的使用仍然以传统货币为基础，只不过它的支付手段有所变化，即电子货币需要先储值、后使用。

（4）隐秘性。依托于现代高新科学技术，电子货币的支付可以不留痕迹、不易察觉地秘密进行，具有隐秘性。

对电子货币的法律定性要根据电子货币在货币理论和结算理论上的定位。在货币理论上，要判定电子货币能否执行货币的3个基本职能，即支付手段、价值尺度、价值保存，以满足作为通货的基本条件。从电子货币目前在全球的使用情况看，电子货币本身只能作为交换媒介，还不能执行支付手段、价值尺度和价值保存的职能。由此可知，电子货币与传统货币还有一定的距离。在结算理论上，目前的电子货币只是将现金或存款用电子化的方法转移、传递，以实现结算，而不是完全替代现金或存款成为一种独立的支付手段。电子货币的法律性质，要根据传统货币的定义进行定性。传统货币一般是指具有法定清偿力的纸质银行券或硬币，是国家以法律保障的银行信用。电子货币要成为真正的货币需要满足以下3点。

（1）电子货币本身必须具备传统货币的5种品质，即价值稳定、普遍接受、易于分割、易于辨认和携带及弹性供应，使其货币职能得以实现。

（2）电子货币还应具备6种特性，即安全性、可转移性、双向性、无期限性、普遍接受性和简易性，使其能够成为一种新的通货方式。

（3）按照货币的法定原则，电子货币的流通还须经国家立法的明示认可。

4.5.2 第三方网络支付平台的法律地位问题

在网络支付中，支付双方与支付服务提供商达成合意，是一种典型的民商事法律关系，属于民事法律调整的范畴。但是网络支付涉及用户资金的大量往来和一定时期的代管等，类似于金融业务，这必然引起行政监管的介入，以避免出现没有监管私自使用资金的风险，维护社会公共利益。对于银行提供网络支付系统服务中的法律问题，由于各国一般都有相应的银行法律，对银行的法律地位、银行与用户相互之间的权利义务等相关问题都有明确的规定，加上银行在开展网上支付业务时一般都会通过用户协议约定相互之间的权利义务，这方面的问题倒并不复杂，主要涉及系统故障、电子信息错误、未授权的支付命令等情况。

较为复杂的是电子商务交易平台和第三方网络支付平台在网络支付中的法律地位，这个问题是目前政府、企业和用户较为困惑的。这些提供网络支付服务的电子商务交易平台和第三方网络支付平台在提供支付服务的同时，聚集了大量的用户现金，或者发行了大量的电子货币，客观上已经具备了某些银行的特征，甚至被当作不受管制的银行。

目前，第三方网络支付平台发展快速，其定位可能有：第一，作为银行；第二，作为非银行金融组织；第三，作为一般中介服务机构；第四，作为一种提供支付清算服务的组织，类似于非银行金融组织。目前来看，最后一个定位的可能性较大。但不论哪种定位，都要受到行政监管。

4.5.3 电子支付的安全保障问题

电子支付安全是指在电子支付过程中，构成电子支付的计算机设备、网络的安全和支付管理制度的安全的总和。电子支付的安全保障从整体上可分为两个部分，即计算机网络安全和商务交易安全。计算机网络安全的内容包括计算机网络设备安全、计算机网络系统安全、数据库安全等,其特征是针对计算机网络本身可能存在的安全问题,实施网络安全增强方案,以保证计算机网络自身的安全性为目标。支付管理制度安全则紧紧围绕传统支付在互联网上应用时产生的各种安全问题,在计算机网络安全的基础上,保障电子支付过程的顺利进行,即实现电子支付的快捷、方便、准确、保密、不受时空限制及可鉴别性、不可伪造性等。

4.5.4　电子支付所涉及的政治与法律领域的问题

电子支付还会涉及政治与法律领域的问题。在支付系统参与者方面,非银行机构的差异化角色也在支付文化中占据重要地位,如邮政服务系统、信用卡组织、电信运营商等。另外,商家和消费者对于支付工具的体验与期望也是电子支付会涉及的重要内容。例如,在决定采用某种支付工具时,商家可以做出何种担保、消费者承受的风险高低等,这些因素或多或少影响着商家和消费者对于支付工具的选择。

以案解法

素养小课堂:公平

1. 电子支付过程中涉及付款人、收款人、电子支付银行、电子认证服务机构四方当事人。

2. 电子支付过程中各参与方的权利义务如表 4.1 所示。

表 4.1　电子支付过程中各参与方的权利义务

当事人	权　利	义　务
付款人	(1) 开户　(2) 指令　(3) 获得电子支付信息反馈　(4) 获得个人信息保护　(5) 纠正指令错误　(6) 投诉	(1) 开设电子账户　(2) 提供真实可靠的个人信息、接受审查　(3) 受自身指令约束　(4) 修改错误指令　(5) 缴纳费用
收款人	要求支付相应款项,不强调其主张权利	(1) 遵守电子商务法律规范　(2) 接受认证机构审查　(3) 提供相关回执　(4) 支付相应款项　(5) 严格遵守保密规定
电子支付银行	(1) 审查开户者信息　(2) 划拨资金　(3) 收取电子支付服务费　(4) 拒绝接受错误指令	(1) 按照指令人的指令完成资金支付　(2) 对客户资料保密
电子认证服务机构	(1) 审查申请者资料　(2) 发放证书　(3) 撤销证书　(4) 收取费用	(1) 颁发证书　(2) 使用可信赖系统　(3) 保管自身私钥　(4) 发布信息

3. 原告赵某在工行某支行办理了牡丹灵通卡,即与工行某支行形成了储蓄存款合同关系。根据储蓄存款合同的性质,银行储蓄部门只要按照储户的指示将存款支付给储户或储户的代理人,就足以维护储户的存款安全。

工行某支行作为经营存、贷款等业务的专业金融机构,负有保证储户存、取款安全的义务。要维护储户的存、取款安全,工行某支行在付款时就必须履行取款权利人身份审查义务,以识别取款权利人。

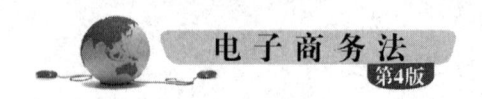

4. 电子支付过程中违约方应承担的责任如表 4.2 所示。

表 4.2　电子支付过程中违约方应承担的责任

当事人	民事责任		刑事责任
	违约责任	侵权责任	
付款人	是	是	是
收款人		是	是
电子支付银行	是	是	
电子认证服务机构		是	是

5. 银行部门设置的 ATM 机，是通过技术手段，识别取款权利人，银行维护储户存款安全和方便储户、提高金融机构工作效率的重要措施之一。因此，在人机交易中产生的风险，应当由设置 ATM 机的银行部门承担。本案中，原告赵某的牡丹灵通卡还在其本人手中，其卡内的存款却在工行设置的 ATM 机上被支取、转账，也就是工行设置的 ATM 机，不能达到足以识别取款权利人以维护储户存款安全的目的，由此产生的交易风险应当由被告工行某支行承担。

6. 《民法典》规定，当事人一方违约后，对方应当采取适当的措施防止损失的扩大；没有采取适当措施致使损失扩大的，不得就扩大的损失要求赔偿。本案中，原告赵某于 2019 年 12 月 23 日 23 点 31 分收到 29 800 元被支取的短信后，立即到最近的中国工商银行 ATM 机上查询，其间，23 点 34 分、23 点 45 分又分别收到其卡内存款被支取 38 100 元、2500 元的短信，于是赵某开始拨打工行的 24 小时热线服务电话，并于 23 点 55 分拨打 110 报警，这 14 分钟的时间内，即便无法接通工行的 24 小时服务热线电话，对此事的骤然发生心理上产生了慌乱、紧张、不知所措，也完全有时间在 ATM 机上通过修改密码以防止损失的继续发生，但他没有采取适当措施致使损失扩大，故依法对 23 点 55 分以后扩大的损失 48 400 元，其无权要求被告赔偿，只能自行承担。即原告赵某要求被告赔偿的 118 800 元中，法院对其中 23 点 55 分之前的损失 70 400 元予以支持。

以案用法

2019 年 3 月，中国人民银行 SJ 省某支行相继接到商业银行金额重大事项报告，称其客户赵某个人银行账户大额资金被盗刷。

2019 年 3 月 11 日，赵某向银行反映其名下的 5 张银行卡存款账户资金在 2019 年 3 月 7 日至 9 日期间遭到连续盗刷二十余次，盗刷金额累计达到 21.9 万元，其间还被屏蔽了手机动账短信提示。

通过查询赵某 5 张银行卡个人银行结算账户交易流水，发现其资金通过上海某网络支付机构划至北京一家公司账户，系客户个人身份信息被不法分子盗取，不法分子冒用客户在网上注册第三方理财公司所致。该盗刷资金的特点在于屏蔽了银行客户手机动账短信提示，并关联客户所有银行卡个人结算账户。

经各方努力，截至 5 月，赵某被盗资金全部被追回。

第4章 电子支付法律制度

请分析：
1. 从法律上讲，最大的法律承担者是谁？
2. 从法律上讲，银行应该承担怎样的法律责任？

思考练习题

一、填空题

1. 电子支付法律关系的主体。主要包括：付款人、（　　　　）、（　　　　）和（　　　　）。

2. 电子商务销售和服务企业有获取支付价款和在电子支付中扮演（　　　　）的权利。

二、单项选择题

1. 客户按规定已变更或撤销指定办理电子支付业务账户的，如银行已确认该账户被变更或撤销后，仍发生电子支付交易并造成资金损失，（　　　　）应承担全部责任。

    A. 付款人　　　　B. 收款人　　　　C. 银行　　　　D. CA

2. 电子支付中发生网上虚假交易时，以下当事人各方中应承担赔偿责任的是（　　　　）。

    A. 银行　　　　　　　　B. 客户
    C. ISP　　　　　　　　D. 电子支付软硬件提供商
    E. CA

三、多项选择题

1. 由于银行和转发人保管使用不当，客户资料信息遭泄露、破坏，客户资金受到损害的，（　　　　）应负相应责任。

    A. 客户　　　　B. CA　　　　C. 银行　　　　D. 转发人

2. 以下情形中，属于付款人应承担的法律责任的有（　　　　）。

    A. 未按合同规定发出电子支付指令，违反《民法典》的规定
    B. 对拒不申请电子银行账户或不能提供指定收款账户者，银行拒绝为其提供服务
    C. 发出错误指令，构成对其他相关人侵权，给其他相关当事人带来损失的
    D. 对于提供情报虚假信息，骗取电子银行账户或电子签名认证证书的，其电子银行账户或电子签名认证证书应当予以撤销
    E. 接收行由于自身系统或内控制度等对电子支付指令未执行、未适当执行或迟延执行，客户款项无法按协议约定处理时间准确入账的
    F. 使用数字证书和电子签名等方式确定客户身份和交易授权的，非资金所有人盗取他人存取工具发出电子支付指令，并且其身份认证和交易授权通过了发起行或转发人的安全程序，如果该数字证书由合法的第三方认证服务机构提供，且第三方认证服务机构不能证明自己无过错的

四、问答题

说说微信支付与支付宝支付的区别。

五、案例题

2019年6月17日，金某在某银行办理了一张卡折合一的借记卡。2019年9月11日，该借记卡内的存款被他人在异地银行的营业部柜台、ATM机上盗取76 213元。本案中在异地取款的，是使用伪造卡的冒领人，而不是金某本人。银行既未识别出冒领人所持的借记卡是假的，也未查清取款人是否为储户本人，便把伪造卡当成真卡并向其付款。银行保卫处在给金某出具的证明上写道："合计造成76 213元的存款被他人冒领。"同时，银行向公安机关报案，但公安机关至今未能侦破此案，金某被冒领的存款无法得到赔偿。金某谨慎保管密码，未向第三人泄露，金某遂以银行未尽谨慎审查义务、违规操作为由提起诉讼，要求银行承担赔偿责任。经审查，银行承认该存款被第三人江某冒领的事实。

1. 银行是否应当承担责任？
2. 金某主观上是否存在过错？
3. 第三人江某冒领他人银行存款的行为构成什么犯罪？

电子商务权益保护法篇

第 5 章 域名法律制度

域名的恶意抢注

导入案例

阿里巴巴集团于 2010 年 11 月正式使用域名"tmall.com"。2011 年 11 月 21 日，阿里巴巴集团在第 9 类的商品上注册了"tmall"的商标，2013 年 3 月 21 日，阿里巴巴集团在第 9 类的商品上注册了"Tmall.com"的商标。经阿里巴巴集团的宣传和使用，商标已具有一定的知名度，相关公众能将"tmall"与阿里巴巴集团相联系。2014 年 3 月 21 日，刘某某通过 godaddy.com 公司注册"tmall.company"国际通用顶级域名，阿里巴巴集团多次和刘某某协商，求购争议域名，但都遭到拒绝。2014 年 6 月 30 日，阿里巴巴集团向亚洲域名争议解决中心投诉。同年 7 月 7 日，刘某某取得福建省莆田市涵江区特美全网络信息技术工作室的营业执照后，使用域名"tmall.company"建设特美全网络信息技术工作室网站。8 月 4 日，亚洲域名争议解决中心专家组做出裁决：裁定争议域名转移给阿里巴巴集团。后刘某某不服向福建省高级人民法院提起诉讼。

福建省高级人民法院经审理查明，首先，阿里巴巴集团享有商标优先注册权。争议域名主要部分为"tmall"，与阿里巴巴集团享有权利的商标相同、域名近似，易误导公众，造成混淆。其次，刘某某有关"t"为"特"拼音首字母、"m"为"美"拼音首字母、"all"为"全"的意思的解释过于牵强，不能令人信服，且"莆田市涵江区特美全网络信息技术工作室"成立于阿里巴巴集团提起域名仲裁之后。据此，法院驳回上诉，维持原判。

以案问法

通过阅读导入案例，请思考以下问题。
1. 域名的概念、功能和法律特征分别是什么？
2. 域名与商标有哪些区别？请列表比较。
3. 本案刘某某注册、使用争议域名是否具有恶意？为什么？
4. 本案刘某某注册、使用争议域名是否构成侵权或不正当竞争？为什么？

5.1 域名概述

5.1.1 域名的概念、功能和法律特征

1. 域名的概念

由于 IP 地址具有难以记忆和书写的特点,人们在 IP 地址的基础上又开发出一种符号化的地址方案来代替数字型的 IP 地址。每一个符号化的地址都与特定的 IP 地址对应,这样网络上的资源访问起来就容易多了,也便于记忆和推广。这个与网络上的数字型 IP 地址相对应的字符型地址就是域名。

我国《互联网域名管理办法》指出,域名是指互联网上识别和定位计算机的层次结构式的字符标识,与该计算机的 IP 地址相对应。中文域名是指含有中文文字的域名。美国《反域名抢注消费者保护法》对域名的定义:域名是指由任何域名注册员、域名登记机构或其他域名注册管理机构注册或分配的任何包括文字与数字的名称,作为互联网上电子地址的一部分。互联网国际特设委员会(IAHC)在其发布的备忘录中称域名系统是专为网络中的计算机定位而设计的,便于人们记忆 IP 地址的友好名称。

域名是从 IP 地址发展而来的。一个公司如果希望在网络上建立自己的主页,就必须取得一个域名。域名通常是由若干个英文字母和数字组成的,各部分之间用小数点分开。现阶段,我国已经开发出了中文域名系统。在全世界,没有重复的域名。

2. 域名的功能

域名主要有两个方面的功能。

(1)技术功能。它是指每个域名都对应一个唯一的 IP 地址,建立与主机的对应联系。通过域名,用户可以访问域名使用者的网站,这个时候,域名就相当于网络上的地址。例如,中华人民共和国教育部官方网站的域名是 www.moe.gov.cn,用户无须记住由一长串数字组成的 IP 地址,通过域名就可以直接访问教育部。

(2)标志功能。域名可以将域名注册人和其他人更显著地区分开来,相当于域名注册人在网上的特定标志。例如,一般人看到类似 202.205.10.2 这样的 IP 地址,很难确定其对应的是哪个网站,而看到 www.mofcom.gov.cn 就知道这是中华人民共和国商务部的官方网站,看到 www.jd.com 就很容易辨认出这是京东商城的官方网站,看到 www.taobao.com 就知道这是淘宝的官方网站。

3. 域名的法律特征

域名作为一种字符的创意设计和构思组合,具有如下法律特征。

(1)标志性。域名产生的基础是为了区分各个不同组织和机构。正如人以名字来相互识别一样,在互联网上不同的组织和机构也是以不同的域名来标示自身、相互区别的。

(2)唯一性。就像自然人的身份证号码唯一一样,域名在全球范围内也是独一无二的,这也是域名标志性的保障。

(3)排他性。互联网覆盖全球,适用范围的广泛性决定了域名必须具有绝对的排他性。这也是域名唯一性的进一步延伸。一经注册,只要互联网存在、域名所有人不放弃域名并

且该域名不被撤销,其他人便休想染指。

(4) 转让性。域名不能够被许可使用,但可以转让。

(5) 国际性。网络"无国界"的特性使域名也具有天然的不受地域限制的特征。

(6) 依附性。域名只能应用于互联网上,有可能随着其物质载体的消失而消失。

无论是世界知识产权组织(WIPO),还是中国互联网信息中心(CNNIC),都承认域名具有类似于商标的价值,是"企业在互联网上的商标"。域名的商业价值使其成为一项知识产权体系中的全新权利具有一定的合理性。因此,域名应受知识产权相关法律的调整。

5.1.2 域名的结构

域名由若干部分组成,包括数字和字母,中间由点号分隔开。域名按照等级可分为顶级域名、二级域名、三级域名等。顶级域名位于域名最右边。

(1) 顶级域名是用以识别域名所属类别、应用范围、注册国(或地区)等公用信息的代码。它包括3种不同意义的代码。

① 国家(或地区)代码顶级域名,如".cn"代表中国,".us"代表美国,".mx"代表墨西哥。根据2017年工业和信息化部颁布的《互联网域名管理办法》规定,".CN"和".中国"是中国的国家顶级域名。

② 专用顶级域名(或称保留顶级域名),如".mil"代表军事机构,".edu"代表教育机构,".gov"代表政府机构。任何不属于此类机构者,均不得在相应的专用顶级域名下注册自己的域名。

③ 通用顶级域名,指来自任何国家(或地区)的任何人均可自由使用的顶级域名,如".com"代表商业实体,".org"代表非营利性组织,".net"代表网络服务者。

2000年11月,互联网名称与数字地址分配机构(ICANN)又增加了7个顶级域名:".aero"代表航空组织;".biz"代表商业组织;".coop"代表商业合作组织;".info"向企业和个人开放,用于提供各种信息;".museum"代表博物馆等教科文组织;".name"代表个人姓名;".pro"代表职业。

(2) 二级域名就是顶级域名下的域名。国际顶级域名之下的二级域名是指由域名使用者自己设计的,能够体现使用者的特殊性,并据以同其他人的域名相区别的字符串。例如,"qq.com"中,"qq"就是二级域名。而在国家(或地区)顶级域名之下的二级域名只能是表示注册人类别和功能的域名。

(3) 表示特定域名使用者网上名称部分的只能在三级或三级以下的域名中出现。例如,清华大学的域名是"tsinghua.edu.cn",其中".cn"是顶级域名;".edu"是二级域名,代表教育机构;"tsinghua"才是三级域名,代表清华大学。

5.1.3 域名的商业价值

域名是互联网的基础设施,也是一种稀有的全球性资源。域名具有重要的商业价值,是由其基本属性决定的。首先,域名是一种有限的资源。有些域名因简短、易记、寓意好而估值不菲,也有一些域名因太长、难记、复杂而无人问津。其次,域名具有专属性和唯一性。这一点和商标的规定是不同的,相同的商标可同时被不同的行业、不同的企业所拥有,而域名则具有专属性和唯一性,一个域名不能同时为两家企业所共有。以商标"长城"为例,在我国有上千家企业都把"长城"作为商标名或企业名,如长城工业公司、长城计算机公司、长城铝业公司、长城葡萄酒公司等,但域名"greatwall.com.cn"只为长城计算机公司所拥有,其他公司只能使用别的域名。

域名的商业价值还体现在品牌价值上。好的域名可以在公司进行品牌宣传时,起到事半功倍的作用,也可以让消费者深刻难忘,并马上联想到这个公司,以及该公司早已树立的形象。从技术上讲,域名只是互联网中用于解决地址对应问题的一种方法,只是一个技术名词。但是,由于互联网已经成为全世界人的互联网,域名也自然地成了一个社会科学名词。从社会科学的角度看,域名已成为互联网文化的组成部分。从商界看,域名已被誉为"企业的网上商标"。没有一家企业不重视自己产品的标志——商标,而域名的重要性及其价值,也已经被全世界的企业所认识。

域名虽然与企业名称、商标、产品名称没有直接的联系,一个企业也可以给自己注册一个与自己毫无联系的域名,但由于域名在互联网上是唯一的,一个域名一经注册,其他任何机构都不能再注册相同的域名,所以企业大都以自己名称的缩写或商标来注册自己的域名,以便于别人认识自己,消费者或其他人在网上查找该企业也会很方便,如 ibm、microsoft、coca-cola 等。于是,域名实际上就与企业名称、商标或其他标志物有了一些相似的功能。除了便于识别,根据商号或商标命名企业的域名,还能够提高企业或产品知名度。因为商业实体在互联网上注册域名和设立网址,可以被全世界众多的用户随时访问、查询,如果域名能够使访问的用户联想到某企业名称或某商品,就无异于在给企业或商品做广告。

5.1.4 域名与商标

1. 域名与商标的联系

虽然域名具有与传统意义上的商标不同的技术特征,但是域名与商标也有着相互关联的一面,申请商标注册的域名必须服从于一般的商标注册审查规则。具体表现在以下 3 个方面。

(1)申请商标注册的域名不得违反商标法的禁用规定。根据《巴黎公约》第六条第三款的规定,政府标志、政府间国际组织的标志及其他官方标记不得作为商标使用。此外,欺骗公众或违反公认的道德标准的标志不得作为商标使用。因此,如果申请商标注册的域名包含了上述禁用标志,就不能获得商标注册。

(2)申请商标注册的域名必须具有显著性,以便识别。一般认为,顶级域名和表示域名注册人类别的二级域名属于通用标志,不能作为独立的商标注册,即使与表示域名注册人网上名称的特定低级域名相结合获得了商标注册(如 Linestar.com.cn),该商标注册人对这些通用标志也不享有专有权。假定"Linestar.com.cn"的域名注册人申请商标注册,商标局在审查过程中就会要求该申请人删除该商标的".com.cn"部分或放弃对该部分的专用权,如果该申请人拒绝这一要求,这一商标就不会获得商标注册。虽然域名是一长串字符,但是域名注册人最希望获得商标注册保护的并不是上述表示顶级域名或二级域名的通用标志,而是自己选择作为二级或三级域名的"网上名称"。

（3）申请商标注册的域名必须按照其所表示的商品或服务的类别进行注册。域名注册人要将域名申请注册为商标，就必须证明该域名被用来标示特定的通过网络提供的商品或服务的来源。仅仅在网络上注册某个域名并不足以证明该域名是被作为商标使用的，因为商标是标示产品或服务的来源，区分同类商品或服务的标志。如果某个域名只是被用作用户访问域名注册人网站的参照路径，即仅仅作为域名注册人的网上地址而存在，类似于域名注册人的电话号码、经营地址、名片或广告，那么它就不是用来标示商品或服务的来源，也就不能被注册为商标。

2．域名与商标的区别

域名与商标是有区别的，主要表现在以下 6 个方面。

（1）在形式上，域名不直接用于商品或服务，而商标则是附着于商品或服务的。商标的注册是按商品或服务的类别分别进行的，即同一个文字商标可以被不同的企业使用，前提是它们经营的商品或服务属于不同的类别；而域名则不同，在同一个".com"上不允许两个完全相同的字符出现，即使它们经营的商品或服务相去甚远。

（2）在注册原则上，按照目前通行的规则，域名注册管理机构要遵循"先申请先注册"原则，对域名注册信息的真实性、完整性进行核验，但对申请人提出的域名是否违反了第三方权利不进行实质审查；而商标管理机构除了要遵循在先原则及显著性原则，还对商标注册申请的内容审查更宽泛。

（3）在作用上，域名只是区别主页提供者，从技术角度来讲，组成域名的字符只要稍有不同即可，如"microsoft.com"和"micros0ft.com"虽只有一个字母之差，但对计算机而言，是很容易识别的；而商标则是区分商品或服务的来源，并且对相同或相似的商品（包括服务）不允许出现相同或相似的商标，以免误导消费者，也防止企业"搭便车"，进行不正当竞争。

（4）从组成上来讲，商标可以是文字、图形、字母、数字、三维标志、颜色组合和声音等，以及上述要素的组合；而域名只能是文字、字母、数字、符号及其组合。

（5）从地域角度讲，域名具有全球性，互联网最显著的特点就是没有国家、民族的界限，域名一旦获得，即可在全球使用；而商标作为传统的知识产权，除世界驰名商标外，商标的使用是受地域限制的。

（6）域名非经正式注册不能在互联网中使用；而商标注册与否在我国采取自愿原则，未注册商标照样可以使用，只是不受《中华人民共和国商标法》（简称《商标法》）的保护而已。

域名与商标在部分功能上有重叠，但域名不是商标，域名使用所引起的问题难以在《商标法》的范围内得到完全解决。

5.1.5　域名与企业名称

域名和企业名称都可用以区分不同的公司或企业，具有一定的标志性和排他性，并且从理论上讲这种标志性和排他性都是无限期的。另外，一般来说域名和企业名称都以注册或登记为前提，这是它们的共同之处。不同之处在于，目前域名与我国企业名称法律制度存在着冲突。

1. 域名注册与企业名称注册制度的冲突

我国的域名注册管理单位对申请域名注册人所选用的域名是否与他人的企业名称冲突并不进行审查。1997年的《中国互联网络域名注册暂行管理办法》第二十三条规定，各级域名管理单位不负责向国家工商行政管理部门查询用户域名是否与企业名称冲突，是否损害了第三者的权益。而在《中国互联网络域名注册暂行管理办法》域名的命名原则之五中要求申请者不得将他人已在中国注册过的企业名称注册为域名。然而，企业名称权的法律体系中并没有将保护范围拓展到域名领域，而目前的域名注册管理办法中规定，当遇到申请者将他人已注册的企业名称注册为域名时，域名注册管理单位并不负责裁决，更不会主动对该域名注销。因而受损害的企业名称权所有人只能通过法律诉讼程序寻求救济。而且法院判决后，侵害人不管是否为主观故意，均要停止侵害，由域名注册管理机构撤销其注册的域名，不再使用。

我国现有的域名与企业名称法律制度的"空白"，既无法使受损害人获得赔偿，也无法使侵害人得到相应的法律制裁，反而让别有用心的人乘机大量抢注域名，愈演愈烈。面对这种现状，有远见的商家只能加强自我保护，及时将自己的企业名称注册为域名，以防止他人"搭便车"借名，甚至恶意抢注以索取高额赎金等行为的发生。

2. 域名的全球性与企业名称的地域性冲突

《企业名称登记管理规定》中规定，企业名称登记是在一定区域内享有专用权。也就是申请登记的名称只要不与本区域内其他企业名称相冲突，由县以上登记主管机关核准即可。企业名称应当说是在知识产权领域中被限定得最窄的一种，它远不如专利权、商标权在全国范围内享有专有权。然而，域名是在网络空间获得的支配权，是没有地域性限制的。所以域名的全球性带来了长期建立在地域性基础上的全国对企业名称保护的法律冲突问题和适用问题。当某个域名与本地区的企业名称相同时，势必误导网民认为该域名标示的网站与现实中该企业为同一商家。另外，随着电子商务的发展，现实企业上网交易会越来越多，现实企业名称狭窄的地域性可能在全球产生众多的重名商号，而域名的全球性使得众多的重名商号中只有一家能以原来的企业名称注册域名，这就排除了其他众多在全球重名的商号以原来企业名称作为域名的可能。由此原来企业历经数年沉淀的无形资产，代表商家市场信誉的标志在网上将一文不值，一切从零开始。长期以来知识产权的地域性与域名国际性的冲突给商家带来的无形资产损失，不能不引起人们的关注。在电子商务中，现行的企业名称和域名的法律制度应当是加强商家知识产权的保护，而不是相互抵触和削弱。这一指导思想的实现，有赖于对现行法律的修订和补充。

3. 域名的唯一性与企业名称的行业性冲突

域名的唯一性是指域名的管理体系将网络的每一台主机都赋予一个唯一的地址编码，而该主机唯一的地址编码的外部代码（域名）也是唯一的。域名的唯一性决定了通过一台网络终端输入域名，就能找到该域名代表的网络主页。因此，域名所指向的主页是唯一的。

企业名称是现实社会商家的标志，域名是网络虚拟社会的商家标志，两者虽功能一样，但处在两种环境下。目前我国是有两个法律体系分别对其给予保护的，对域名登记、注册、审批等行为的规范，只侧重保证域名在网络环境下的唯一性，并未兼顾域名与现实社会企业名称权的一致性。正是由于域名的这一特性，现实企业名称与其产生了冲突。在不同的区域注册的多个相同企业名称都相安无事，在网络世界中却变成不同行业相同商号权利人就同一域名激烈争夺。谁抢先注册了域名，谁就抢夺了享有相同企业名称的任何人再注册相同域名的机会。

5.2 我国域名管理的法律规定

我国现行的在域名管理方面依据的主要法律规定有：《互联网域名管理办法》《国家顶级域名注册实施细则》《国家顶级域名争议解决办法》《国家顶级域名争议解决程序规则》。

为规范互联网域名服务，保护用户合法权益，保障互联网域名系统安全可靠运行，推动中文域名和国家顶级域名发展应用，工业和信息化部于2017年8月24日发布《互联网域名管理办法》，自2017年11月1日起施行。原信息产业部2004年11月5日公布的《中国互联网络域名管理办法》同时废止。

2019年，中国互联网络信息中心修订了《国家顶级域名注册实施细则》《国家顶级域名争议解决办法》《国家顶级域名争议解决程序规则》，原对应法规同时废止。

5.2.1 域名管理与服务机构

根据《互联网域名管理办法》，工业和信息化部对全国的域名服务实施监督管理，主要职责是：制定互联网域名管理规章及政策；制定中国互联网域名体系、域名资源发展规划；管理境内的域名根服务器运行机构和域名注册管理机构；负责域名体系的网络与信息安全管理；依法保护用户个人信息和合法权益；负责与域名有关的国际协调；管理境内的域名解析服务；管理其他与域名服务相关的活动。

1. 域名注册管理机构

根据《互联网域名管理办法》第十一条的规定，申请成为域名注册管理机构的，应当具备以下条件。

（1）域名管理系统设置在境内，并且持有的顶级域名符合相关法律法规及域名系统安全稳定运行要求；

（2）是依法设立的法人，该法人及其主要出资者、主要经营管理人员具有良好的信用记录；

（3）具有完善的业务发展计划和技术方案，以及与从事顶级域名运行管理相适应的场地、资金、专业人员及符合电信管理机构要求的信息管理系统；

（4）具有健全的网络与信息安全保障措施，包括管理人员、网络与信息安全管理制度、应急处置预案和相关技术、管理措施等；

（5）具有进行真实身份信息核验和用户个人信息保护的能力、提供长期服务的能力及健全的服务退出机制；

（6）具有健全的域名注册服务管理制度和对域名注册服务机构的监督机制；

（7）法律、行政法规规定的其他条件。

申请成为域名注册管理机构的，应当向工业和信息化部提交下列材料。

（1）申请单位的基本情况及其法定代表人签署的依法诚信经营承诺书；

（2）对域名服务实施有效管理的证明材料，包括相关系统及场所、服务能力的证明材料、管理制度、与其他机构签订的协议等；

（3）网络与信息安全保障制度及措施；

（4）证明申请单位信誉的材料。

2．域名注册服务机构

根据《互联网域名管理办法》第十二条的规定，申请设立域名注册服务机构的，应当具备以下条件。

（1）在境内设置域名注册服务系统、注册数据库和相应的域名解析系统；

（2）是依法设立的法人，该法人及其主要出资者、主要经营管理人员具有良好的信用记录；

（3）具有与从事域名注册服务相适应的场地、资金和专业人员及符合电信管理机构要求的信息管理系统；

（4）具有进行真实身份信息核验和用户个人信息保护的能力、提供长期服务的能力及健全的服务退出机制；

（5）具有健全的域名注册服务管理制度和对域名注册代理机构的监督机制；

（6）具有健全的网络与信息安全保障措施,包括管理人员、网络与信息安全管理制度、应急处置预案和相关技术、管理措施等；

（7）法律、行政法规规定的其他条件。

申请成为域名注册服务机构的，应当向住所地省、自治区、直辖市通信管理局提交书面材料，书面材料类别与域名注册管理机构相同。

5.2.2 域名的注册与管理

域名注册服务原则上实行"先申请先注册"，相应域名注册实施细则另有规定的，从其规定。任何组织或个人注册、使用的域名中，不得含有下列内容。

（1）反对宪法所确定的基本原则的；

（2）危害国家安全，泄露国家秘密，颠覆国家政权，破坏国家统一的；

（3）损害国家荣誉和利益的；

（4）煽动民族仇恨、民族歧视，破坏民族团结的；

（5）破坏国家宗教政策，宣扬邪教和封建迷信的；

（6）散布谣言，扰乱社会秩序，破坏社会稳定的；

（7）散布淫秽、色情、赌博、暴力、凶杀、恐怖或教唆犯罪的；

（8）侮辱或诽谤他人，侵害他人合法权益的；

（9）含有法律、行政法规禁止的其他内容的。

域名注册服务机构不得采用欺诈、胁迫等不正当手段要求他人注册域名。域名注册服务机构提供域名注册服务，应当要求域名注册申请者提供域名持有者真实、准确、完整的身份信息等域名注册信息。

域名注册管理机构和域名注册服务机构应当对域名注册信息的真实性、完整性进行核验。域名注册申请者提供的域名注册信息不准确、不完整的，域名注册服务机构应当要求其予以补正。申请者不补正域名注册信息，或者提供不真实的域名注册信息的，域名注册服务机构不得为其提供域名注册服务。

域名注册服务机构应当公布域名注册服务的内容、时限、费用，保证服务质量，提供域名注册信息的公共查询服务。域名注册管理机构、域名注册服务机构应当依法存储、保护用户个人信息。未经用户同意不得将用户个人信息提供给他人，法律、行政法规另有规定的除外。

5.2.3 中国互联网域名体系

2018年3月2日，工业和信息化部在其官方网站上发布公告对中国互联网域名体系进行了调整。公告称，国家顶级域名".CN"之下，设置"类别域名"和"行政区域名"两类二级域名。其中，设置"类别域名"9个，设置"行政区域名"34个。

（1）我国互联网域名体系中各级域名可以由字母（A-Z，a-z，大小写等效）、数字（0-9）、连接符（-）或汉字组成，各级域名之间用实点（.）连接，中文域名的各级域名之间用实点或中文句号（。）连接。

（2）我国互联网域名体系在国家顶级域名".CN"".中国"之外，设有多个英文和中文顶级域名，其中".政务"".公益"顶级域名为面向我国党政群机关等各级政务部门及非营利性机构的专用中文顶级域名。

（3）国家顶级域名".CN"之下，设置"类别域名"和"行政区域名"两类二级域名。

设置"类别域名"9个，分别为："政务"适用于党政群机关等各级政务部门；"公益"适用于非营利性机构；"GOV"适用于政府机构；"ORG"适用于非营利性的组织；"AC"适用于科研机构；"COM"适用于工、商、金融等企业；"EDU"适用于教育机构；"MIL"适用于国防机构；"NET"适用于提供互联网服务的机构。

设置"行政区域名"34个，适用于我国的各省、自治区、直辖市、特别行政区的组织，分别为："BJ"北京市；"SH"上海市；"TJ"天津市；"CQ"重庆市；"HE"河北省；"SX"山西省；"NM"内蒙古自治区；"LN"辽宁省；"JL"吉林省；"HL"黑龙江省；"JS"江苏省；"ZJ"浙江省；"AH"安徽省；"FJ"福建省；"JX"江西省；"SD"山东省；"HA"河南省；"HB"湖北省；"HN"湖南省；"GD"广东省；"GX"广西壮族自治区；"HI"海南省；"SC"四川省；"GZ"贵州省；"YN"云南省；"XZ"西藏自治区；"SN"陕西省；"GS"甘肃省；"QH"青海省；"NX"宁夏回族自治区；"XJ"新疆维吾尔自治区；"TW"台湾省；"HK"香港特别行政区；"MO"澳门特别行政区。

（4）在国家顶级域名".CN"和".中国"下可以直接申请注册二级域名。

5.2.4 域名的注销

《互联网域名管理办法》第四十三条规定："已注册的域名有下列情形之一的，域名注册服务机构应当予以注销，并通知域名持有者：（一）域名持有者申请注销域名的；

（二）域名持有者提交虚假域名注册信息的；（三）依据人民法院的判决、域名争议解决机构的裁决，应当注销的；（四）法律、行政法规规定予以注销的其他情形。"

5.3 域名争议及其法律保护

网络域名争议是近年来伴随着国际互联网、万维网等信息技术的产生和高速发展而产生的最突出、类别最新、适用法律最为模糊的一类纠纷。所争议域名应当限于由中国互联网络信息中心负责管理的 CN 域名和中文域名。但是，所争议域名注册期限满三年的，域名争议解决机构不予受理。

5.3.1 域名争议的纠纷方式

1．域名争议投诉条件

根据《国家顶级域名争议解决办法》第八条的规定，符合下列条件的，投诉应当得到支持。
（1）被投诉的域名与投诉人享有民事权益的名称或标志相同，或者具有足以导致混淆的近似性；
（2）被投诉的域名持有人对域名或其主要部分不享有合法权益；
（3）被投诉的域名持有人对域名的注册或使用具有恶意。

2．域名恶意注册或使用

《国家顶级域名争议解决办法》第九条规定了被投诉的域名持有人恶意注册或使用域名的行为。
（1）注册或受让域名的目的是向作为民事权益所有人的投诉人或其竞争对手出售、出租或以其他方式转让该域名，以获取不正当利益；
（2）将他人享有合法权益的名称或标志注册为自己的域名，以阻止他人以域名的形式在互联网上使用其享有合法权益的名称或标志；
（3）注册或受让域名是为了损害投诉人声誉，破坏投诉人正常的业务活动，或者混淆与投诉人之间的区别，误导公众；
（4）其他恶意的情形。

3．被投诉人的合法权益

根据《国家顶级域名争议解决办法》第十条的规定，被投诉人在接到域名争议解决机构送达的投诉书之前具有下列情形之一的，表明其对该域名享有合法权益。
（1）被投诉人在提供商品或服务的过程中已善意地使用该域名或与该域名相对应的名称；
（2）被投诉人虽未获得商品商标或有关服务商标，但所持有的域名已经获得一定的知名度；
（3）被投诉人合理使用或非商业性合法使用该域名，不存在为获取商业利益而误导消费者的意图。

5.3.2 域名争议的解决

1. 域名争议解决机构

域名争议由中国互联网络信息中心认可的争议解决机构受理解决，争议解决机构依据《国家顶级域名争议解决办法》解决 CN 域名和中文域名争议。作为美国互联网络名称和编码分配机构所指定的世界四家通用顶级域名争议解决机构之一的亚洲域名争议解决中心北京秘书处，依据互联网络名称和编码分配机构《统一域名争议解决政策》解决".com"".org"".net"等通用顶级域名争议。

争议解决机构实行专家组负责争议解决的制度。专家组由一名或三名掌握互联网络及相关法律知识，具备较高职业道德，能够独立并中立地对域名争议做出裁决的专家组成。域名争议解决机构通过在线方式公布可供投诉人和被投诉人选择的专家名册。

任何认为他人已注册的域名与该人的合法权益发生冲突的，均可以向争议解决机构提出投诉。争议解决机构受理投诉后，应当按照程序规则的规定组成专家组，并由专家组根据本办法及程序规则，遵循"独立、中立、公正、便捷"的原则，在专家组成立之日起 14 日内对争议做出裁决。争议解决机构须建立专门的互联网络网站，通过在线方式接受有关域名争议的投诉，并发布与域名争议有关的资料。但经投诉人或被投诉人请求，争议解决机构认为发布后有可能损害投诉人或者被投诉人利益的资料和信息，可不予发布。

2. 域名争议裁决

根据《国家顶级域名争议解决办法》第十四条的规定："专家组根据投诉人和被投诉人提供的证据及争议涉及的事实，对争议进行裁决。专家组认定投诉成立的，应当裁决注销已经注册的域名，或者裁决将注册域名转移给投诉人。专家组认定投诉不成立的，应当裁决驳回投诉。"第十六条规定："域名争议解决机构裁决注销域名或者裁决将域名转移给投诉人的，自裁决公布之日起满十日的，域名注册服务机构予以执行。"第十七条规定："在域名争议解决期间以及裁决执行完毕前，域名持有人不得申请转让或者注销处于争议状态的域名，也不得变更域名注册服务机构，受让人以书面形式同意接受争议解决裁决约束的除外。"

5.3.3 我国关于域名保护的相关立法

中国互联网络信息中心（简称 CNNIC）于 1997 年经国家批准成立，是行使国家互联网络信息中心职责的非营利性管理和服务机构。1997 年 5 月 30 日，国务院信息化工作领导小组办公室发布了《中国互联网络域名注册暂行管理办法》，自发布之日起施行；2000 年 11 月，CNNIC 发布了《中文域名争议解决办法（试行）》，自发布之日起 30 日后实施。

根据相关的规定，CNNIC 委托与授权中国国际经济贸易仲裁委员会域名争议解决中心作为中文域名争议解决机构和通用网址争议解决机构，负责解决中文域名争议和通用网址争议。该中心制定了域名争议解决程序规则和通用网址争议解决程序规则，设立了专家名单，建立并完善了在线案件管理程序，实行专家组负责制的在线争议解决制度，为当事人提供优质快捷的在线争议解决服务。

2002 年 9 月 22 日至 30 日，CNNIC 先后出台了四部与域名有关的法律，分别是：《中国互联网络信息中心域名注册服务机构认证办法》《中国互联网络信息中心域名争议解决办法》《中国互联网络信息中心域名注册实施细则》《中国互联网络信息中心域名争议解决办法程序规则》。

2003年，我国又出台了三部域名方面的法律规范，分别是：《中国互联网络信息中心域名注册服务机构变更办法》《中华人民共和国信息产业部关于加强我国互联网络域名管理工作的公告》《信息产业部关于从事域名注册服务经营者应具备条件法律适用解释的通告》。

2004年11月5日，原信息产业部公布《中国互联网络域名管理办法》，自2004年12月20日起施行；同时废止2002年8月1日公布、自2002年9月30日起施行的《中国互联网络域名管理办法》。

2005年1月28日，原信息产业部发布《互联网IP地址备案管理办法》，自2005年3月20日起施行。

2006年，原信息产业部对现行中国互联网络域名体系进行了局部调整（在顶级域名CN下增设了.MIL类别域），公布了《中华人民共和国信息产业部关于中国互联网络域名体系的公告》，自2006年3月1日起施行。

同年，CNNIC颁布新的《中国互联网络信息中心域名争议解决办法》，自2006年3月17日起施行。2002年9月30日施行的原《中国互联网络信息中心域名争议解决办法》同时废止。

自2009年6月5日起施行《中国互联网络信息中心域名注册实施细则》，同时废止2002年12月1日实施的《中国互联网络信息中心域名注册实施细则》、2003年2月28日实施的《中国互联网络信息中心域名注册服务机构变更办法》。

2012年5月29日零时起开始实施的修订版《中国互联网络信息中心域名注册实施细则》，重点修改了原实施细则第十四条中关于域名注册主体的规定，同时废止2009年6月5日实施的《中国互联网络信息中心域名注册实施细则》。

2017年9月1日，工业和信息化部公布了《互联网域名管理办法》，本办法共六章、五十八条，自2017年11月1日起施行，规定了域名须实名注册，同时废止2004年11月5日公布、自2004年12月20日起施行的《中国互联网络域名管理办法》。

2019年6月18日，CNNIC颁布《国家顶级域名注册实施细则》，自2019年6月18日起施行。2012年5月29日实施的《中国互联网络信息中心域名注册实施细则》同时废止。同日，中国互联网络信息中心颁布《国家顶级域名争议解决办法》《国家顶级域名争议解决程序规则》，即日起施行。自2014年11月21日起施行的《中国互联网络信息中心国家顶级域名争议解决办法》和《中国互联网络信息中心国家顶级域名争议解决程序规则》同时废止。

以案解法

素养小课堂：国际视野

1. 域名是互联网上识别和定位计算机的层次结构式的字符标志，与该计算机的IP地址相对应。域名具有技术功能和标志功能。域名的法律特征包括：（1）标志性；（2）唯一性；（3）排他性；（4）转让性；（5）国际性；（6）依附性。

2. 域名与商标的区别如表5.1所示。

表 5.1　域名与商标的区别

项　目	域　名	商　标
形式	不直接用于商品或服务	附着于商品或服务
注册原则	遵循"先申请先注册"原则，但不承担检索责任	既要遵循在先原则、显著性原则，也要承担一定的检索责任
作用	区分主页提供者	区分商品或服务来源
组成	文字、字母、数字、符号及其组合	文字、图形、字母、数字、三维标志、颜色组合和声音等及其组合
地域	全球性	除世界驰名商标外，商标权受地域限制
强制注册与否	是	不是

3.《国家顶级域名争议解决办法》对恶意抢注域名的行为认定：被投诉的域名持有人具有下列情形之一的，其行为构成恶意注册或者使用域名。

（1）注册或受让域名的目的是向作为民事权益所有人的投诉人或其竞争对手出售、出租，或者以其他方式转让该域名，以获取不正当利益；

（2）多次将他人享有合法权益的名称或标志注册为自己的域名，以阻止他人以域名的形式在互联网上使用其享有合法权益的名称或标志；

（3）注册或受让域名是为了损害投诉人的声誉，破坏投诉人正常的业务活动，或者混淆与投诉人之间的区别，误导公众；

（4）其他恶意的情形。

商标"Tmall.com""tmall"及域名"Tmall.com"经阿里巴巴集团的宣传和使用，已具有较高的知名度，且相关公众能将"tmall"与阿里巴巴集团联系起来。在此情况下，刘某某仍将阿里巴巴集团有一定知名度的商标和域名主要部分"tmall"作为讼争域名主要部分加以注册，但其又无证据证明在本案纠纷发生前讼争域名已经取得一定的知名度且能与阿里巴巴集团的注册商标、域名相区别，因此构成恶意注册。

4.《反不正当竞争法》第六条规定："经营者不得实施下列混淆行为，引人误认为是他人商品或者与他人存在特定联系：

"（一）擅自使用与他人有一定影响的商品名称、包装、装潢等相同或者近似的标识；

"（二）擅自使用他人有一定影响的企业名称（包括简称、字号等）、社会组织名称（包括简称等）、姓名（包括笔名、艺名、译名等）；

"（三）擅自使用他人有一定影响的域名主体部分、网站名称、网页等；

"（四）其他足以引人误认为是他人商品或者与他人存在特定联系的混淆行为。"可以从以下 4 个方面判断刘某某注册、使用争议域名是否构成侵权或不正当竞争：第一，阿里巴巴集团在刘某某注册讼争域名之前，就已获得商标"Tmall.com""tmall"，并正式使用"Tmall.com"域名，对商标"Tmall.com""tmall"及域名"Tmall.com"享有合法权益；第二，讼争域名由"tmall.company"构成，主要部分为"tmall"，该部分与阿里巴巴集团享有权利的商标相同、域名近似，相关公众可能认为讼争域名与阿里巴巴集团有某种联系，易被误导；第三，刘某某在注册讼争域名前与"tmall"并无任何关联。刘某某有关"t"系"特"拼音首字母、"m"为"美"拼音首字母、"all"为"全"的意思的解释过于牵强，不能令人信服，且"莆田市涵江区特美全网络信息技术工作室"成立于阿里巴巴集团提起域名仲裁之后，不能认定其对该域名或其主要部分享有权益，也无注册、使用该域名的正当理由；第四，刘某某将阿里巴巴集团有一定知名度的商标和域名主要部分"tmall"作为讼争域名主要部分加以注册，又无证据证明在本案纠纷发生前讼争域名已经取得一定的知名度且能与阿里巴巴集团的注册商标、域名相区别，因此不能认定其为善意。据此，刘某某注册、使用争议域名构成侵权，是不正当竞争行为。

以案用法

ICQ是一种著名的网络通信和及时交流软件，其名称"ICQ"最早由该软件开发公司自1996年11月起公开使用。本案申请人美国在线公司在收购这家公司后，便在全球范围内巨资推广这个软件，并就"ICQ"标记取得了9项商标注册。

而本案被申请人中国深圳腾讯通信公司（以下简称"腾讯公司"）则以ICQ软件为母本，开发出具有类似网络及时交流功能的中文软件，并取名为"OICQ"。OICQ软件在中国互联网用户中享有较高声誉，至案发时拥有逾250万个注册用户。腾讯公司于1998年11月7日和1999年1月26日分别注册了域名"www.oicq.net"和"www.oicq.com"，这两个域名主要起到"跳板"作用，用户一旦键入以上两个域名，即会被引导至腾讯公司自己的网站www.tencent.com。

2000年2月9日，美国在线公司向美国国家仲裁论坛提出申请，认为腾讯公司恶意注册并使用了同其所持有的"ICQ"标记混淆性相似的"www.oicq.net"和"www.oicq.com"域名。腾讯公司则辩称OICQ软件主要针对的是汉语用户，不会与主要针对英语用户的ICQ软件发生市场重叠。

2000年3月21日，争端解决专家组做出了最终裁决，认定：（1）腾讯公司在所争议域名中使用的"OICQ"与美国在线公司享有商标权利的"ICQ"混淆性相似；（2）腾讯公司对于所争议域名的使用不享有正当的权利或利益，其将所争议域名利用为"跳板"的行为是不正当的；（3）两个所争议域名被腾讯公司恶意注册，目的在于通过制造与"ICQ"的混淆诱使用户访问其自有网站，谋取商业利益；（4）不同语言不同国际市场并不能成为腾讯公司关于两个相互混淆性相似的域名可以共存的抗辩理由，因为互联网具有无国界、无处不在的特质。依此，争端解决专家组裁定将由腾讯公司注册的域名"www.oicq.net"与"www.oicq.com"转让给投诉人美国在线公司。

请分析：

1. 如果你是腾讯公司的代表，请谈谈有利于腾讯公司的事实和理由。
2. 如果你是美国在线公司的代表，请谈谈有利于美国在线公司的事实和理由。
3. 你认为腾讯公司使用的"OICQ"是否构成对美国在线公司的侵权，为什么？

思考练习题

一、判断对错，并将错处改正

1．域名注册管理机构按照"先申请先注册"的原则受理域名注册，并受理域名预留。（   ）

2．从事域名注册服务活动，应当具备的条件之一是注册资金不得少于人民币150万元。（   ）

3．域名注册服务机构必须是依法设立的企业法人或事业法人。（   ）

4．域名可直接用于商品或服务。（   ）

5．域名不能被许可使用，也不可以转让。（   ）

6．一个公司如果希望在网络上建立自己的主页，就必须取得一个域名。（   ）

7．域名的组成可以是文字，还可以是图形。（   ）

8．域名的注册须遵循"在先原则""唯一性原则"，不承担检索责任。（   ）

9．在中华人民共和国境内设立域名注册管理机构和域名注册服务机构，应当经国务院批准。（   ）

10．域名非经正式注册不能在互联网中使用。（   ）

11．域名注册申请人必须是依法登记并且能够独立承担民事责任的组织，不是独立法人的单位和个人不能申请注册域名。（   ）

12．域名申请人不得将他人已在中国注册过的企业名称注册为域名。（   ）

13．从事域名注册服务活动，应当具备的条件之一是有健全的域名注册服务退出机制。（   ）

二、填空题

1．最新制定发布的《互联网域名管理办法》，自（   ）年（   ）月（   ）日起施行。

2．《国家顶级域名争议解决办法》自（   ）年（   ）月（   ）日起施行。

3．由中国互联网络信息中心认可的争议解决机构依据《   》解决CN域名和中文域名争议。

三、填表题

域名与商标有何区别？请填表说明。

域名与商标的区别

项　　目	域　　名	商　　标
形式		
作用		
组成		

四、问答题

1．如何理解域名的商业价值。

2．如何认定域名的恶意抢注。

第 6 章 网络著作权保护法律制度

导入案例

网络作品著作权

2019年11月25日,焦某与某市青语旅行社签订了一份网站建设合同。合同约定青语旅行社委托焦某在互联网上建设网站,焦某为青语旅行社提供网站制作栏目、网站页面设计、数据库、程序开发。2020年3月15日,青语旅行社开通www.qingy.com网站,为维护网站网页的版权,与焦某签订了补充协议,约定www.qingy.com网站的域名归青语旅行社所有并管理使用,网页的版权由双方共同行使;如果发现本网站版权被盗用链接、盗用版权、盗用网站后台,双方有权单独或联合采取法律途径共同维护双方的合法利益;焦某对www.qingy.com网站上的网页内容享有著作权,有权对侵犯该网页著作权的行为提出诉讼。网站www.qingy.com网页上载明了青语旅行社酒店的价格、机票价格、汽车租赁价格、公司简介、招聘信息、国际和国内游线路等内容。

2020年3月24日,一家西部旅行社就其开立的网站www.luobei.com进行了备案。在其www.luobei.com的页面上也展示了酒店的价格、机票价格、汽车租赁价格、公司简介、招聘信息、国际和国内游线路等内容。经比对,二者的页面内容、结构、排列位置、文件名、部分文字和图片、滚动文字栏基本相同。此外,www.luobei.com网页上还显示了青语旅行社的名称和来访客户的详细信息。

焦某遂一纸诉状将西部旅行社诉至某市中级人民法院,起诉认为,西部旅行社未经同意,使用了焦某为青语旅行社创作的网页,侵犯了焦某对相关网页拥有的著作权,故请求判令:西部旅行社立即停止侵犯www.qingy.com网站全部网页著作权的行为;赔礼道歉;赔偿原告损失及合理开支4.6万元。

以案问法

通过阅读导入案例,请思考以下问题。
1. 本案争诉之网页能否构成作品?
2. 著作人身权与著作财产权有何区别?本案所诉涉及著作权的哪些权利?
3. 西部旅行社的行为是否属于对作品的合理使用?
4. 西部旅行社的行为是否构成对网络著作权的侵犯?网络著作权侵权行为的概念及构成要件有哪些?

> 5. 网络著作权侵权行为的表现形式有哪些？
> 6. 本案的法理要旨是什么？

在电子商务纠纷和侵权行为中，知识产权方面的问题尤为突出。电子商务中的知识产权涉及域名、著作权、商标权、专利权、地理标志等多个方面，其中网络版权和计算机软件著作权是近年来侵权纠纷较为集中的领域。本章网络著作权主要讲的就是作品及计算机软件等数字化作品的著作权人、表演者、录音录像制作者的著作人身权与著作财产权。

6.1 网络著作权概述

随着信息网络技术的不断发展，尤其是互联网的迅猛发展，信息的传播出现了前所未有的转变。网络已不仅仅是某种令人震撼的技术成果，而渐渐演变成人们进行创造和文化交流的广阔舞台，出现了多媒体作品、网页等新型作品形式，而且由于复制的便捷性，传统作品被数字化后通过网络进行迅速而广泛的传播，使得人们获取和传播信息更便捷。但网络上肆意上传、转载、抄袭他人作品的现象也愈演愈烈，以至于有人把互联网称为"互抄网"，为此，著作权人希望将其对作品的权利自然延伸到网络上。1999 年，中国网络著作权纠纷第一案的宣判开启了网络著作权的司法保护。此后，随着法律的修订与完善，网络著作权的保护力度逐步加大。

6.1.1 网络著作权的概念及我国的立法现状

1. 网络著作权的概念

著作权，亦称"版权"，有狭义和广义之分。狭义的著作权仅指以作品为对象的权利，即文学、艺术和科学作品的创作者就其创作的作品，依法在一定期限内所享有的专有权利。广义的著作权还包括以表演、录音制品、广播节目为对象的权利，即作品的传播者就其作品传播形式依法享有的权利，后者称为"邻接权"或"相关权利"。

网络著作权是传统著作权在网络环境中的延伸，也就是著作权人对受著作权法保护的作品在网络环境下所享有的著作权权利。

计算机和网络技术的发展不仅丰富了作品的形式和载体，也拓展了网络著作权法的保护范围，除了原有的各类作品的数字化形式，计算机软件、电子数据库和多媒体作品也成为网络时代新的作品类型。

2. 我国网络著作权的立法现状

在过去的四十余年中，我国制定并实施了全面的知识产权法律制度，对知识产权保护实行行政保护和司法保护。

《著作权法》自 1990 年 9 月 7 日第七届全国人大常委会第十五次会议通过后，先后在 2001 年、2010 年、2020 年进行了三次修正，分别是：①根据 2001 年 10 月 27 日第九届全国人大常委会第二十四次会议《关于修改〈中华人民共和国著作权法〉的决定》第一次修正；②根据 2010 年 2 月 26 日第十一届全国人大常委会第十三次会议《关于修改〈中华人民共和国著作权法〉的决定》第二次修正；③根据 2020 年 11 月 11 日第十三届全国人大常委会第二十三次会议《关于修改〈中华人民共和国著作权法〉的决定》第三次修正。

2005 年 4 月 29 日，国家版权局和原信息产业部联合发布了《互联网著作权行政保护办法》。该办法规定了网络著作权行政保护的适用范围、实施网络著作权行政保护的管理部门和管辖权，确定了权利人的通知和互联网内容提供者的反通知制度，界定了著作权权利人、互联网内容提供者、互联网接入服务提供者、互联网信息服务提供者在保护网络著作权方面的责任及免责情形，并规定了相应的处罚措施。

2006 年 5 月 18 日，国务院正式颁布了《信息网络传播权保护条例》，该条例涉及权利保护、权利限制及网络服务提供者责任免责等内容，规定了信息网络传播权、技术措施受保护权和权利管理信息保护权及信息网络传播权的合理限制等，对《著作权法》有关网络环境下版权保护的原则规定进行了具体化，增强了网络环境下版权保护的操作性。

在司法解释方面，2011 年最高人民法院、最高人民检察院、公安部联合印发了《关于办理侵犯知识产权刑事案件具体适用法律若干问题的意见》，将"发行"解释为信息网络传播，扩大了入罪范围，规定了通过信息网络传播侵权作品行为的定罪处罚标准，加大了司法惩罚力度。2013 年 1 月 1 日起施行《最高人民法院关于审理侵害信息网络传播权民事纠纷案件适用法律若干问题的规定》，对涉及侵犯信息网络传播权的有关问题做出了具体规定。

在规范互联网经营业务方面，我国出台《互联网域名管理办法》《互联网 IP 地址备案管理办法》《关于规范网络转载版权秩序的通知》《关于规范网盘服务版权秩序的通知》《关于加强互联网领域侵权假冒行为治理的意见》等一系列法规、条例，有效地保护了互联网领域的知识产权，遏制了侵权假冒行为。

我国在网络领域的版权立法已经基本成型，而且符合国际规则，为网络版权监管执法、司法工作提供了明确而充分的法律依据。

3.《著作权法》的最新修订内容

第 3 次修正的《著作权法》共六章、六十七条，修订的重点内容如下。

（1）增加惩罚性赔偿制度。将法定赔偿上限提高到 500 万元，明确法定赔偿数额下限为 500 元。同时规定对故意侵犯著作权或与著作权有关的权利情节严重的，可以按照第五十四条规定的方法确定数额的一倍以上五倍以下给予赔偿。这一规定与《民法典》第一千一百八十五条规定的知识产权惩罚性赔偿一脉相承，还与《商标法》第六十三条、《专利法》第七十一条、《反不正当竞争法》第十七条基本一致。

（2）将"类电作品"改为"视听作品"。《著作权法》将原第三条第六项"电影作品和以类似摄制电影的方法创作的作品"统一改为"视听作品。"1989 年 4 月，世界知识产权组织成员国在日内瓦签订《视听作品国际登记条约》。该条约对视听作品进行了定义：本条约所称的"视听作品"，是指由一系列相关的固定图像组成，带有或不带伴音，能够被看到的，并且带有伴音时，能够被听到的任何作品。法律对视听作品作为作品类型的认可，表明不再要求作品必须是机械地被"稳定固定"在有形载体上，只要可被传播、可听可看便符合法律规定的固定要件。

（3）对广播权和信息网络传播权进行合理扩张。《著作权法》第十条第十一项和第十二项分别规定广播权和信息网络传播权。广播权，即以无线方式或有线方式公开广播或传播作品，以及通过扩音器或其他传送符号、声音、图像的类似工具向公众传播广播的作品的权利。信息网络传播权,即以有线或无线方式向公众提供作品,使公众可以在其选定的时间和地点获得作品的权利。对广播权和信息网络传播权的修改,回应了当前较为突出的网络直播著作权侵权问题,网络主播未经许可翻唱、挂播他人作品,将落入权利人广播权的规制范围。法院审理网络直播、挂播等非交互式著作权侵权纠纷案件,将不再用原来的兜底条款予以救济。信息网络传播权和广播权的衔接将更严密,法律适用也更为清晰、明确。

(4) 修改作品定义,作品客体类型开放。对作品定义的修改,是《著作权法》修改中最为根基的问题,也是源头问题。《著作权法》第三条规定:"本法所称的作品,是指文学、艺术和科学领域内具有独创性并能以一定形式表现的智力成果。"对"作品"的定义虽然采用的是概括式概念描述的方法,但并未封闭,对作品的把握依然是判断作品的要件,即是不是在文学、艺术、科学领域,有没有独创性,能不能以一定形式表现。修改后的作品定义摒弃了原来实际上并无法律、行政法规规定的其他作品的兜底规定。这将为司法实践腾出可适用的空间,贯彻知识产权法定主义的原则。

(5) 完善权利制度,更好平衡作品传播中的利益关系,为宣传文化事业发展营造良好的制度环境。增加新闻类职务作品和职务表演的规定;增加录音制品用于有线或无线公开传播,或者通过传送声音的技术设备向公众公开播送时,录音和制作者获得报酬的权利;明确广播电台、电视台有权禁止未经其许可将其播放的广播、电视通过信息网络向公众传播,并要求其行使相关权利时不得影响、限制或侵害他人行使著作权,或者与著作权有关的权利等。

(6) 完善执法手段,切实加强著作权保护。增加责令侵权人提供与侵权行为相关的账簿资料制度;增加著作权主管部门询问当事人、调查违法行为、现场检查,以及查阅、复制有关资料和查封、扣押等执法手段;完善有关诉前禁令和证据保全的规定。

(7) 与我国加入的国际公约和其他法律法规做好衔接。加强对阅读障碍者的保护,将有关合理使用情形扩大至"以阅读障碍者能够感知的无障碍方式向其提供已经发表的作品";明确出租权的对象是视听作品、计算机软件的原件或复制件;延长摄影作品的保护期;将"公民"修改为"自然人",将"其他组织"修改为"非法人组织"。

6.1.2 网络著作权的客体

著作权的客体即著作权的保护对象,是作品。根据《著作权法》的规定,受著作权法保护的作品应当具备以下 4 个条件。

(1) 独创性。也称"原创性",指作品是作者通过独立构思创作完成的而非以抄袭、剽窃、篡改他人的已有作品而产生的,即《著作权法》所保护的作品是作者创造性的智力成果,而非抄袭他人成果的作品。

(2) 可复制性。也称"可控制性",指作品必须能够以某种物质形式载体复制其所表现的智力创作成果,从而能够被他人所感知并能通过复制对作品加以传播和利用。

(3) 合法性。作品的内容不得违反宪法和法律,不得损害社会公共利益。

(4) 属于文学、艺术和科学领域。《著作权法》保护的作品必须是文学、艺术和科学领域内的智力创作成果,这使得著作权的客体与专利、商标等知识产权的客体区别开来。

网络著作权是著作权人在网络环境下所享有的著作权权利,是著作权权利在网络环境下的扩展,作品依然是网络著作权的客体,但作品的形式发生了重大变化。《最高人民法院关于审理涉及计算机网络著作权纠纷案件适用法律若干问题的解释》第二条规定："受著作权法保护的作品，包括著作权法第三条规定的各类作品的数字化形式。在网络环境下无法归于著作权法第三条列举的作品范围，但在文学、艺术和科学领域内具有独创性并能以某种有形形式复制的其他智力创作成果，人民法院应当予以保护。著作权法第十条对著作权各项权利的规定均适用于数字化作品的著作权。将作品通过网络向公众传播，属于著作权法规定的使用作品的方式，著作权人享有以该种方式使用或者许可他人使用作品，并由此获得报酬的权利。"据此，可将网络著作权客体的形式划分为一般形式和特殊形式。

1. 网络著作权客体的一般形式：数字化作品

根据《著作权法》第三条规定："本法称的作品，是指文学、艺术和科学领域内具有独创性并能以一定形式表现的智力成果，包括：

"（一）文字作品；

"（二）口述作品；

"（三）音乐、戏剧、曲艺、舞蹈、杂技艺术作品；

"（四）美术、建筑作品；

"（五）摄影作品；

"（六）视听作品；

"（七）工程设计图、产品设计图、地图、示意图等图形作品和模型作品；

"（八）计算机软件；

"（九）符合作品特征的其他智力成果。"

数字化是把所有的信息用一连串的"1"和"0"组成代码来表示，用数字技术进行加工处理并在网上传输的。作品的数字化，是指利用数字化技术，将传统媒介上的作品原样移植到数字化媒介中，如将文章录入到计算机中，将绘画、图纸等扫描到计算机中等。传统形式的作品被数字化后，将以特定形式存在于磁介质上，由原来的表现于纸面上的作品形式转化为存储于磁介质上的代码化符号，这样的代码化符号表现为当计算机等装置读取时出现脉冲电信号。但作品的数字化并未改变作品的内容，改变的只是作品的存在形式。因此，数字化过程本身并不具有独创性，不产生新的作品，数字化作品的著作权仍由原作品的著作权人享有。

原告张承志诉称：自己是《北方的河》《黑骏马》作品的作者，根据法律规定，享有对上述作品的著作权。被告世纪互联通信技术有限公司未经我许可，在其网站上传播使用了我的作品，其行为侵犯了我对《北方的河》《黑骏马》享有的使用权和获得报酬权。请求法院判决被告停止侵权公开致歉，赔偿经济损失 31 500 元、精神损失 5000 元，并承担诉讼费、调查费。

被告辩称：我公司是国内最早从事国际互联网上内容提供的服务商。因我国法律对在国际互联网上传播使用他人作品是否需要取得作品著作权人的同意，怎样向著作权人支付作品使用费用等问题都没有任何规定。我公司在网站上所刊载的原告作品，是网友通过电子邮件方式提供的，而不是我公司先刊载在网站上的，因此我们不知道在网站上刊载原告作品还需征得原告的同意；原告提起诉讼后，我公司已从网站上及时删除了原告作品。我们认为，我公司刊载原告作品的行为仅属于"使用他人作品未支付报酬"的问题，况且访问我公司的"小说一族"栏目的用户很少，我公司没有获取任何经济收益。我公司在刊载原告作品时，没有侵害原告的著作人身权。

法院经审理认为，原作品的著作权人对其在网络环境中数字化表现的作品依然享有著作权。被告从互联网上将原告作品下载到其计算机系统内存储，并通过WWW服务器将原告作品上传到国际互联网上进行传播的行为，是对原告作品的传播使用。作品的著作权人有权决定其作品是否在互联网上进行传播使用。被告未经许可将原告的作品在网上传播，侵害了原告对其作品享有的使用权和获得报酬权。

2. 网络著作权客体的特殊形式：网络作品

网络作品，是指在计算机网络上出现的作品。排除传统作品的数字化形式，此处的网络作品仅指直接以数字化形式创作的作品。网络作品只要符合《著作权法》对作品的要求条件，即独创性、可复制性、合法性，并且属于文学、艺术或科学领域，便为著作权的保护对象。

随着计算机和网络技术的不断发展，网络作品新的表现形式层出不穷。其主要的表现形式是多媒体作品。多媒体作品是指运用多媒体技术，通过文本、图片、计算机图形、动画、声音及视频等任何几种单独媒体作品的组合，创作出的一种作品形式。多媒体作品的形象性、直观性使多媒体技术自产生之日起便开始向各个领域渗透，如今它已被广泛运用于产品的展示、培训、教学及网页制作等方面。

在瑞得（集团）公司诉宜宾市翠屏区东方信息服务有限公司著作权侵权纠纷案中，法院认为原告的主页虽然所用颜色、文字及部分图标等已处于公有领域，但将该主页上的颜色、文字、图标以数字化的方式加以特定的组合，给人以美感，而不是依照客观规律对客观事实的简单排列，应是一种独特构思的体现，具有独创性；这一主页既可储存在WWW服务器的硬盘上，又可被打印在纸张上，说明该主页是可复制的；该主页能够被人通过WWW服务器上传到国际互联网上并保持稳定状态，可以被社会公众借助联网的计算机所接触，说明该主页具有可传播性，故该主页应被视为受《著作权法》保护的作品。这是我国首例确认网页作为著作权客体作品的案件。

具有独创性的网络数据库也属于受《著作权法》保护的网络作品。数据库是按照现代化检索形式组织并储存于计算机中的独立作品、数据或其他材料的有序集合。数据库的收集与整理需要投入大量的人力和财力，需要制作者对作品、数据或其他材料进行选择、编排，与汇编作品极为相似。《著作权法》第十五条规定："汇编若干作品、作品的片段或者不构成作品的数据或者其他材料，对其内容的选择或者编排体现独创性的作品，为汇编作品，其著作权由汇编人享有，但行使著作权时，不得侵犯原作品的著作权。"可见，对于具有独创性的数据库作品，权利人享有著作权。

网络数据库是指把数据库技术引入到计算机网络系统中，借助于网络技术将存储于数据库中的大量信息及时发布出去；而计算机网络借助于成熟的数据库技术对网络中的各种数据进行有效管理，并实现用户与网络中的数据库进行实时动态数据交互。

海南经天信息有限公司于1998年投资180万元完成开发并出版发行的《中国大法规数据库》，被海口网威科技有限公司于2000年解密后，复制到其经营的"司法在线"网站上。海南经天信息有限公司将该侵权的网上法规数据库，经过公证将其下载作为证据，向海口市中级人民法院起诉,并主张自己在数据库的内容选择、体例编排及程序设计等方面付出了大量创造性的劳动和资金投入,海口网威科技有限公司的行为侵犯了自己的著作权。一审法院认定被告不构成侵权。二审中,法院认为《中国大法规数据库》1998年已获国家版权登记,依法享有著作权;海口网威科技有限公司的法规库与案外人的法规库只有某些特征相符,因此并不能排除其抄袭海南经天信息有限公司法规库的可能性。由此认定海口网威科技有限公司侵权事实成立,判决其立即停止侵权,书面赔礼道歉,并向海南经天信息有限公司赔偿人民币5万元。本案是国内首例数据库著作权纠纷案。

6.1.3 网络著作权的内容

著作权的内容是指由著作权法所确认或保护的作者及其他著作权人所享有的权利。根据《著作权法》和有关国际公约的规定,著作权包括著作人身权和著作财产权两项重要的内容。网络著作权与传统著作权在内容上没有不同,但由于权利产生和存在的环境发生了变化,在权利的保护上有一定的不同。

1. 著作人身权

著作人身权,在大陆法系国家通常被称为"作者人格权",在英美法系国家则被称为"精神权利",《著作权法》称之为作者享有的人身权。尽管称谓有别,其含义却基本一致,均指作者等著作权人基于作品创作所享有的各种与人身相联系而无直接财产内容的权利。

根据《著作权法》第十条的规定,著作人身权的内容如下。

(1)发表权,即决定作品是否公之于众的权利。具体地说,就是著作权人有权决定其作品是否公之于众,以及何时、何地、以何种方式公之于众的权利。发表权是著作权人所享有的一项最重要的人身权利,如果作者完成了作品创作却不发表,则其他的著作人身权和财产权就会因作品无法广为人知而无从实现。发表权是一次性权利,在作品首次公之于众后即行消失。

(2)署名权,即表明作者身份,在作品上署名的权利;又称确认作者身份权,是指作者在其创作的作品或复制件上标注自己的姓名或名称,用以表明作者身份的权利。署名权包括作者在自己创作的作品上署名和不署名两方面的权利,具体内容包括:有权决定是否在其创作的作品上署名和以何种方式署名,以及署真名、笔名、艺名或多个作者的署名顺序等;有权要求在以自己创作的作品为基础所演绎的作品上署名;有权禁止未参加创作的人在自己作品上署名等。

(3)修改权,即修改或授权他人修改作品的权利。作品是作者精神领域中内在思想感情的外在表现方式,显示着作者的人格、品位烙印,作品发表后,如果作者认为该作品已不能反映自己变化了的学术观点或文学思想,有权根据自己的意志对作品进行修改,如删节、充实、改写等。其他人对作品进行修改,必须获得该作品创作者的同意并取得许可修改的授权。

(4)保护作品完整权,即保护作品不受歪曲和篡改的权利。作者有权保护其作品的完整性,有权保护其作品不被他人丑化;未经作者许可,他人不得擅自删除、变更作品的内容,或者对作品进行破坏其内容、表现形式和艺术效果的变动,以保护作者的名誉和声望,维护作品的纯洁性。修改权和保护作品完整权是《著作权法》赋予作者保护作品不被歪曲和篡改的两项相辅相成的权利,保护作品完整权是一项禁止权。

一般而言,著作人身权具有永久性、不可分割性和不可剥夺性的特点。所谓永久性,是指著作人身权的保护在一般情况下不受时间限制。根据《著作权法》第二十二条规定:"作者的署名权、修改权、保护作品完整权的保护期不受限制。"

2. 著作财产权

著作财产权,又称著作经济权利,是指著作权人自己使用,或者授权他人以一定方式使用作品而获取物质利益的权利。著作财产权明显不同于著作人身权,它可以转让、继承或放弃。著作财产权也明显不同于一般的财产权,它受地域、时间等因素的限制。

著作财产权在著作权制度中占有举足轻重的地位。无论是大陆法系国家还是英美法系国家,均在著作权法中详尽地规定了著作财产权。

著作财产权的发展与技术进步存在密切的联系。19世纪末20世纪初,印刷出版是作品使用的主要方式,作者的著作财产权很大程度上局限于出版复制权的范围。进入20世纪,随着录音、录像、卫星转播、广播、电视等新的复制、传播手段的发展,权利的内容发生了质的飞跃。广播权、有线电视转播权、录音录像权等新的权项相继出现并为许多国家的著作权法所承认。至20世纪50年代,计算机技术、数字化技术的发明与推广又为著作权制度拓展了新的领域,增加计算机存储作品权、传播作品权、出租作品权、进口权、公共借阅权等权利的呼声一浪高过一浪,各国立法者不得不重新审视本国的著作权法,逐步增加新的著作财产权项。

根据《著作权法》第十条关于著作权内容的规定,著作财产权包括复制权、发行权、出租权、展览权、表演权、放映权、广播权、信息网络传播权、摄制权、改编权、翻译权、汇编权,以及应当由著作权人享有的其他权利。其中,与网络环境中著作财产权的行使有密切联系的权利包括复制权、发行权和信息网络传播权。

(1) 复制权。

① 复制权与复制。简言之,复制权是指著作权人享有的复制作品的权利。具体指创作作品的作者等著作权人依法享有的包括禁止或许可他人以复制的方式使用其作品并以此获得经济报酬的专有权利。复制是指以印刷、复印、拓印、录音、录像、翻录、翻拍等方式将作品制作一份或多份,因此,复制不是创作,只是将不同形式的作品"再现"或"重现",没有增加或改变任何内容,其关键在于作品的再现,同时伴随着载体的"增多"。大多数著作财产权往往需要通过复制权的行使以实现,复制权是著作财产权中最基本的权能。

复制行为应当满足两个条件。一是该行为应当在有形物质载体之上再现作品,复制行为是一种再现作品的行为,但必须是在有形物质载体上的再现。这就把复制行为与表演广播和放映等其他再现作品的行为区别开来。例如,通过朗诵再现作品就不是《著作权法》意义上的复制。二是该行为应当使作品被相对稳定和持久地固定在有形物质载体之上,形成作品的有形复制件。《著作权法》将复制权定义为"将作品制作一份或者多份"的权利。即《著作权法》意义上的复制行为是指能够导致产出作品复制件的行为。例如,通过电视台直播的演唱会就不是复制行为,电视台对演唱会的直播虽然再现了作品,但是作品没有被固定在电视机中。只要歌手在现场停止演唱,电视机中就不能继续播放作品了。

② 网络环境下对复制权的正确使用。历史上最早的复制行为仅限于收藏、拓印、临摹等纯手工方式的复制。随着技术的发展,印刷机、复印件、照相机和录音机等机器设备出

现了，印刷、复印、录音、翻录、翻拍等新的复制行为也相继出现了。数字技术的发展则进一步推动了复制行为的进步。它使作品以数字化的形式被高质量地固定在新型物质载体上，形成了新型复制品。数字环境下的复制行为主要有：①将作品以各种技术手段固定在芯片光盘硬盘和软件中；②将作品上传至网络服务器；③将作品从网络服务器上或他人计算机中下载到本地计算机中；④通过网络向其他计算机用户发送作品。

网络环境下的复制行为，如用户主动下载、转载等，属于复制权调整的复制行为，未经权利人许可，则可能构成侵权；但是纯粹的技术性复制（如在网络的正常使用过程中作品的数字信息自动以文本的形式存储于计算机内存及缓冲区等所产生的暂时复制）应排除在外。

（2）发行权。发行权是指创作作品的作者等著作权主体依法所享有的包括禁止或许可他人向公众提供作品原件或复制件，并以此获取经济报酬的专有权利。发行是指以出售或赠予方式向公众提供作品的原件或复制件的行为。复制的主要目的是向社会公众传播，因此，发行权是与复制权密切相关的一种权利。网络环境下，网站主体利用录入、复制、粘贴等计算机手段，最终将作品以数字信号方式"上传"至网站的服务器上，供访问者通过登录、浏览、下载等方式阅读作品，实质上是一种将诸如以传统的纸介质发行变为网络方式发行的方式。

（3）信息网络传播权。根据《著作权法》第九条第十二项的规定："信息网络传播权，即以有线或者无线方式向公众提供作品，使公众可以在其选定的时间和地点获得作品的权利。"同时，根据《著作权法》第六十四条规定："计算机软件、信息网络传播权的保护办法由国务院另行规定。"

根据《信息网络传播权保护条例》第二条规定："除法律、行政法规另有规定的外，任何组织或者个人将他人的作品、表演、录音录像制品通过信息网络向公众提供，应当取得权利人许可，并支付报酬。"第四条规定："为了保护信息网络传播权，权利人可以采取技术措施。任何组织或者个人不得故意避开或者破坏技术措施，不得故意制造、进口或者向公众提供主要用于避开或者破坏技术措施的装置或者部件，不得故意为他人避开或者破坏技术措施提供技术服务。但是，法律、行政法规规定可以避开的除外。"第五条规定："未经权利人许可，任何组织或者个人不得进行下列行为：（一）故意删除或者改变通过信息网络向公众提供的作品、表演、录音录像制品的权利管理电子信息，但由于技术上的原因无法避免删除或者改变的除外；（二）通过信息网络向公众提供明知或者应知未经权利人许可被删除或者改变权利管理电子信息的作品、表演、录音录像制品。"

6.2 网络著作权的限制

现代著作权法的立法宗旨是鼓励和保护优秀作品的创作与传播。为此，各国著作权法的立法重心一般都在如何保护作者和其他著作权人，以及邻接权人基于作品的创作和传播而产生的种种权利上。然而，任何作品都是在前人的智慧和文化遗产的基础上创作完成的，同时又将成为后人为创作更优秀的成果而吸收和借鉴的对象。从这个意义上看，任何作品都是人类共同的精神财富。为促进全社会文化、艺术和科学的发展和提高，著作权人对其作品的控制和权利的独占都不应当是绝对的和无限制的。著作权法在保护作者及其他著作权人和传播者利益的同时,还必须兼顾社会公共利益,防止因权利被滥用而妨碍和束缚科学技术的进步和文化的繁荣。因此,各国的著作权立法无不对著作权予以一定的限制。

著作权的限制,主要针对著作财产权而设立。除了对保护期有限制,《著作权法》在对作品使用方面存在的限制主要体现在合理使用、法定许可及强制许可制度等方面。网络著作权的限制,应当考虑网络自身发展的特点,尽量满足社会公众对信息获取的合理需求,同时也应最大限度地兼顾著作权人的利益,以激励更多更好作品在网络环境下的传播。《信息网络传播权保护条例》对网络著作权的限制在合理使用、法定许可、强制许可及默示许可方面做出了具体的规定。

6.2.1 网络著作权的合理使用

作品的使用主要包括引用、复制、表演、翻译与广播等方式,涉及私人使用、介绍与评论、新闻报道、教学与研究、公务使用、陈列与保存等方面。

网络著作权的合理使用是指在法定情形出现的情况下,任何人可在法律规定的限度内自由使用享有著作权的作品,而不必征得著作权人的同意,不必向其支付使用报酬的法律制度。其中,"无须经著作权人许可"和"无偿使用"是其显著特征,也是区别于法定许可和强制许可等其他对著作权权利限制制度的重要标准。根据《著作权法》第二十四条关于合理使用作品的规定,合理使用必须符合三个条件:一是被使用的作品必须已经发表;二是使用作品必须是出于非商业用途;三是尊重著作权人的著作人身权,使用作品时应指明作者姓名、作品名称、作品出处等。合理使用的目的是确保公众对社会信息的知悉权,法律采取著作权限制手段保障公众自由获得信息的利益。同时,合理使用既充分发挥了作品的使用效益,也协调了公众使用要求与作者权利主张的关系。

《著作权法》第二十四条列举了十三种法定的著作权合理使用的情形,即在下列情况下使用作品,可以不经著作权人许可,不向其支付报酬,但应当指明作者姓名、作品名称,并且不得影响该作品的正常使用,也不得不合理地损害著作权人的合法权益。

(1) 为个人学习、研究或欣赏,使用他人已经发表的作品;

(2) 为介绍、评论某一作品或说明某一问题,在作品中适当引用他人已经发表的作品;

(3) 为报道时事新闻,在报纸、期刊、广播电台、电视台等媒体中不可避免地再现或引用已经发表的作品;

(4) 报纸、期刊、广播电台、电视台等媒体刊登或播放其他报纸、期刊、广播电台、电视台等媒体已经发表的关于政治、经济、宗教问题的时事性文章,但作者声明不许刊登、播放的除外;

(5) 报纸、期刊、广播电台、电视台等媒体刊登或播放在公众集会上发表的讲话,但作者声明不许刊登、播放的除外;

(6) 为学校课堂教学或科学研究,翻译或少量复制已经发表的作品,供教学或科研人员使用,但不得出版发行;

(7) 国家机关为执行公务在合理范围内使用已经发表的作品;

(8) 图书馆、档案馆、纪念馆、博物馆、美术馆等为陈列或保存版本的需要,复制本馆收藏的作品;

（9）免费表演已经发表的作品，该表演未向公众收取费用，也未向表演者支付报酬；

（10）对设置或陈列在室外公共场所的艺术作品进行临摹、绘画、摄影、录像；

（11）将中国公民、法人或非法人组织已经发表的以国家通用语言文字创作的作品翻译成少数民族语言文字作品在国内出版发行；

（12）以阅读障碍者能够感知的无障碍方式向其提供已经发表的作品；

（13）法律、行政法规规定的其他情形。

前款规定适用于对与著作权有关的权利的限制。

6.2.2　网络著作权的许可使用和转让

权利的转让和许可是实现著作权人对作品财产权的重要方式，法律允许著作权的转让和许可，但亦对相关事宜进行了规范。

根据《著作权法》第二十六条规定："使用他人作品应当同著作权人订立许可使用合同，本法规定可以不经许可的除外。

"许可使用合同包括下列主要内容：

"（一）许可使用的权利种类；

"（二）许可使用的权利是专有使用权或者非专有使用权；

"（三）许可使用的地域范围、期间；

"（四）付酬标准和办法；

"（五）违约责任；

"（六）双方认为需要约定的其他内容。"

根据《著作权法》第二十七条规定："转让本法第十条第一款第五项至第十七项规定的权利，应当订立书面合同。

"权利转让合同包括下列主要内容：

"（一）作品的名称；

"（二）转让的权利种类、地域范围；

"（三）转让价金；

"（四）交付转让价金的日期和方式；

"（五）违约责任；

"（六）双方认为需要约定的其他内容。"

根据《著作权法》第二十九条规定："许可使用合同和转让合同中著作权人未明确许可、转让的权利，未经著作权人同意，另一方当事人不得行使。"

根据《著作权法》第三十条规定："使用作品的付酬标准可以由当事人约定，也可以按照国家著作权主管部门会同有关部门制定的付酬标准支付报酬。当事人约定不明确的，按照国家著作权主管部门会同有关部门制定的付酬标准支付报酬。"

根据《著作权法》第三十一条规定："出版者、表演者、录音录像制作者、广播电台、电视台等依照本法有关规定使用他人作品的，不得侵犯作者的署名权、修改权、保护作品完整权和获得报酬的权利。"

6.3 网络著作权的侵权行为及法律责任

6.3.1 网络著作权的侵权行为概述

1. 网络著作权侵权行为的概念及构成要件

著作权侵权行为是指未经作者等著作权人或邻接权人的许可或同意,又无法律上的依据,擅自对著作权作品或其他制品进行利用或以其他非法手段行使著作权或邻接权的行为。

网络著作权侵权行为是指发生在网络环境中的各种侵害他人著作权的行为,包括未经著作权人许可或无法律依据擅自上传、下载或在网络上以其他不正当的方式行使专由著作权人享有的权利的各种行为。

网络著作权侵权行为的构成要件是指构成具体侵权行为的各种作为必要条件的因素。作为一般侵权行为,网络著作权侵权行为与传统著作权侵权行为在构成要件上相同,包括损害、加害行为,损害、加害行为与损害之间的因果关系,行为人主观上有过错 3 个构成要件,但在各要件的具体表现形式上有不同。

2. 网络著作权侵权行为的表现形式

《著作权法》第五十二条列举了应当承担民事责任的十一种形态的侵犯他人著作权或邻接权的侵权行为,第五十三条列举了除承担民事责任外还可能承担行政责任和刑事责任的侵权行为。网络环境中的著作权侵权行为同样适用于这些规定。

《著作权法》第五十二条规定:"有下列侵权行为的,应当根据情况,承担停止侵害、消除影响、赔礼道歉、赔偿损失等民事责任:

"(一)未经著作权人许可,发表其作品的;

"(二)未经合作作者许可,将与他人合作创作的作品当作自己单独创作的作品发表的;

"(三)没有参加创作,为谋取个人名利,在他人作品上署名的;

"(四)歪曲、篡改他人作品的;

"(五)剽窃他人作品的;

"(六)未经著作权人许可,以展览、摄制视听作品的方法使用作品,或者以改编、翻译、注释等方式使用作品的,本法另有规定的除外;

"(七)使用他人作品,应当支付报酬而未支付的;

"(八)未经视听作品、计算机软件、录音录像制品的著作权人、表演者或者录音录像制作者许可,出租其作品或者录音录像制品的原件或者复制件的,本法另有规定的除外;

"(九)未经出版者许可,使用其出版的图书、期刊的版式设计的;

"(十)未经表演者许可,从现场直播或者公开传送其现场表演,或者录制其表演的;

"(十一)其他侵犯著作权以及与著作权有关的权利的行为。"

《著作权法》第五十三条规定:"有下列侵权行为的,应当根据情况,承担本法第五十二条规定的民事责任;侵权行为同时损害公共利益的,由主管著作权的部门责令停止侵权行为,予以警告,没收违法所得,没收、无害化销毁处理侵权复制品以及主要用于制作侵权复制品的材料、工具、设备等,违法经营额五万元以上的,可以并处违法经营额一倍以上五倍以下的罚款；没有违法经营额、违法经营额难以计算或者不足五万元的，可以并处二十五万元以下的罚款；构成犯罪的，依法追究刑事责任：

"（一）未经著作权人许可，复制、发行、表演、放映、广播、汇编、通过信息网络向公众传播其作品的，本法另有规定的除外；

"（二）出版他人享有专有出版权的图书的；

"（三）未经表演者许可，复制、发行录有其表演的录音录像制品，或者通过信息网络向公众传播其表演的，本法另有规定的除外；

"（四）未经录音录像制作者许可，复制、发行、通过信息网络向公众传播其制作的录音录像制品的，本法另有规定的除外；

"（五）未经许可，播放、复制或者通过信息网络向公众传播广播、电视的，本法另有规定的除外；

"（六）未经著作权人或者与著作权有关的权利人许可，故意避开或者破坏技术措施的，故意制造、进口或者向他人提供主要用于避开、破坏技术措施的装置或者部件的，或者故意为他人避开或者破坏技术措施提供技术服务的，法律、行政法规另有规定的除外；

"（七）未经著作权人或者与著作权有关的权利人许可，故意删除或者改变作品、版式设计、表演、录音录像制品或者广播、电视上的权利管理信息的，知道或者应当知道作品、版式设计、表演、录音录像制品或者广播、电视上的权利管理信息未经许可被删除或者改变，仍然向公众提供的，法律、行政法规另有规定的除外；

"（八）制作、出售假冒他人署名的作品的。"

此外，《信息网络传播权保护条例》第十八条规定了五种侵害信息网络传播权的侵权行为："违反本条例规定，有下列侵权行为之一的，根据情况承担停止侵害、消除影响、赔礼道歉、赔偿损失等民事责任；同时损害公共利益的，可以由著作权行政管理部门责令停止侵权行为，没收违法所得，并可处以10万元以下的罚款；情节严重的，著作权行政管理部门可以没收主要用于提供网络服务的计算机等设备；构成犯罪的，依法追究刑事责任：

"（一）通过信息网络擅自向公众提供他人的作品、表演、录音录像制品的；

"（二）故意避开或者破坏技术措施的；

"（三）故意删除或者改变通过信息网络向公众提供的作品、表演、录音录像制品的权利管理电子信息，或者通过信息网络向公众提供明知或者应知未经权利人许可而被删除或者改变权利管理电子信息的作品、表演、录音录像制品的；

"（四）为扶助贫困通过信息网络向农村地区提供作品、表演、录音录像制品超过规定范围，或者未按照公告的标准支付报酬，或者在权利人不同意提供其作品、表演、录音录像制品后未立即删除的；

"（五）通过信息网络提供他人的作品、表演、录音录像制品，未指明作品、表演、录音录像制品的名称或者作者、表演者、录音录像制作者的姓名（名称），或者未支付报酬，或者未依照本条例规定采取技术措施防止服务对象以外的其他人获得他人的作品、表演、录音录像制品，或者未防止服务对象的复制行为对权利人利益造成实质性损害的。"

3．司法实践中的网络著作权侵权行为

近年来，网络技术不断发展，伴随的网络著作权的侵权案件也不断增多，与传统的著作权侵权行为相比，网络著作权侵权行为具有独特的网络性特征。根据侵权行为的对象的

不同，可以将侵权行为划分为对网页设计和内容的侵权行为、对网络音乐的侵权行为、对网络数据库的侵权行为等；根据侵权行为所采取的技术手段的不同，可以将侵权行为分为故意避开或破坏技术保护措施的侵权行为、故意删除或改变权利管理电子信息的侵权行为、超级链接引起的侵权行为等。由于网络产品的不断创新和网络技术的不断发展，上述划分方法只能是一种不完全的罗列。从目前我国大量的网络著作权侵权案件来看，根据网络著作权的复制方式的不同，可以将网络著作权的侵权行为划分为以下三种。

（1）未经许可的上传。指网站或网络用户未经著作权人许可并且未向其支付报酬就将传统作品如文学作品、音乐作品、影视作品等上传至网上，侵害著作权人著作权的行为。这是早期网络著作权侵权行为的常见形式。此类侵权行为是对著作权人网络信息传播权的直接侵害。

2019年2月，某人民法院受理了原告阳光互动娱乐传媒有限公司诉被告行通达科技有限公司侵犯著作权纠纷案。原告诉称：其独家享有某部电视剧的信息网络传播权，被告未经许可，在其经营的"米花网"平台向公众提供该部电视剧在线播放服务，侵犯了原告的权利。被告辩称："米花网"系向用户提供存储空间服务的网站，上传涉案电视剧的行为并非本公司实施；注册用户在上传文件过程中，网站在《用户协议》中明确要求不得将侵犯他人著作权的内容上传，同时，"米花网"通过技术手段、人工审查、行业监控库对接等多种方式防止侵犯著作权的作品上传，公司在网站存储文件数量巨大的情况下，对注册用户上传的涉案电视剧的著作权权属情况已尽到了合理注意义务。

（2）未经许可的下载。指未经许可，将他人拥有著作权的网络作品下载至传统媒体中进行利用的行为，是未经许可的上传侵权行为的反向行为。此类侵权行为一般是对网络作品著作权的侵害。

2002年年初，原告网络营销专家冯英健发现，由中国财政经济出版社出版的署名李某的《网络营销学》一书中，大量使用了自己近年来发表于个人网站"网上营销新观察"12篇原创作品中的内容，共15 000字，并且构成了该书的核心内容，但该书既没有署其姓名，也未按相关法律规定向其支付任何报酬。于是原告冯英健向北京市第二中级人民法院提起著作权侵权之诉。被告李某辩称：使用原告作品属合理引用，且在书后参考文献一页中已为原告署名，没有侵犯著作权。经审理，法院认为，《著作权法》明确规定："为介绍、评论某一作品或说明某一问题，在作品中适当引用他人已经发表的作品。"据此李某编著的《网络营销学》一书中将原告作品或长段或短段穿插使用在自己的作品之中，与原告作品相同或基本相同的文字字数达15 000字，这种使用方式不符合法律规定的"适当引用"的特征，且李某在使用原告作品时没有注明出处及作者姓名。虽然在书后"参考文献"一页中注明了网址，但该网站上有大量信息，笼统地罗列网址不能充分说明作者身份，故不能认定已为原告署名。另外，被告还提出，自己所编著的作品可以引用他人作品。根据《著作权法》的规定，编辑作品在创作时仍要取得"原作品的著作权人许可"并向其"支付报酬"。故李某的行为仍然构成侵犯原告著作权。

（3）作品在网络上的转载、复制。此类侵权行为主要表现为网络用户或网站对其他网络用户或网站上的作品的转载、复制等。

天津市公安部门对"吉吉影院"网侵犯著作权案进行调查发现，自2014年6月起，秦某向胡某租赁服务器，设立"吉吉影院"（2016 年 9 月更名为"开心影院"）网站，后未经权利人许可，向公众提供近 7 万部影视作品侵权链接，并通过设置网站弹窗广告、插播广告等方式与百度广告联盟等广告商合作，牟取非法利益。该网站日均访客量达 10 万人次，涉案金额达 4000 余万元，通过广告非法获利近 100 万元。2017 年 8 月，天津市南开区人民法院以侵犯著作权罪，分别判处秦某有期徒刑三年六个月，并处罚金 40 万元；判处胡某有期徒刑一年，并处罚金 2 万元。

6.3.2　网络服务提供商的法律责任

网络著作权侵权行为的实施依赖于网络环境，而该行为的完成也离不开网络服务提供商的直接或间接参与。网络服务提供商即人们通常所说的 ISP（Internet Service Provider），根据提供服务的不同，可以分为多种，其中包括通过设立的网站提供信息服务的网络内容提供商 ICP，如新浪网、雅虎网等。在网络著作权侵权案件中，网络服务提供商作为直接侵权人单独或共同实施侵权行为的，应当承担相应的侵权责任；但网络服务提供商仅仅作为网络服务提供者，例如，甲某将他人享有著作权的作品上传至某网站，供任何人下载时，该网站是否应承担著作权侵权责任需要区分具体情况。

1．网络服务提供商侵权行为的认定

网络服务提供商的侵权行为属于一般侵权行为，适用过错归责原则，也就是网络服务提供商只有在主观上有过错时，才构成侵权。而过错判断的基本标准是网络服务提供商的行为是否达到了应当达到的注意程度，是否违反了相应的注意义务。

根据《电子商务法》《最高人民法院关于审理涉及计算机网络著作权纠纷案件适用法律若干问题的解释》《网络信息传播权保护条例》的相关规定，网络服务提供商的责任认定须遵循"避风港原则"和"红旗原则"。

著作权领域的避风港原则，最早出现在美国 1998 年制定的《数字千年版权法案》（DMCA 法案）中，是指在发生著作权侵权案件时，当网络服务提供商（ISP）只提供空间服务，并不制作网页内容时，如果 ISP 被告知侵权，则有删除的义务，否则就被视为侵权。如果侵权内容既不存储在 ISP 的服务器上，又没有被告知应该删除哪些内容，则 ISP 不承担侵权责任。后来，避风港原则也被扩展应用于提供搜索引擎、网络存储、在线图书馆等服务的提供商处。《电子商务法》明确规定了避风港原则的"通知+反通知"义务，同时细化了知识产权人"通知+删除"的权利和平台"删除+公示"的义务。《信息网络传播权保护条例》也给网络参与者提供了如下的避风港：①数字图书馆的避风港；②远程教育的避风港；③ISP 的避风港；④搜索引擎的避风港；⑤网络存储的避风港。

在适用"避风港原则"的同时，需要通过"红旗原则"予以限制。"红旗原则"是指当有关他人实施侵权行为的事实和情况已经像一面色彩鲜艳的红旗在网络服务提供商面前公然地飘扬，以至于处于相同情况下的理性人都能够发现时，如果 ISP 采取"鸵鸟政策"，即像鸵鸟那样将头深深地埋进沙子里，装作看不见侵权事实，则同样能够认定 ISP 至少"应当知晓"侵权行为的存在。也就是在侵权事实显而易见的情形下，ISP 不得主张"避风港原则"予以脱责，即不能简单地以"不知"或仅凭尽到"通知+删除"义务而主张免责。ISP 有下列义务。

（1）一般注意义务。根据侵权法的一般原理，ISP一般注意义务指的是一个"诚信善良之人"的注意义务。将一个"诚信善良之人"在当时当地及其他同样条件下所达到的注意程度与加害人的注意程度相比较，如果加害人的注意程度达到或超过"诚信善良之人"的注意程度，在法律上就不认为加害人存在过错；如果加害人未能达到"诚信善良之人"的注意程度，在法律上就认为加害人存在过错。

（2）提供加害人登录资料的义务。《最高人民法院关于审理涉及计算机网络著作权纠纷案件适用法律若干问题的解释》第六条规定："提供内容服务的网络服务提供者，对著作权人要求其提供侵权行为人在其网络的注册资料以追究行为人的侵权责任，无正当理由拒绝提供的，人民法院应当根据《民法典》第一百零六条的规定，追究其相应的侵权责任。"《网络信息传播权保护条例》第二十五条规定："网络服务提供者无正当理由拒绝提供或者拖延提供涉嫌侵权的服务对象的姓名（名称）、联系方式、网络地址等资料的，由著作权行政管理部门予以警告；情节严重的，没收主要用于提供网络服务的计算机等设备。"

（3）处理有害信息及通知的义务。知识产权权利人认为其知识产权受到侵害的，有权向电子商务平台经营者发出通知，要求电子商务平台经营者采取删除、屏蔽、断开链接、终止交易和服务等必要措施。通知应当包括构成侵权的初步证据。电子商务平台经营者接到通知后，应当及时采取必要措施，并将该通知转送平台内经营者；未及时采取必要措施的，应当对损害的扩大部分与平台内经营者承担连带责任。知识产权权利人因通知错误给平台内经营者造成损失的，依法承担民事责任。

平台内经营者接到前条规定的通知后，可以向电子商务平台经营者提交保证不存在侵权行为的声明。声明应当包括不存在侵权行为的初步证据。电子商务平台经营者接到声明后，应当及时终止所采取的措施，将该经营者的声明转送发出通知的知识产权权利人，并告知权利人可以向有关部门投诉，或者向人民法院起诉。

根据《网络信息传播权保护条例》第十四条至第十七条的规定："对提供信息存储空间或者提供搜索、链接服务的网络服务提供者，权利人认为其服务所涉及的作品、表演、录音录像制品，侵犯自己的信息网络传播权或者被删除、改变了自己的权利管理电子信息的，可以向该网络服务提供者提交书面通知，要求网络服务提供者删除该作品、表演、录音录像制品，或者断开与该作品、表演、录音录像制品的链接。""网络服务提供者接到权利人的通知书后，应当立即删除涉嫌侵权的作品、表演、录音录像制品，或者断开与涉嫌侵权的作品、表演、录音录像制品的链接，并同时将通知书转送提供作品、表演、录音录像制品的服务对象；服务对象网络地址不明、无法转送的，应当将通知书的内容同时在信息网络上公告。""服务对象接到网络服务提供者转送的通知书后，认为其提供的作品、表演、录音录像制品未侵犯他人权利的，可以向网络服务提供者提交书面说明，要求恢复被删除的作品、表演、录音录像制品，或者恢复与被断开的作品、表演、录音录像制品的链接。""网络服务提供者接到服务对象的书面说明后，应当立即恢复被删除的作品、表演、录音录像制品，或者可以恢复与被断开的作品、表演、录音录像制品的链接，同时将服务对象的书面说明转送权利人。权利人不得再通知网络服务提供者删除该作品、表演、录音录像制品，或者断开与该作品、表演、录音录像制品的链接。"

违反上述义务的，根据《最高人民法院关于审理涉及计算机网络著作权纠纷案件适用法律若干问题的解释》第五条规定："提供内容服务的网络服务提供者，明知网络用户通过网络实施侵犯他人著作权的行为,或者经著作权人提出确有证据的警告,但仍不采取移除侵权内容等措施以消除侵权后果的,人民法院应当根据《民法典》第一百三十条的规定,追究其与该网络用户的共同侵权责任。"

2. 网络服务提供者责任的限制

基于网络服务提供者对侵权信息及行为的控制力,要求网络服务提供者在一定范围内承担侵权责任是合理的。但应当对其责任做出限制,以避免影响网络服务者或因顾虑责任的承担而拒绝提供正常服务,从而影响社会公众利用网络的利益实现。根据《信息网络传播权保护条例》关于网络服务提供者责任认定的规定,下列情况下,网络服务提供者不承担侵权责任。

(1) 网络服务提供者根据服务对象的指令提供网络自动接入服务,或者对服务对象提供的作品、表演、录音录像制品提供自动传输服务,并具备下列条件的,不承担赔偿责任。

① 未选择并且未改变所传输的作品、表演、录音录像制品。

② 向指定的服务对象提供该作品、表演、录音录像制品,并防止指定的服务对象以外的其他人获得。

(2) 网络服务提供者为提高网络传输效率,自动存储从其他网络服务提供者获得的作品、表演、录音录像制品,根据技术安排自动向服务对象提供,并具备下列条件的,不承担赔偿责任。

① 未改变自动存储的作品、表演、录音录像制品。

② 不影响提供作品、表演、录音录像制品的原网络服务提供者掌握服务对象获取该作品、表演、录音录像制品的情况。

③ 在原网络服务提供者修改、删除或屏蔽该作品、表演、录音录像制品时,根据技术安排自动予以修改、删除或屏蔽。

(3) 网络服务提供者为服务对象提供信息存储空间,供服务对象通过信息网络向公众提供作品、表演、录音录像制品,并具备下列条件的,不承担赔偿责任。

① 明确标示该信息存储空间是为服务对象所提供,并公开网络服务提供者的名称、联系人、网络地址。

② 未改变服务对象所提供的作品、表演、录音录像制品。

③ 不知道也没有合理的理由应当知道服务对象提供的作品、表演、录音录像制品侵权。

④ 未从服务对象提供作品、表演、录音录像制品中直接获得经济利益。

⑤ 在接到权利人的通知书后,根据本条例规定删除权利人认为侵权的作品、表演、录音录像制品。

(4) 网络服务提供者为服务对象提供搜索或链接服务,在接到权利人的通知书后,根据本条例规定断开与侵权的作品、表演、录音录像制品的链接的,不承担赔偿责任;但是,明知或应知所链接的作品、表演、录音录像制品侵权的,应当承担共同侵权责任。

(5) 因权利人的通知导致网络服务提供者错误删除作品、表演、录音录像制品,或者错误断开与作品、表演、录音录像制品的链接,给服务对象造成损失的,网络服务提供者不承担赔偿责任,应当由权利人承担赔偿责任。

6.3.3 直播中侵犯他人知识产权的侵权责任

电商直播中未经许可擅自使用他人的音乐作品、绘画作品及摄影作品等,侵犯著作权人的信息网络传播权,按照《著作权法》的有关规定,电商主播及直播平台可能承担侵权责任。直播中销售的商品侵犯他人商标权、外观设计专利权、实用新型专利权、发明专利权的,按照《商标法》及《专利法》的有关规定,作为销售者的商家和电商主播可能承担相应的侵权责任。电子商务平台在收到知识产权权利人的通知后,未及时通知商家、采取限制措施,按照《电子商务法》及《信息网络传播权保护条例》的有关规定,可能承担相应的法律责任。

6.3.4 网络著作权的侵权责任

1. 民事责任

结合《著作权法》的相关规定,侵犯网络著作权的行为承担民事责任的方式主要有4种。

(1)停止侵害。网络著作权被侵害时,相关权利人有权要求侵权行为人停止侵权行为,以防止侵权损害后果的进一步扩大。

(2)消除影响。网络著作权被侵害后,相关权利人有权依法自行要求或诉请人民法院责令侵权行为人在一定范围内澄清事实,以消除人们因侵权行为导致的对被侵权人及其作品或制品的不良影响。

(3)赔礼道歉。网络著作权被侵害后,相关权利人有权依法自行要求或诉请人民法院责令侵权行为人公开承认错误,在适当的场合通过特定的方式向其表示歉意,以取得谅解。

(4)赔偿损失。当网络著作权被侵害并导致相关权利人的财产遭受损失时,相关权利人有权依法自行要求或诉请人民法院裁决判令侵权行为人支付与侵权损失数额相当的金钱,以补偿损失。

2. 行政责任

《著作权法》规定的侵犯网络著作权行为人的行政责任形式包含责令停止侵权行为,没收违法所得,没收、无害化销毁侵权复制品,罚款,没收侵权复制物资、设备。有权实施行政处罚权的部门是中央和地方的著作权行政管理部门。

此外,《信息网络传播权保护条例》第二十五条规定:"网络服务提供者无正当理由拒绝提供或者拖延提供涉嫌侵权的服务对象的姓名(名称)、联系方式、网络地址等资料的,由著作权行政管理部门予以警告;情节严重的,没收主要用于提供网络服务的计算机等设备。"

3. 刑事责任

《刑法》规定了侵犯著作权罪和销售侵权复制品罪。侵犯著作权罪是指以营利为目的,侵犯他人著作权或与著作权有关的权利,违法所得数额较大,或者有其他严重情节的行为。《刑法》第二百一十七条规定了6种侵犯著作权或与著作权有关的权利的行为。

(1)未经著作权人许可,复制发行、通过信息网络向公众传播其文字作品、音乐、美术、视听作品、计算机软件及法律、行政法规规定的其他作品的；

（2）出版他人享有专有出版权的图书的；

（3）未经录音录像制作者许可，复制发行、通过信息网络向公众传播其制作的录音录像的；

（4）未经表演者许可，复制发行录有其表演的录音录像制品，或者通过信息网络向公众传播其表演的；

（5）制作、出售假冒他人署名的美术作品的；

（6）未经著作权人或与著作权有关的权利人许可，故意避开或破坏权利人为其作品、录音录像制品等采取的保护著作权，或者与著作权有关的权利的技术措施的。

侵犯著作权罪的构成要件有两个。一是行为人主观上以营利为目的。行为人是否为牟取非法利益而侵害他人著作权，是区分罪与非罪的界限之一。二是客观上违法者所涉违法数额较大或其他情节严重。

构成侵犯著作权罪的，处三年以下有期徒刑，并处或单处罚金；情节特别严重的，处三年以上十年以下有期徒刑，并处罚金。

销售侵权复制品罪是指以营利为目的，销售明知是《刑法》第二百一十七条规定的侵权复制品，违法所得数额巨大或有其他严重情节的，处五年以下有期徒刑，并处或单处罚金。

2017年7月至2019年3月，陈某受境外人员"野草"委托，招募七人组建"鸡组工作室"QQ聊天群，通过远程登录境外服务器，从其他网站下载后转化格式，或者通过云盘分享等方式获取《流浪地球》等2019年春节档电影在内的影视作品2425部，再将远程服务器上的片源上传至云转码服务器进行切片、转码、添加赌博网站广告及水印、生成链接，后将上述链接发布至多个盗版影视资源网站，为"野草"更新维护上述盗版影视资源网站。期间，陈某收到"野草"提供的运营费用共计1250余万元，陈某个人获利约50万元，其余七人获利1.8万元至16.6万元。人民法院依法判处陈某等八人有期徒刑，并处罚金，追缴违法所得。

以案解法

素养小课堂：知识产权保护

1. 作品是指文学、艺术和科学领域内具有独创性并能以某种有形形式复制的智力成果。这种智力创造成果应当包括能够在一定的时间内以数字代码形式固定在磁盘或光盘等有形载体上并保持稳定的状态，为社会公众直接或借助机器所感知、复制。本案所涉网站页面虽然使用的颜色、文字、信息等处于公知领域，但设计者将该页面的颜色、文字、图标以数字化的方式加以特定的组合，并以数字化形式发表并固定在计算机硬盘上，可为社会公众借助联网主机所接触，给人以视觉上的美感，此不属于简单的对事实的排列，而是作者独特构思的体现和智慧的结晶，具有独创性、可复制性。根据《最高人民法院关于审理涉及计算机网络著作权纠纷案件适用法律若干问题的解释》第二条的规定，本案争诉之网页符合作品的构成要件，应受《著作权法》保护。

2. 著作人身权与著作财产权的区别如表6.1所示。本案所诉涉及著作权的财产权。

表6.1 著作人身权与著作财产权的区别

著作人身权		著作财产权	
种类	含义	种类	含义
发表权	决定作品是否公之于众的权利	复制权	复制作品的权利
署名权	表明作者身份，在作品上署名的权利	发行权	以出售或赠予方式向公众提供作品的原件或者复制件的权利
修改权	修改或授权他人修改作品的权利	信息网络传播权	以有线或无线方式向公众提供作品，使公众在其个人选定的时间和地点获得作品的权利
保护作品完整权	保护作品不受歪曲和篡改的权利		

3. 西部旅行社的行为不属于对作品的合理使用。

网络著作权的合理使用必须符合三个条件：一是被使用的作品必须已经发表；二是使用作品必须是出于非商业用途；三是尊重著作权人的著作人身权，使用作品时应指明作者姓名、作品名称、作品出处等。西部旅行社本身是市场经营活动主体，其在网页上显示酒店价格、机票价格、汽车租赁价格、公司简介等信息，具有商业目的，这种行为不属于对作品的合理使用。

4. 西部旅行社的行为构成了侵权。

网络著作权侵权行为是指发生在网络环境中的各种侵害他人著作权的行为，包括未经著作权人许可或无法律依据擅自上传、下载或在网络上以其他不正当的方式行使由著作权人享有的权利的各种行为。

网络著作权侵权行为的构成要件包括损害、加害行为，损害、加害行为与损害之间的因果关系，行为人主观上有过错3个构成要件。

5.《著作权法》第五十二条规定："有下列侵权行为的，应当根据情况，承担停止侵害、消除影响、赔礼道歉、赔偿损失等民事责任：

"（一）未经著作权人许可，发表其作品的；

"（二）未经合作作者许可，将与他人合作创作的作品当作自己单独创作的作品发表的；

"（三）没有参加创作，为谋取个人名利，在他人作品上署名的；

"（四）歪曲、篡改他人作品的；

"（五）剽窃他人作品的；

"（六）未经著作权人许可，以展览、摄制视听作品的方法使用作品，或者以改编、翻译、注释等方式使用作品的，本法另有规定的除外；

"（七）使用他人作品，应当支付报酬而未支付的；

"（八）未经视听作品、计算机软件、录音录像制品的著作权人、表演者或者录音录像制作者许可，出租其作品或者录音录像制品的原件或者复制件的，本法另有规定的除外；

"（九）未经出版者许可，使用其出版的图书、期刊的版式设计的；

"（十）未经表演者许可，从现场直播或者公开传送其现场表演，或者录制其表演的；

"（十一）其他侵犯著作权以及与著作权有关的权益的行为。"

《著作权法》第五十三条规定："有下列侵权行为的，应当根据情况，承担本法第五十二条规定的民事责任；侵权行为同时损害公共利益的，由主管著作权的部门责令停止侵权行为，予以警告，没收违法所得，没收、无害化销毁处理侵权复制品以及主要用于制作侵权复制品的材料、工具、设备等，违法经营额五万元以上的，可以并处违法经营额一倍以上五倍以下的罚款；没有违法经营额、违法经营额难以计算或者不足五万元的，可以并处二十五万元以下的罚款；构成犯罪的，依法追究刑事责任：

"（一）未经著作权人许可，复制、发行、表演、放映、广播、汇编、通过信息网络向公众传播其作品的，本法另有规定的除外；

"（二）出版他人享有专有出版权的图书的；

"（三）未经表演者许可，复制、发行录有其表演的录音录像制品，或者通过信息网络向公众传播其表演的，本法另有规定的除外；

"（四）未经录音录像制作者许可，复制、发行、通过信息网络向公众传播其制作的录音录像制品的，本法另有规定的除外；

"（五）未经许可，播放、复制或者通过信息网络向公众传播广播、电视的，本法另有规定的除外；

"（六）未经著作权人或者与著作权有关的权利人许可，故意避开或者破坏技术措施的，故意制造、进口或者向他人提供主要用于避开、破坏技术措施的装置或者部件的，或者故意为他人避开或者破坏技术措施提供技术服务的，法律、行政法规另有规定的除外；

"（七）未经著作权人或者与著作权有关的权利人许可，故意删除或者改变作品、版式设计、表演、录音录像制品或者广播、电视上的权利管理信息的，知道或者应当知道作品、版式设计、表演、录音录像制品或者广播、电视上的权利管理信息未经许可被删除或者改变，仍然向公众提供的，法律、行政法规另有规定的除外；

"（八）制作、出售假冒他人署名的作品的。"

网络环境中的著作权侵权行为同样适用于上述规定。

6. 网站的页面设计不属于简单的对事实的排列，而是作者独特构思的体现和智慧的结晶，具有独创性、可复制性，符合作品的构成要件，属于作品的范畴，应受《著作权法》保护。

以案用法

2017年年初，担任上海回龙网络技术发展有限公司（以下简称"回龙公司"）法定代表人的被告柳某伙同同在该公司工作的被告吴某，为牟取非法利益，联系他人成立佳与兴信息科技有限公司（以下简称"佳与兴公司"），并招揽曾在回龙公司工作的多名员工进入佳与兴公司工作。佳与兴公司在未经授权许可的情况下，组织人员非法复制回龙公司开发的用于互联网运营的"回龙学苑"3.0版软件，制成一款名为"家育星"的软件。佳与兴公司后又通过互联网运营，招揽代理商并向代理商出售该软件的点卡牟利。

经营期间，被告金某、娄某、孙某等6名曾在回龙公司工作的人员，明知系非法复制软件活动，仍根据被告柳某及吴某的安排，复制"回龙学苑"3.0版软件服务器端及客户端程序下的大量文件，制成并运营"家育星"软件。经鉴定，"回龙学苑"3.0版软件与"家育星"软件在各自服务器端程序及客户端程序上均存在实质性相似；仅2018

年 5 月至同年 12 月期间，被告柳某等 8 人结伙以佳与兴公司名义运营"家育星"软件获取的非法收入累计达 100 万余元。

2017 年 9 月 30 日，上海徐汇区人民检察院依法对柳某等 8 人侵犯著作权案提起公诉，2018 年 7 月 25 日，徐汇区人民法院以侵犯著作权罪，分别判处被告人柳某、吴某、娄某有期徒刑三年至六个月、缓刑一年不等，各并处罚金十万元至一万元不等；其余被告人被免予刑事处罚。柳某等被告人提出上诉，2019 年 5 月 20 日，上海市人民法院二审维持原判。

请分析：

1. "回龙学苑" 3.0 版软件是否属于网络著作权的客体及具备的条件？属于网络著作权客体的哪种形式？

2. 什么是网络著作权侵权行为？其表现形式有哪些？柳某等人的侵权行为属于哪一种？

3. 被告应该承担什么侵权责任？为什么？

4. 如果涉及网络服务提供商，那么网络服务提供商的义务有哪些？

思考练习题

一、判断对错，并将错处改正

1. 网络著作权客体的一般形式是数字化作品。（   ）
2. 网络著作权客体的特殊形式是网络作品。（   ）
3. 著作人身权的保护期不受时间限制。（   ）
4. 著作财产权的保护期不受时间限制。（   ）
5. 网络著作权的侵权行为适用过错责任原则。（   ）
6. 一般而言，著作财产权具有永久性、不可分割性和不可剥夺性的特点。（   ）
7. 著作权的限制制度主要针对著作财产权而设立。（   ）
8. 报纸、杂志上发表的作品或网络上传播的作品（时事新闻等特定内容除外），未经著作权人的许可不得在网络上进行转载、摘编。（   ）
9. 网络著作权的合理使用与其他对著作权权利限制制度相比，其显著特征是"无须经著作权人许可"和"无须指明作者姓名、作品名称及出处等"。（   ）

二、多项选择题

1. 以下属于网络作品著作财产权的有（   ）。
   A. 发行权　　B. 发表权　　C. 出租权　　D. 信息网络传播权
   E. 修改权　　F. 保护作品完整权

2. 以下属于网络作品著作精神权的有（   ）。
   A. 发行权　　B. 发表权　　C. 出租权　　D. 信息网络传播权
   E. 修改权　　F. 保护作品完整权

3. 以下关于"著作权的合理使用"的叙述中，正确的有（   ）。
   A. 其主体范围是表演者、录音制作者、广播组织、报刊社

B．无主体范围的限制

C．不必向著作权人支付报酬

D．著作权人声明不许使用的，不得使用

E．必须注明作者姓名、作品名称

F．只能使用他人已经发表的作品

4．著作权许可使用合同应包括的内容有（　　　）。

A．许可使用的权利种类

B．许可使用的权利是专有使用权或非专有使用权

C．被许可方经营业绩

D．许可方信誉

E．许可使用的地域范围、期间

F．付酬标准和办法

G．违约责任

5．网上作品作者的经济权利主要包括以下哪些权利？（　　　）

A．网络复制权　　　　　　　　B．网络发行权

C．网络出租权　　　　　　　　D．信息网络传播权

6．根据《著作权法》的有关规定，著作财产权包括十多项具体的权利。其中，与网络环境中著作财产权的行使有密切联系的包括（　　　）。

A．发行权　　B．摄制权　　C．复制权　　D．信息网络传播权

E．修改权　　F．表演权

三、填表题

著作权法定许可与著作权合理使用的区别

区　别	著作权法定许可	著作权合理使用
主体范围		
是否付报酬		
有无附加条件		

四、问答题

1．简述网络著作权的概念。

2．网络著作权保护的客体有哪些？

3．网络著作权的合理使用有哪些情形？

4．如何理解网络著作权的默示许可？

5．简述网络著作权侵权行为的概念及构成要件。

6．网络著作权侵权责任的类型有哪些？

7．如何界定网络服务提供商的法律责任？

8．网络著作权的合理使用、法定许可、强制许可及默示许可有哪些区别与联系？

9．第三次修订的《著作权法》，主要在哪些方面做了修订？

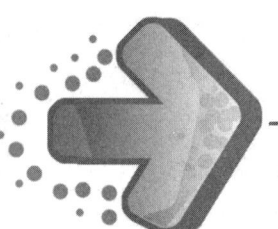

第 7 章

电子商务中消费者权益保护法律制度

导入案例

消费者权益保护

2018年3月15日,央视"3·15"晚会报道了共享单车押金难退问题,仅酷骑单车接到的消费投诉就超20万次。从2017年8月中旬开始,全国多地就相继曝出酷骑单车押金难退的问题。8月底,酷骑单车发声明解释,新功能上线导致押金不能及时到账,并承诺9月解决押金难退的问题。9月,酷骑单车又回应称押金不能及时到账是因为技术升级。9月22日,酷奇单车发布内部信,称由于资金紧张可能影响公司的正常运营,并让员工自愿选择去留。酷骑单车创始人高唯伟对此回应称,酷骑单车最近要被全资收购,两方公司有业务和人员重叠的地方,所以要进行人员优化,而不是外界所谓的裁员,但具体收购信息高唯伟表示不方便透露。11月20日,酷骑单车发布关于单车后续使用及退押金事宜的通知,称后续的单车管理和运维工作将委托给四川拜客科技;想要继续使用酷骑单车的用户可以通过四川拜客科技提供的小程序实现免押金用车;而外界最为关注的押金难退问题,用户也可以通过现场和电话两种方式进行退款。但通知发布后至今仍有大量用户无法退款。

以案问法

通过阅读导入案例,请思考以下问题。
1. 共享单车的押金属于什么性质?
2. 本案中是否存在侵犯消费者权利的行为?说明理由。
3. 本案的侵权责任应由谁承担?为什么?
4. 结合本案例,分析目前共享单车应该怎么对待用户的押金问题。
5. 作为消费者,请思考如何在全社会营造"尊法、学法、守法、用法"的良好氛围。

《消费者权益保护法》于1993年10月31日在第八届全国人大常委会第四次会议上通过,根据2009年8月27日第十一届全国人大常委会第十次会议《关于修改部分法律的决定》第一次修正，根据 2013 年 10 月 25 日第十二届全国人大常委会第五次会议《关于修改＜中华人民共和国消费者权益保护法＞的决定》第二次修正，2013 年 10 月 25 日中华人民共和国主席令第七号公布，自 2014 年 3 月 15 日起施行。

最新修正的《中华人民共和国消费者权益保护法》共八章、六十三条，分别为：第一章总则，第二章消费者的权利，第三章经营者的义务，第四章国家对消费者合法权益的保护，第五章消费者组织，第六章争议的解决，第七章法律责任，第八章附则。

7.1 消费者安全权的法律保护

7.1.1 电子商务中消费者安全权实现存在的问题

《消费者权益保护法》第七条规定："消费者在购买、使用商品和接受服务时享有人身、财产安全不受损害的权利。消费者有权要求经营者提供的商品和服务，符合保障人身、财产安全的要求。"第十八条规定："经营者应当保证其提供的商品或者服务符合保障人身、财产安全的要求。对可能危及人身、财产安全的商品和服务，应当向消费者作出真实的说明和明确的警示，并说明和标明正确使用商品或者接受服务的方法以及防止危害发生的方法。宾馆、商场、餐馆、银行、机场、车站、港口、影剧院等经营场所的经营者，应当对消费者尽到安全保障义务。"

相对于传统交易，电子商务具有交易主体虚拟化，部分网上交易对象无纸化、信息化、数字化，支付手段电子化、高度信用化，交易全球化等特点，这些特点使经营者与消费者之间的力量对比更加悬殊，消费者的权益更易受到侵害。消费者安全权是《消费者权益保护法》赋予消费者的最基本的权利，消费者安全权被侵害是电子商务中面临的最大的问题，主要体现在人身安全和财产安全两方面，重点在产品质量的安全和使用网络服务的安全。

1. 人身安全问题

人身安全权是指消费者在网上所购买的物品不会使自己的生命和健康受到威胁的权利。现在网络商店提供的商品种类越来越多样化，消费者选购的范围也越来越广，这就要求网络商品的提供者要保障商品的质量安全。与传统的消费者一样，从网上购买商品的消费者也有获得质量合格的商品的权利。质量不合格的商品会给消费者的人身带来损害，例如，从网上购买的食品过期或变质，就很可能损害消费者的健康；从网上购买的家用电器缺乏安全保障，一旦出事就会给消费者带来人身伤害。损害消费者的生命和健康，侵犯消费者的人身安全权，也与《消费者权利保护法》和《民法典》的相关规定相违背，会令消费者丧失对网上购物的信心。

2. 财产安全问题

财产安全权是指消费者的财产不受侵害的权利。在传统交易中，整个交易过程都是在经营者提供的场所内进行的，经营者有义务为消费者提供安全的消费环境。然而在电子商务模式下，交易行为的完成需要交易双方、银行、快递公司等多个主体的参与，整个交易过程也是在开放网络上进行的。病毒攻击、黑客入侵、信用卡欺诈等问题时有发生，这不仅严重威胁了消费者的财产安全,也制约了电子商务的发展。

3. 产品质量安全问题

随着电子商务的快速发展,加入的经营者数量不断增加,所涉及的行业种类也越来越多。在虚拟化的交易方式中,消费者无法见到经营者,也不能直接接触将要购买的商品,只能通过经营者公布的网页信息了解有关商品和服务的具体情况,或者借助及时通信工具,消费者也难免处于被动状态。消费者在收到货物后才发现与经营者所宣传的不完全符合,或者由于商品本身的特性,一些特征无法通过网络直观感受到;消费者购买或使用后才发现商品存在质量安全问题,即使可以"七日无理由退货",也需要花费时间、精力去办理,面临诸多麻烦。

信息产品不安全也属于产品质量问题,而且更不容易界定。信息产品可能本身存在质量问题,造成消费者的计算机或网络系统不安全、不稳定或易受攻击,也可能携带或在网上传输过程中感染病毒,给消费者带来财产损失。信息产品安全需要达到什么程度,特殊的信息产品(如防火墙、杀毒软件)能够给消费者带来什么安全,目前法律上还没有清楚的界定。

在2021年由国家互联网信息办公室等7部门联合颁布的《网络直播营销管理办法(试行)》中,对电商直播中涉及的人身财产安全即产品质量安全做出规定:"直播间运营者、直播营销人员从事网络直播营销活动,应当遵守法律法规和国家有关规定,遵循社会公序良俗,真实、准确、全面地发布商品或服务信息,不得营销假冒伪劣、侵犯知识产权或不符合保障人身、财产安全要求的商品。"

4. 使用网络服务的安全问题

《中华人民共和国网络安全法》(以下简称《网络安全法》)已于2017年6月1日起施行,适用于在中华人民共和国境内建设、运营、维护和使用网络,以及网络安全的监督管理。《网络安全法》全文共七章、七十九条,包括总则、网络安全支持与促进、网络运行安全、网络信息安全、监测预警与应急处置、法律责任及附则。其中,第二章网络安全支持与促进及第五章监测预警与应急处置主要涉及国家机关的法定权责,而企业的责任和义务则集中规定在第三章和第四章从第二十一条到第五十条的法条中,经过梳理后,可以将其分为网络运行安全保护、个人信息保护、协助、报告三类责任。

7.1.2 电子商务中消费者安全权的保护

《电子商务法》对电子商务经营者提出了明确要求,第十三条规定:"电子商务经营者销售的商品或者提供的服务应当符合保障人身、财产安全的要求和环境保护要求,不得销售或者提供法律、行政法规禁止交易的商品或者服务。"第三十八条对电子商务平台经营者进一步规定:"电子商务平台经营者知道或者应当知道平台内经营者销售的商品或者提供的服务不符合保障人身、财产安全的要求,或者有其他侵害消费者合法权益行为,未采取必要措施的,依法与该平台内经营者承担连带责任。对关系消费者生命健康的商品或者服务,电子商务平台经营者对平台内经营者的资质资格未尽到审核义务,或者对消费者未尽到安全保障义务,造成消费者损害的,依法承担相应的责任。"

1. 安全、可靠的支付手段是保护消费者安全权的关键

付款方式包括传统付款（邮寄、银行汇票、转账）和电子付款。电子付款可理解为以电子形式储存于芯片或计算机网络的货币价值，其类型包括电子资金划拨（EFT）、信用卡、电子现金等。目前能够保障电子资金安全支付的技术系统是 VISA 国际组织和 Master Card 组织共同制定的基于信用卡交易的技术标准，其增加了对网上经营商店的身份认证，具有更可靠的保证，但并不能完全杜绝网上账户的盗用和消费者个人资料的被窃和肆意公布。目前，各国对电子货币监管的对策大致有以下几种：①立法方式，通过立法增加强制性规定，拟定法定合同条款；②行政方式，建立行政主管机关对标准合同的事先审核或事后监管制度；③司法方式，由法院审核格式合同条款的效力；④由行业协会指定自律规则；⑤建立消费者权益保护组织；⑥强化舆论监督。

2. 技术与制度的有机结合是保护消费者安全权的又一利器

目前国际通用的安全技术机制包括防火墙技术、加解密技术、电子签名、身份认证等。但如何将上述技术制度化，确认其法律地位、法律效力和相关当事人的法律责任则是颇为复杂和值得研究的问题。如电子签名是以电子形式存在，依附于电子文件并与其逻辑相关，用以辨别电子文件签署者身份，传达签署者接受文件的意愿约束的符号。贸法会《电子签名示范法》、新加坡《电子交易法》均赋予电子文件以合法效力和诉讼中的证据效力。我国于 2004 年 8 月 28 日第十届全国人大常委会第十一次会议表决通过《电子签名法》，并于 2005 年 4 月 1 日起施行，首次赋予可靠的电子签名与手写签名或盖章具有同等的法律效力，并明确了电子商务认证服务的市场准入制度。电子商务认证是配合电子签名由权威的具有公信力的第三方即 CA 进行安全认证的制度，它能解决电子签名技术无法解决的信用问题，鉴于其在电子商务中扮演安全卫士的特殊角色，对 CA 的资格审批、撤销需要严格立法，同时应明确 CA 与申请人及参与交易者之间的权利义务关系，规范 CA 承担的法律责任。

近年来，第三方支付账户被盗刷的案件频发。一些互联网机构只强调快捷而忽视安全，没有履行好对消费者的安全保障义务，导致消费者出现在非自身原因下资金被盗刷的情况。对普通金融消费者而言，在选择支付产品与服务时，应尽量使用安全性与便捷性有机统一的机构与产品。不必输入密码，用手指轻松一点就完成支付，这种简单、便捷的支付方式已经不再新鲜。然而，支付风险也随之而来。第三方支付在为消费者提供高效率支付方式的同时，该如何保障消费者的资金安全？

实际上，《消费者权益保护法》第二十八条规定已明确指出："采用网络、电视、电话、邮购等方式提供商品或者服务的经营者，以及提供证券、保险、银行等金融服务的经营者，应当向消费者提供经营地址、联系方式、商品或者服务的数量和质量、价款或者费用、履行期限和方式、安全注意事项和风险警示、售后服务、民事责任等信息。"

非银行支付机构尤其是行业领先的支付机构，更要充分考虑到自身对于零售支付体系的重要性，不断优化自身的安全标准与意识。同时，监管部门和行业协会在支付业务功能监管、支付技术标准与规则完善等方面也应做好文章，尽快推动各类新型电子支付的标准化发展。

7.1.3 侵犯消费者安全权的法律责任

（1）卖家侵权，平台承担连带责任。《电子商务法》第三十八条第一款规定："电子商务平台经营者知道或者应当知道平台内经营者销售的商品或者提供的服务不符合保障人身、财产安全的要求，或者有其他侵害消费者合法权益行为，未采取必要措施的，依法与该平台内经营者承担连带责任。"

（2）未尽到安全保障义务，平台承担相应的责任。《电子商务法》第三十八条第二款规定："对关系消费者生命健康的商品或者服务，电子商务平台经营者对平台内经营者的资质资格未尽到审核义务，或者对消费者未尽到安全保障义务，造成消费者损害的，依法承担相应的责任。"

（3）侵权售假未保障安全的，最高罚 200 万元。《电子商务法》第八十二条规定："电子商务平台经营者违反本法第三十八条规定，对平台内经营者侵害消费者合法权益行为未采取必要措施，或者对平台内经营者未尽到资质资格审核义务，或者对消费者未尽到安全保障义务的，由市场监督管理部门责令限期改正，可以处五万元以上五十万元以下的罚款；情节严重的，责令停业整顿，并处五十万元以上二百万元以下的罚款。"

7.2 消费者隐私权和知情权的法律保护

7.2.1 隐私权和知情权概述

1. 隐私权

自 1890 年美国律师科伦和布兰迪斯联名发表《隐私权》一文以来，隐私权就逐渐在法律领域占据一席之地，不仅在英美法系国家得以确立其基本权利的地位，在大陆法系国家也被认为其是属于人格权的重要内容之一，并成为一项受到普遍尊重的国际人权。

（1）隐私权的概念。在理论界，对于隐私的定义目前有两种解释：一种认为隐私为私人生活秘密或私生活秘密，即私人生活安宁不受他人非法干扰，私人信息保密不受他人非法收集、刺探和公开等；另一种认为，隐私的内容应该包括个人信息的保密、个人生活不受干扰、个人私事决定的自由。从这个意义上看，隐私实际上是无关公告利益的个人的"私事"，同时还表现为个人生活不受外来力量干涉、干扰、侵犯而形成的自由空间（又称个人领域）。

由于对隐私的理解不一样，对隐私权的定义也就存在差异。隐私权有狭义和广义之分。狭义的隐私权是指公民享有的私人生活安宁与私人信息依法受到保护，不被他人非法侵扰、知悉、搜索、利用和公开等的一种人格权。

广义的隐私权包括三方面的内容：第一，对个人资料的支配权、利用权和维护权；第二，个人私事或私生活的隐蔽或隐瞒权；第三，保持个人生活和领域不受干扰和侵犯的权利。对个人资料的权利既包括积极支配、利用个人资料的权利，也包括防止他人利用、侵犯的消极权利。但不管哪种权利均与个人的信息、资料有关，一种是积极利用信息、资料，另一种是维护信息资料、防止他人利用和滥用。第一种权利能够给权利人带来某种积极利益或财产利益；第二种权利涉及给个人人格尊严、名誉等造成不利影响的私事或个人资料的不当披露；第三种权利旨在使个人保持独立、自主、自由的生活空间或领域，后两种权利，只是要求他人不作为、不披露、不公开、不侵犯和不干扰等，理论上称为消极的隐私权。

《民法典》规定："自然人享有隐私权。隐私是自然人的私人生活安宁和不愿为他人知晓的私密空间、私密活动、私密信息。"上述规定意味着除法律法规另有规定或当事人同意外，自然人有权要求其他组织或个人不得实施侵扰私人生活安宁的行为，不得窥探私密空间、私密活动、私密信息等。具体而言，自然人可以禁止他人通过电话、短信、即时通信工具、电子邮件、传单等方式侵扰自己的生活安宁。自然人还可以禁止他人通过进入、拍摄、窃听、窥视、处理等方式，实施对私密活动、私密空间、私密部位、私密信息的侵害。发生侵害自然人安宁或私密空间、活动、私密信息的事件时，自然人可以提供证据证明其违法行为，向人民法院申请采取责令行为人停止有关行为的措施，还可以请求损害赔偿。

现代信息技术和网络技术大大增加了消费者隐私权被侵犯的概率，并带来了许多新问题。网络环境下，人们可以通过交互式、可调的宽频带通信网络，自己完成教育、娱乐、购物行为，甚至接受医疗保健、储蓄、参与政府事务，如果这些都在单一网络上进行，就有可能产生新的隐私权问题。

（2）隐私权的内容。隐私权作为一种独立的人格权，属于支配权的范畴，其主要内容包括以下四点。

①隐私保有权，是指权利人对其与社会公共利益无关的个人隐私享有并保持隐瞒的权利；②隐私知悉权，是指权利人依法获知掌握其个人隐私信息资料的权利；③隐私使用权，是指权利人依法在不违背社会公共利益的前提下，利用隐私或允许他人利用隐私，以满足自身或他人的物质精神需求的权利；④隐私公开权，是指权利人有决定自己的隐私是否公开、何时公开及以何种方式、何种程度公开的权利。

（3）隐私权保护的法律基础。《宪法》第三十八条规定："中华人民共和国公民的人格尊严不受侵犯。禁止用任何方法对公民进行侮辱、诽谤和诬告陷害。"人格尊严是公民的基本权利，包括名誉、肖像、隐私等内容。本条虽然没有明确地规定隐私权，但是人格尊严本身的内涵为公民隐私权的其他立法和司法解释留下了广阔的空间。《宪法》第三十九条规定："中华人民共和国公民的住宅不受侵犯。"这实际上是规定了公民的个人生活安宁权。《宪法》第四十条规定："中华人民共和国公民的通信自由和通信秘密受法律的保护。"这两种权利都是个人信息保护权的重要组成部分。

《民法典》第九百九十条规定："人格权是民事主体享有的生命权、身体权、健康权、姓名权、名称权、肖像权、名誉权、荣誉权、隐私权等权利。除前款规定的人格权外，自然人享有基于人身自由、人格尊严产生的其他人格权益。"《民法典》在规定了上述人格权之后，还专门规定了个人信息权，第一千零三十四条规定："自然人的个人信息受法律保护。个人信息是以电子或者其他方式记录的能够单独或者与其他信息结合识别特定自然人的各种信息，包括自然人的姓名、出生日期、身份证件号码、生物识别信息、住址、电话号码、电子邮箱、健康信息、行踪信息等。个人信息中的私密信息，适用有关隐私权的规定；没有规定的，适用有关个人信息保护的规定。"

目前已有 90 多个国家和地区制定了关于保护个人隐私的法律，1995 年，欧盟议会和欧盟理事会发布《关于涉及个人数据处理的个人保护及此类数据自由流动的 95/46/EC 指令》（简称《欧盟数据保护指令》），并于 2002 年颁布了《关于电子通信领域个人数据处理和隐私保护的 2002/58/EC 指令》(简称《欧盟电子隐私指令》)。1978 年，法国颁布关于数据处理、数据文件及人身自由的《信息技术与自由法案》，规定收集、处理、使用个人数据，不得损害数据主体的人格、身份及私生活等。英国在 1984 年制定了《数据保护法》，并在 1998 年进行了修订，强调搜集个人信息必须征得有关个人的同意，必须采取安全措施，防止个人数据未经许可而被扩散、更改、透露或销毁等。2003 年起，日本先后颁布了《个人信息保护法》《行政机关持有的个人信息保护法》《独立行政法人等持有的个人信息保护法》《信息公开、个人信息保护审查会设置法》《<行政机关持有个人信息保护法>等相关法律实施的完善》等。此外，德国 1977 年制定、2009 年修订的《联邦数据保护法》，加拿大 2000 年制定、2011 年修订的《个人信息保护与电子文件法》，新加坡 2012 年制定的《个人数据保护法》，韩国 1995 年制定、1999 年和 2011 年修订的《公共机关个人信息保护法》，都是个人信息保护的相关法律。

《中华人民共和国个人信息保护法》于 2021 年 8 月 20 日通过、自 2021 年 11 月 1 日起施行，与前述世界各国制定的个人信息保护法同属于一个体系。该法第二十八条、二十九条规定："敏感个人信息包括生物识别、宗教信仰、特定身份、医疗健康、金融账户、行踪轨迹等信息，以及不满十四周岁未成年人的个人信息。只有在具有特定的目的和充分的必要性，并采取严格保护措施的情形下，个人信息处理者方可处理敏感个人信息。""处理敏感个人信息应当取得个人的单独同意；法律、行政法规规定处理敏感个人信息应当取得书面同意的，从其规定。"

2. 知情权

知情权，又称知的权利、知悉权、资讯权、信息权或了解权，其基本含义是指公民有权知道自己应该知道的，国家应最大限度地确认和保障公民的知悉、获取信息的权利，尤其是政务信息的权利。美国印第安纳(Indiana)大学教授 Ralph L.Holsinger 在其 *Media Law*（传媒法）中指出："正如宪法序言中所宣称的，宪法建立了一个人民的政府。于是，我们很容易假定宪法文件的部分创始人包含着这样的意图，即人们有权了解政府的信息。毕竟，如果人们准备对如何接受管理做一个明智的选择，他们就必须首先了解政府及政府人员执行公务的有关信息。这种思想在今天就体现为'知情权'。"由此可知，知情权作为政治民主化的一种必然要求和结构，首先是公法领域内的概念。现今，随着知情权作为一项独立权利的发展演变，其外延已不断扩大，不仅涉及公法领域，还涉及私法领域，如消费者知情权便是知情权扩展至司法领域的具体表现。

（1）知情权的概念。知情权的概念有广义与狭义之分，广义的知情权是指知悉、获取信息的自由与权利，包括从官方或非官方知悉、获取相关信息。狭义的知情权仅指知悉、获取官方信息的自由与权利。随着知情权外延的不断扩展，知情权既有公法权利的属性，也有民事权利的属性，特别是对个人信息的知情权，是公民作为民事主体所必须享有的人格权的一部分，而狭义的知情权仅指公法领域内的一项政治权利，故现在的知情权概念一般是指广义的知情权。

（2）消费者的知情权。《消费者权益保护法》第八条明确规定："消费者享有知悉其购买、使用的商品或者接受的服务的真实情况的权利。消费者有权根据商品或者服务的不同情况，要求经营者提供商品的价格、产地、生产者、用途、性能、规格、等级、主要成份、生产日期、有效期限、检验合格证明、使用方法说明书、售后服务，或者服务的内容、规格、费用等有关情况。"并且根据《中华人民共和国产品质量法》(以下简称《产品质量法》)第二十七条规定:"产品或者其包装上的标识必须真实,并符合下列要求:

"(一)有产品质量检验合格证明;

"(二)有中文标明的产品名称、生产厂厂名和厂址;

"(三)根据产品的特点和使用要求,需要标明产品规格、等级、所含主要成份的名称和含量的,用中文相应予以标明;需要事先让消费者知晓的,应当在外包装上标明,或者预先向消费者提供有关资料;

"(四)限期使用的产品,应当在显著位置清晰地标明生产日期和安全使用期或者失效日期;

"(五)使用不当,容易造成产品本身损坏或者可能危及人身、财产安全的产品,应当有警示标志或者中文警示说明。

"裸装的食品和其他根据产品的特点难以附加标识的裸装产品,可以不附加产品标识。"

在传统交易中,消费者可以现场看货、验货并咨询相关信息,有效保证在确切了解了商品的前提下做出购买决定。而在网上交易中,消费者无法实际查验商品,也无法直接询问卖主,其购买决定完全依赖于经营者单方披露的信息。因此,法律对电子商务经营者在经营者信息、交易信息的披露义务方面提出了明确要求。《电子商务法》第十五条规定:"电子商务经营者应当在其首页显著位置,持续公示营业执照信息、与其经营业务有关的行政许可信息、属于依照本法第十条规定的不需要办理市场主体登记情形等信息,或者上述信息的链接标识。前款规定的信息发生变更的,电子商务经营者应当及时更新公示信息。"第十六条规定:"电子商务经营者自行终止从事电子商务的,应当提前三十日在首页显著位置持续公示有关信息。"第十七条规定:"电子商务经营者应当全面、真实、准确、及时地披露商品或者服务信息,保障消费者的知情权和选择权。电子商务经营者不得以虚构交易、编造用户评价等方式进行虚假或者引人误解的商业宣传,欺骗、误导消费者。"

《网络直播营销管理办法(试行)》第十八条明确规定:"直播间运营者、直播营销人员从事网络直播营销活动,应当遵守法律法规和国家有关规定,遵循社会公序良俗,真实、准确、全面地发布商品或服务信息,不得有下列行为:

"(一)违反《网络信息内容生态治理规定》第六条、第七条规定的;

"(二)发布虚假或者引人误解的信息,欺骗、误导用户;

"(三)营销假冒伪劣、侵犯知识产权或不符合保障人身、财产安全要求的商品;

"(四)虚构或者篡改交易、关注度、浏览量、点赞量等数据流量造假;

"(五)知道或应当知道他人存在违法违规或高风险行为,仍为其推广、引流;

"(六)骚扰、诋毁、谩骂及恐吓他人,侵害他人合法权益;

"(七)传销、诈骗、赌博、贩卖违禁品及管制物品等;

"(八)其他违反国家法律法规和有关规定的行为。"

同时,《网络直播营销管理办法(试行)》第二十一条也规定:"直播间运营者、直播营销人员应当依据平台服务协议做好语音和视频连线、评论、弹幕等互动内容的实时管理,不得以删除、屏蔽相关不利评价等方式欺骗、误导用户。"

7.2.2 个人信息隐私权的保护

1. 个人信息

个人信息,也称"个人资料",涉及范围非常广泛,包括一切有关个人身份、生理、思想、生活习惯、社会关系等方面的信息。《民法典》第一千零三十四条规定:"个人信息是以电子或者其他方式记录对能够单独或者与其他信息结合识别特定自然人的各种信息,包括自然人的姓名、出生日期、身份证件号码、生物识别信息、住址、电话号码、电子邮箱、健康信息、行踪信息等。"

《中华人民共和国个人信息保护法》第四条至第十条规定:"个人信息是以电子或者其他方式记录的与已识别或者可识别的自然人有关的各种信息,不包括匿名化处理后的信息。个人信息的处理包括个人信息的收集、存储、使用、加工、传输、提供、公开、删除等。""处理个人信息应当遵循合法、正当、必要和诚信原则,不得通过误导、欺诈、胁迫等方式处理个人信息。""处理个人信息应当具有明确、合理的目的,并应当与处理目的直接相关,采取对个人权益影响最小的方式。收集个人信息,应当限于实现处理目的的最小范围,不得过度收集个人信息。""处理个人信息应当遵循公开、透明原则,公开个人信息处理规则,明示处理的目的、方式和范围。""处理个人信息应当保证个人信息的质量,避免因个人信息不准确、不完整对个人权益造成不利影响。""个人信息处理者应当对其个人信息处理活动负责,并采取必要措施保障所处理的个人信息的安全。""任何组织、个人不得非法收集、使用、加工、传输他人个人信息,不得非法买卖、提供或者公开他人个人信息;不得从事危害国家安全、公共利益的个人信息处理活动。"

2. 个人信息所有者的权利

《中华人民共和国个人信息保护法》就有关"个人在个人信息处理活动中的权利"的规定如下。

"第四十四条 个人对其个人信息的处理享有知情权、决定权,有权限制或者拒绝他人对其个人信息进行处理;法律、行政法规另有规定的除外。

"第四十五条 个人有权向个人信息处理者查阅、复制其个人信息;有本法第十八条第一款、第三十五条规定情形的除外。个人请求查阅、复制其个人信息的,个人信息处理者应当及时提供。个人请求将个人信息转移至其指定的个人信息处理者,符合国家网信部门规定条件的,个人信息处理者应当提供转移的途径。

"第四十六条 个人发现其个人信息不准确或者不完整的,有权请求个人信息处理者更正、补充。个人请求更正、补充其个人信息的,个人信息处理者应当对其个人信息予以核实,并及时更正、补充。"

《消费者权益保护法》第十四条规定:"消费者在购买、使用商品和接受服务时,享有人格尊严、民族风俗习惯得到尊重的权利,享有个人信息依法得到保护的权利。"

3. 个人信息处理者的义务

个人信息处理者依法享有权利,也应当履行相应的义务,《民法典》规定:"个人信息的处理包括个人信息的收集、存储、使用、加工、传输、提供、公开等。国家机关、承担行政职能的法定机构及其工作人员对于履行职责过程中知悉的自然人的隐私和个人信息,应当予以保密，不得泄露或者向他人非法提供。"

《民法典》一千零三十八条明确规定："信息处理者不得泄露或者篡改其收集、存储的个人信息；未经自然人同意，不得向他人非法提供其个人信息，但是经过加工无法识别特定个人且不能复原的除外。

"信息处理者应当采取技术措施和其他必要措施，确保其收集、存储的个人信息安全，防止信息泄露、篡改、丢失；发生或者可能发生个人信息泄露、篡改、丢失的，应当及时采取补救措施，按照规定告知自然人并向有关主管部门报告。"

关于"个人信息处理者的义务"，《中华人民共和国个人信息保护法》第五十一条也明确规定："个人信息处理者应当根据个人信息的处理目的、处理方式、个人信息的种类以及对个人权益的影响、可能存在的安全风险等，采取下列措施确保个人信息处理活动符合法律、行政法规的规定，并防止未经授权的访问以及个人信息泄露、篡改、丢失：（一）制定内部管理制度和操作规程；（二）对个人信息实行分类管理；（三）采取相应的加密、去标识化等安全技术措施；（四）合理确定个人信息处理的操作权限，并定期对从业人员进行安全教育和培训；（五）制定并组织实施个人信息安全事件应急预案；（六）法律、行政法规规定的其他措施。"

《消费者权益保护法》第二十九条规定："经营者收集、使用消费者个人信息，应当遵循合法、正当、必要的原则，明示收集、使用信息的目的、方式和范围，并经消费者同意。经营者收集、使用消费者个人信息，应当公开其收集、使用规则，不得违反法律、法规的规定和双方的约定收集、使用信息。经营者及其工作人员对收集的消费者个人信息必须严格保密，不得泄露、出售或者非法向他人提供。经营者应当采取技术措施和其他必要措施，确保信息安全，防止消费者个人信息泄露、丢失。在发生或者可能发生信息泄露、丢失的情况时，应当立即采取补救措施。经营者未经消费者同意或者请求，或者消费者明确表示拒绝的，不得向其发送商业性信息。"

4．个人信息隐私权侵权

个人信息隐私权侵权主要涉及 3 个方面权利的侵犯问题。第一，不当收集和利用个人资料，侵害个人的隐私权、个人资料的享用权；第二，利用现代信息技术不当搜集、窥视、公开他人私事（私生活）即构成对他人隐私权的侵犯；第三，个人自主、独立生活或独处的权利，其主要保护个人可以独立自主、不受干扰地生活。商家或好事之人在个人的电子信箱、QQ 或微信中不断地投入垃圾信息，使个人不得不花费大量的时间收取、查阅、删除或处理这些信息，这不仅增加了个人的成本（上网费），浪费时间和精力，而且极大地损害了个人生活安宁、不受侵扰的权利。黑客攻击、破坏个人的资料，这种行为既是对个人财产（信息或数据）的破坏，也是对个人生活领域的侵犯。

消费者可能有时常收到一些商家的短信或电话推销的经历。消费者明明没有相关的消费需求，商家却能够准确地掌握自己的姓名、性别、年龄、职业、家庭、健康等信息，在商家面前，消费者简直成了透明人，丝毫没有隐私可言。大数据和人工智能时代，个人信息的重要性已等同于人才、资金、原料，甚至更重要，然而随着电子商务的迅猛发展，互联网一方面为个人信息的收集与传播带来了前所未有的便利，为个人信息的商业利用创造了极大的空间；另一方面也使个人信息成为大数据挖掘和利用的"宝藏"，使得个人信息隐私权保护面临空前的危机，个人隐私处于被觊觎的境地。总体来说，个人在享受科技发展便利的同时，也应避免人格权遭侵害，保护个人信息隐私权是必要且必需的。

近年来，网络直播越来越普及，电商主播侵犯他人肖像权、隐私权的案件时有发生。电商主播在直播中擅自使用他人肖像或公开他人隐私的行为，属于侵犯他人肖像权、隐私权。通过直播平台线上销售产品或服务的主播、电商平台、直播平台均有可能接触并存储用户信息，若发生用户信息泄漏的情形，其行为则侵犯了他人隐私权。根据《民法典》第一千零三十三条、第一千零三十四条的规定，电商主播和直播平台可能承担侵权责任。

根据《消费者权益保护法》明确规定，消费者个人信息等人身权益受到侵害时可以依法得到法律救济。《消费者权益保护法》第五十条规定："经营者侵害消费者的人格尊严、侵犯消费者人身自由或者侵害消费者个人信息依法得到保护的权利的，应当停止侵害、恢复名誉、消除影响、赔礼道歉，并赔偿损失。"第五十一条规定："经营者有侮辱诽谤、搜查身体侵犯人身自由等侵害消费者或者其他受害人人身权益的行为，造成严重精神损害的，受害人可以要求精神损害赔偿。"

5. 各国与国际组织保护消费者隐私权的法律对策

（1）经济合作与发展组织（OECD）通过了一系列关于保护消费者和鼓励全球电子商务的持续发展的指导原则，这标志着该组织在鼓励企业和消费者进行跨国电子贸易方面取得了重大进展。

① 制定《电子商务环境下的消费者保护准则》，意在呼吁从事电子商务的企业保护消费者的个人隐私。该准则只适用于企业对消费者的电子商务模式，而不适用于企业对企业的电子商务模式。在总原则上，准则强调的是如何对消费者进行保护，而不是如何保护企业不受有欺诈行为的消费者的侵害。

② 制定《电子商务行动计划》，意在强调建立用户和消费者的信任，消费者要能控制对个人数据的收集和使用。

自 1980 年以来，OECD 在保护个人隐私和个人数据方面一直很活跃，1980 年，该组织编撰了《保护个人隐私和跨国界个人数据流指导方针》（简称《指导方针》），后又发布《跨国界数据流宣言》，再次确认了保护个人隐私的重要性，该宣言认为，1980 年的《指导方针》中拟定的原则继续为在任何媒体上保护个人隐私提供了一个国际性基础，各国应当共同工作并联合私营部门，以确保这些原则能在一个开放的全球网络环节下得到有效的贯彻执行。背景报告《全球网络的个人隐私》为宣言设定了框架，并就跟踪 OECD 未来工作的进展和方向的各项活动提出了建议。

此外，OECD 还制定了保护消费者个人隐私权的具体措施。

① 支持成员国交换有关保护全球网络的个人隐私的信息；汇报其在执行《跨国界数据流宣言》时所做的努力和所取得的经验；

② 当在实施 OECD 有关全球网络的《指导方针》过程中出现问题时提供实际指导。此外，要考虑到各成员制定的保护个人隐私的不同措施，并向各成员国和私营部门吸取经验；

③ 在工商界为全球网络提供个人隐私保护开展工作时与其合作；同时，也要与有关的国际组织和地区性组织合作。

（2）为了促进电子商务的快速、健康发展，美国先后下达了一些关于保护网上隐私的指导性文件，并制定了一系列保护消费者隐私权的法律。

1997 年 7 月，美国发表《全球电子商务框架》，在这个具有重要指导意义的文件中，对保护个人隐私权问题进行了较为透彻的剖析，2000年4月21日，美国第一部关于网上隐私的联邦法律《儿童网上隐私保护法》施行，从当日起在网上收集13岁以下儿童个人信息的行为将被视为违法，可处以上万美元的罚款。美国在线（AOL，在2015年被Verizon收购）发言人说，根据这部法律，该公司已将未满13岁的登陆者的个人信息全部删除。今后，13岁以下的用户会使用一种处于AOL家长监控系统检测之下的个人信息登记表，其在网上的活动会受到一定的限制。一些隐私权倡议组织表示会密切关注这部法律的实施情况，并根据其效果来决定采取何种措施来保护所有的美国人的隐私权。

美国还就备受争议的网上收集个人资料等问题推出新的立法建议。据悉，该项立法建议旨在针对网络广告商涉嫌不当收集并使用网络用户的个人资料而引发的争议。这项立法建议严禁企业收集并共享能够鉴别个人身份的资料。立法发起人指出，该立法建议的基本出发点在于人们有权知道谁在收集，以及如何使用他们的个人资料。

（3）欧盟于1999年10月25日颁布保护网上有关个人资料的法令，目的是保护15个成员国消费者网上个人资料不受侵犯。所谓个人资料主要包括个人身份、居住地、财产、健康状况及其他个人所拥有的一切资料，其中较为敏感的是个人信用卡账户和密码。法令规定了严格的个人隐私保护条款，以确保个人资料通过互联网在15个成员国之间自由流通。但是，如果欧盟之外的某个国家在网上保护个人资料的能力没有达到"适当"的水平，欧盟各成员国则有权禁止与该国进行网上个人资料数据传输，而美国便是不符合欧盟法令规定的国家之一，在与欧盟的谈判中，美国提出了旨在指导美国公司和机构向欧盟标准趋向"安全港"原则。而欧盟方面则认为，让美国公司自律会造成自行其是的后果，美国人的行为准则很难保证欧洲消费者的利益。

最终欧盟与美国就如何保护电子商务交易中的隐私在原则上达成一致意见，即双方可以在不考虑欧盟隐私条令的情况下从事电子商务活动。该条令使得欧盟当局有权终止那些没有向相关部门提出申请的企业的网上数据传输，美国公司也可以通过向包含一系列网络协议的"安全港"提出申请的方式与欧盟成员国的公民和公司进行网上交易，但同时须按照美国相关政策承诺遵从自我约束的隐私原则。

（4）随着电子商务时代的来临，我国香港特别行政区政府格外重视个人隐私权的保护，专门颁布了《香港个人资料（私隐）条例》，对网上隐私权保护采取了相应的政策。①针对企业的规定：应为浏览网页者及消费者提供使用匿名身份的选择；应制定个人资料隐私政策；应在企业网址上展示上述政策；在收集敏感性资料时应采取加密措施。②针对工商界的规定：应按照个人资料隐私事务守则，同时负责监管和处理投诉。③针对政府的规定：政府应设立专门的管理机构，保证《消费者权益法案》的执行，此外，还应在公众教育、服务市民、监督新科技的使用等方面起到应有的作用。设立个人资料隐私专员公署，该公署应关注网上隐私问题，并与消费者权益保护委员会携手研究在互联网及电子贸易中的安全措施，以保障消费者的权益。

自2017年下半年以来，不论是白天还是晚上，张某连续接到大量的陌生电话，被询问是否为A公司负责人，如何进行业务合作等。张某每次均耐心解释，告知对方本人非此公司人员，但经常遭到莫名其妙的辱骂。而后，张某经多方打听才知由B公司经营的网站上，"商家详情"栏目中载有A公司的相关业务推广信息，张某的手机号码被作为该公司业务联系的手机号码予以公布，且手机号码已被公布一年多。张某认为，A公司未经同意擅自在互联网上公布自己的手机号码，B公司未经认真审核电话号码真伪、未尽相应审查义务，导致自己的手机号码在互联网上传播，严重侵犯了自己的隐私权，给自己造成经济损失，更导致自己的精神受到严重损害。张某遂对网页进行了公证，并且要求A公司删除信息、赔礼道歉、赔偿损失等。但A公司仅仅删除了信息，其他请求不予理睬，之后，张某向北京市朝阳区人民法院（简称"法院"）起诉，请求：判令两公司在互联网网页中删除其手机号码，停止侵权、清除影响、公开赔礼道歉；赔偿张某经济损失×元，公证费×元，精神损害赔偿金×元等。

法院认为张某通过有偿购买的方式获得中国移动电话号码139××××××××的卡号，持有移动公司交付的不记名会员卡，很明显，张某系合法使用权人。该电话号码作为张某的私人信息，属于个人隐私，未经同意，任何人均不得擅自公布；否则，属于侵权。法院经审理后认为，公民享有隐私权，侵害公民隐私权应当承担侵权责任。A公司刊登在B公司网站上的推广信息中，将张某的私人电话号码作为该公司的业务联系电话进行公布，使得张某的私人电话号码为不特定的大众所知晓，该行为侵犯了张某的隐私权，A公司应承担相应的侵权责任。对张某要求B公司承担损害赔偿的请求，因现有证据不足以证明B公司作为网络服务提供者，存在共同侵权或未及时采取必要措施而导致张某损失扩大的情形，张某的该项请求难以支持。法院根据《中华人民共和国侵权责任法》第二条、第十五条、第三十六条之规定，依法判决A公司赔偿张某的公证费、经济损失费等。

7.2.3　电子商务中消费者知情权的保护

与传统的实体店购物相比，消费者在网上购物过程中根本接触不到实体商家，更不能通过直接的目测与触碰去真实感受商品，消费者接收商品的信息主要依赖于广告，所以广告对消费者行使知情权起着很大作用。因此，网络宣传性广告必须客观、真实，从而引导消费者在网上购物过程中做出正确的判断。电子商务法首先要保护消费者在网上购物过程中有权了解真实的商品或服务的信息，即商家向消费者提供商品或服务的广告及其相关信息是客观的、真实的。商家在网上发布虚假的、不真实的广告，不仅违反了商业道德和诚实信用原则，还侵犯了消费者的知情权。

《广告法》在消费者保护法律体系中承担着保护消费者信息真实和免受过度信息侵扰的独特的价值功能。2015年4月24日修订的《广告法》开宗明义规定："为了规范广告活动，保护消费者的合法权益，促进广告业的健康发展，维护社会经济秩序，制定本法。"这一规定将保护消费者合法权益放在了首位。广告是商家通过一定媒介和形式直接或间接地宣传、介绍自己的商品或服务，吸引消费者购买的行为。而消费者接收商品和服务在质量、功能、功效、使用方法、服务标准、价格等方面的信息渠道主要也是广告。

《广告法》在总则中明确规定，广告应当"真实、合法"，"不得含有虚假或者引人误解的内容，不得欺骗、误导消费者"。第八条进一步具体规定："广告中对商品的性能、功能、产地、用途、质量、成分、价格、生产者、有效期限、允诺等或者对服务的内容、提供者、形式、质量、价格、允诺等有表示的，应当准确、清楚、明白。广告中表明推销的商品或者服务附带赠送的，应当明示所附带赠送商品或者服务的品种、规格、数量、期限和方式。法律、行政法规规定广告中应当明示的内容，应当显著、清晰表示。"第二十八条规定："广告以虚假或者引人误解的内容欺骗、误导消费者的，构成虚假广告。"

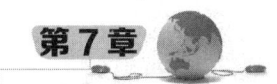

《反不正当竞争法》第八条规定："经营者不得对其商品的性能、功能、质量、销售状况、用户评价、曾获荣誉等作虚假或者引人误解的商业宣传，欺骗、误导消费者。经营者不得通过组织虚假交易等方式，帮助其他经营者进行虚假或者引人误解的商业宣传。"网络广告纷繁多样，消费者很难就某种商品或服务及其真实的使用价值和价值做出较为准确的判断，经常处于非常不利的被动地位，还会因各式各样的极具诱惑的广告而失去判断力。加之在虚拟空间里，消费者不直接接触商品或服务，会更加依赖广告判断此类商品或服务是否是自己所需要的。

根据《网络直播营销管理办法（试行）》第二十条、第二十一条、第二十三条规定："直播间运营者、直播营销人员应当加强直播间管理，在下列重点环节的设置应当符合法律法规和国家有关规定，不得含有违法和不良信息，不得以暗示等方式误导用户：（一）直播间运营者账号名称、头像、简介；（二）直播间标题、封面；（三）直播间布景、道具、商品展示；（四）直播营销人员着装、形象；（五）其他易引起用户关注的重点环节。""直播间运营者、直播营销人员应当依据平台服务协议做好语音和视频连线、评论、弹幕等互动内容的实时管理，不得以删除、屏蔽相关不利评价等方式欺骗、误导用户。""直播间运营者、直播营销人员应当依法依规履行消费者权益保护责任和义务，不得故意拖延或者无正当理由拒绝消费者提出的合法合理要求。"

从消费者的角度看，消费者做出购买决策是基于对商品真实情况的了解。商家对商品做出引人误解的宣传，这样做不但欺骗了消费者，还侵犯了其合法权益。可见，网上虚假的宣传性广告不仅会影响消费者的购物体验，也会影响其网上购物的信心，成为电子商务这一新兴产业在发展道路上的障碍。所以保证消费者在网上获得真实的商品或服务的信息，是电子商务法严格遵从的原则，也是电子商务得以健康发展的基础。在决定购物之前，消费者有权利了解一切与商品或服务的信息，具体包括以下3个方面的内容。

（1）消费者有权了解商品或服务的基本情况，主要包括商品的名称、注册、商标、产地、生产者名称、服务的内容、规格、费用等。

（2）消费者有权了解商品的技术指标情况，主要包括用途、性能、规格、等级、所含成分、使用方法、使用说明书、检验合格证明等，例如，消费者在网上购买笔记本电脑、家用电器或酒类等商品时，都须了解商品的技术指标情况。

（3）消费者有权了解商品或服务的价格及商品的售后服务情况。价格和售后服务情况是交易的关键性内容，直接关系到消费者的切身利益。

只有在了解到商品或服务的相关信息后，消费者才能做出是否购买的决定。在传统消费情况下，消费者可以主动行使知情权，但是在网上，知情权的实现完全依靠网络经营者所提供的商品的相关信息。1997年5月20日，欧盟通过了《关于远距离合同订立过程中的对消费者保护的指令》（简称《远程合同指令》），"远距离合同"涵盖了企业和消费者之间通过销售方的远程销售网络，其对消费者的首要保护措施就是规定了"预先告知条款"，该条款规定，在远程合同订立前，电子商务经营者有义务向消费者提供有关供应商身份、货物或服务性能特点、价格、送货费用、付款及送货方式、消费者撤销订购的权利、可能计入远程通信的费用、报价的有效性等信息。

从我国网络商城的发展现状来看，在购买一些商品时消费者的知情权能够得到满足，可是在网上购买信息化商品或服务时消费者的知情权就得不到满足，其原因在于网络经营者在商品或服务销售界面上仅仅提供了价格及一张尺寸很小的图片，并没有对商品或服务进行具体介绍，以致消费者在不知晓此类商品或服务具体信息的情况下就要接受格式合同并付款，这显然没有满足消费者的知情权，例如，如果消费者决定购买某软件并且通过网上银行支付了货款，网络经营者会将商品从网上直接传递给消费者，之后消费者却发现此软件并非自己所需，便要求退货。而网络经营者则又怀疑消费者在退货前已经将此软件复制，因而拒绝退货。造成僵局的直接原因是在消费者购买之前，网络经营者没有充分满足其知情权。所以，消费者要求退货是在行使其正当的权利，应该支持。反之，如果网络经营者提供的软件信息完整，消费者要求退货又无正当原因的话，根据软件产品可随意复制这一特殊情况，网络经营者有理由怀疑软件已被复制而拒绝退货。

《电子商务法》还在网上购物时的搭售和快递方面规定了消费者的知情权。①拒绝套路，搭售不得作为默认选项。电子商务经营者搭售商品或服务，应以显著方式提醒消费者注意，不得将搭售商品或服务作为默认同意的选项。②快递员未征求消费者同意不能直接把快递放到驿站。快递物流服务提供者在交付商品时，应当提示收货人当面查验；交由他人代收的，应当经收货人同意。

近日来，银行不考虑民意单方加收相关服务费引起广泛争论，而关于银行短信服务费的争论也在其中。短信收费不透明是争论的焦点，不少用户直指银行推行"霸王条款"。银行推出短信服务也算一项便民之举，用户可通过银行短信通知及时了解账户变动等信息，对于有需求的用户来说自然是欣然接受，而对于那些账户变动不频繁或小额账户的用户而言，这项服务似乎可有可无。有专家指出，银行推行短信服务收费没错，但错就错在不尊重客户的知情权，甚至"肆意妄为"。据调查，银行短信服务费最高一年为48元，按平时手机资费一毛一条算，银行可以发480条短信。值得注意的是，作为银行这样的大客户，电信资费还有可能更低。可是，一年下来，用户又收到了几条短信？一位业内人士透露，银行单在短信通知业务上的利润率可以达到150%，甚至200%。据银行内部统计，绝大多数个人客户在开通业务后每月收到的短信一般不会超过10条。银行与移动运营商是按照发短信的数量来计算成本的，其中的差价自然就落入银行"腰包"，很显然利益催生了银行短信服务的乱象。

7.3 消费者公平交易权的法律保护

7.3.1 电子商务中消费者公平交易权实现中存在的问题

消费者公平交易权是指消费者在购买商品或接受服务的过程中享有的，与生产经营者进行公平交易的权利。确立公平交易权的目的是改变消费者在交易中的弱势地位，扭转交易中的不公平现象。这种权利不应因消费者是在网上交易还是在网下交易而有任何差别。

《消费者权益保护法》第十条规定："消费者享有公平交易的权利。消费者在购买商品或者接受服务时，有权获得质量保障、价格合理、计量正确等公平交易条件，有权拒绝经营者的强制交易行为。"第十六条第三款规定："经营者向消费者提供商品或者服务，应当恪守社会公德，诚信经营，保障消费者的合法权益；不得设定不公平、不合理的交易条件，不得强制交易。"

所谓公平交易，就一般意义而言是指交易双方在交易过程中，获得的利益相当，而在消费性的交易中，是指消费者获得的商品或服务与其交付的货币价值相当。《电子商务法》赋予消费者公平交易的权利，即消费者在网上进行交易时，享有获得公平的交易条件的权利。这种公平的交易条件包括商品质量的保障和合理的价格。在传统的消费领域中，相同的商品在不同场合下的消费价格就大不相同，例如，一瓶饮料在市场销售，其最低价格可能是 2.5 元，而最高价格则可能是 10 元，甚至更高。网上购物则是一个全新的购物方式，由于其简单、快捷并在发展的初期，消费者产生了新鲜好奇的购物新感觉，但无论消费者是以何种心态进行网上购物的，其所选的商品或服务都是自己需要的，网络经营者不能因购物方式的改变和特殊，就故意抬高商品或服务的价格。

所谓价格合理，是指商品或服务的价格应该符合国家物价规定，基本与其价值相符。价格是否合理，直接关系到消费者的财产利益能否得到实现。在传统购物时，消费者还有讨价还价的余地，而在网上购物时消费者所拥有的只是一个网络平台和一个鼠标，抑或是一部手机（移动互联网），仅凭借网上所提供的商品或服务的信息来判断商品或服务的价格与其本身的价值是否相当。这种自始至终"自己搞定"的购物方式，很容易使消费者被网上的虚假信息误导而进行不公平交易，所以，强调网上商品价格的合理性尤为必要。《中华人民共和国价格法》第十四条第四款规定："经营者不得利用虚假的或者使人误解的价格手段，诱骗消费者或者其他经营者与其进行交易。"在线商城提供的商品价格必须合理，要做到货有所值，质价相符。

消费者购买商品或接受服务，有权获得质量保障。商品或服务质量的好坏，是消费者公平交易权能否得到满足的关键，消费者有权要求从网上购买的商品符合国家规定的质量标准，尤其是可能危及人身及财产安全的商品，网络经营者更应保证其质量。在网上购物这种新主流购物方式的发展过程中，应当反对以假充真，以次充好，以不合格产品充当合格产品的现象。

另外，消费者在网上购物过程中会经历的很重要的一环就是通过网络与商家签订相关的合同，这些合同一般采用的格式都是相同的，从而节约消费者的时间。消费者在电子商务中经常遇到的是"点击合同"，即消费者通过网络点击"同意"或"接受"而订立的电子商务格式合同，其内容一般是商家事先已经准备好的固定的条款。一方面，由于其合同条款已经固定，没有另一方的意思表示，所以在具体执行中另一方难免会对合同的效力和约束力等产生异议；另一方面，由于其条款完全由商家制定，难免会存在一些有违公平、等价有偿原则的条款，例如，无论商品有何瑕疵，消费者只能请求免费修理，而不能退货或求偿的条款，这样自然就会产生消费者认为这些合同有违我国民法的基本原则而请求认定无效的异议。

根据 2018 年中国电子商务研究中心发布的《2017 年度中国电子商务用户体验与投诉监测报告》，多名用户投诉"返利网"未按承诺返利，返利难。

在实体经济不景气的当下，以"互联网+实体店"为代表的消费返利模式俨然成了诸多商家寄予厚望的销售利器，各种消费返利平台也成为消费者投诉的热点，返利网也因此成了投诉"重灾区"。何女士于 2017 年 9 月 13 日通过返利网下单购买商品，订单号为 RT170×××733。可何女士付款后发现一直没有跟单，9 月 15 日便在返利网上申请理赔，返利网第一次审核后,通知何女士补充材料。与返利网沟通数次,每次都被告知理赔已进行下一步,但是何女士所见到的理赔进度一直未更新。10月27日,何女士最后一次主动联系客服,客服承诺会在7个工作日内解决,但一直未有人联系她。

消费返利模式的主要特征是:互联网第三方平台介入商家和消费者的交易过程,许诺部分返还消费者在平台的消费额度,或者通过现金消费送等额积分等形式,诱导消费者注册会员消费和商家加盟平台回流货款。从法律关系看,返利网与消费者之间产生类似居间服务的关系,返利网在设置返利条款时理应明晰表述,明确告知,避免引起误会,在设定一些不利于消费者的格式条款时,返利网如果未尽到告知义务,则这些条款可能无效。

《电子商务法》第十八条规定:"电子商务经营者根据消费者的兴趣爱好、消费习惯等特征向其提供商品或者服务的搜索结果的,应当同时向该消费者提供不针对其个人特征的选项,尊重和平等保护消费者合法权益。电子商务经营者向消费者发送广告的,应当遵守《中华人民共和国广告法》的有关规定。"第十九条规定:"电子商务经营者搭售商品或者服务,应当以显著方式提请消费者注意,不得将搭售商品或者服务作为默认同意的选项。"

网上合同的效力问题主要涉及以下几个问题:①消费者通过网络点击"同意"或"接受"订立的合同是否具备承诺的要件,使合同双方产生约束力?②消费者一般情况下不可能也不会仔细阅读购物合同中复杂而烦琐的条款,一旦合同存在违反诸如诚信、公平等民法基本原则,如何判定这种合同的效力?这些问题直接关系到网上购物的消费者的利益。

7.3.2 电子商务中消费者公平交易权的保护

电子商务中消费者公平交易权的保护,以介绍国内外对网络交易中格式条款的法律规制为主。在电子商务交易中,由于双方当事人不能面对面地谈判,网络经营者与消费者通常只通过格式条款进行交易,消费者只有接受和拒绝的权利,而不能就合同条款进行讨价还价。这种格式条款采用的形式多样,有的是采用俱乐部章程的形式,有的是采用顾客须知的形式,还有的是采用网站规则的形式。网络上具体涉及消费者的各种不公平条款主要包括:网络经营者减轻或免除自己的责任;不合理地分配风险,特别是将系统故障、第三人行为等因素造成的风险归由消费者负担;举证责任转移;约定有利于网络经营者的纠纷解决方式等。

鉴于网络交易中格式条款对消费者权益产生的障碍,各国和国际组织都以立法的形式对网络交易中的格式条款进行规制。如美国的《统一电子交易法》(UTEA)不允许以格式合同中的模糊不清条款或隐藏条款强迫消费者接受。该法律认为,消费者是否同意以电子方式进行交易,必须由上下文和周围的情势包括当事人的行为决定。另外《统一计算机信息交易法》(UCITA)第一百一十一条则对消费者签署的有失公平的合同提供了救济,即如果法院发现一个合同或其中的某一条款在制定时有失公平,法院可以拒绝执行该合同,或者可以执行该合同中除有失公平条款之外的条款,或者可以限制该有失公平条款的使用以避免造成有失公平的结果。经济合作与发展组织(OECD)的《电子商务中的消费者保护指南》中也指出:电子商务经营者应当根据公平原则进行交易;不应有虚假陈述等欺骗、误导消费者的行为和其他导致消费者利益受损害的不合理风险分配行为。

我国对于格式条款的规制主要根据《民法典》第四百六十九条,《消费者权益保护法》

第二十六条也有明确规定。《民法典》第四百六十九条规定："当事人订立合同，可以采用书面形式、口头形式或者其他形式。书面形式是合同书、信件、电报、电传、传真等可以有形地表现所载内容的形式。以电子数据交换、电子邮件等方式能够有形地表现所载内容，并可以随时调取查用的数据电文，视为书面形式。"点击行为可以看成"其他形式"。在"点击合同"情形下，由于当事人在签约时完全可以了解合同的内容，所以通过这种方式成立的网上合同，如果其具备合同成立的要件并符合我国民法中诚实信用、等价有偿的原则，则法院更容易承认其效力。此外在《民法典》第四百七十条中也有相应规定，但这些规定均属于对于格式条款的一般限制，并不考虑电子商务的本身特点，因此其作用是有限的。为了保护网上购物消费者的公平交易权，立法应当就电子商务中的格式条款问题做针对性的规定，应结合电子商务特点赋予消费者以下三项权利。

（1）事先获悉及审阅格式合同条款内容。原则上，消费者必须在最初接触商品之前或之际，有机会查阅格式合同，并明示同意或以其他类似方法表示同意，消费者单纯的未反对并不能表示已同意该条款。一般而言，在网络经营者的网页上会显示交易双方的权利义务，消费者点击"同意"表示接受后方可继续完成后续程序，直到合同缔结完毕。根据《民法典》第四百九十六条的规定："格式条款是当事人为了重复使用而预先拟定，并在订立合同时未与对方协商的条款。采用格式条款订立合同的，提供格式条款的一方应当遵循公平原则确定当事人之间的权利和义务，并采取合理的方式提示对方注意免除或者减轻其责任等与对方有重大利害关系的条款，按照对方的要求，对该条款予以说明。提供格式条款的一方未履行提示或者说明义务，致使对方没有注意或者理解与其有重大利害关系的条款的，对方可以主张该条款不成为合同的内容。"网络经营者单方提供的格式条款或限制其责任的条款，应按照对方的要求，对该条款予以说明。网络经营者单方提供的格式条款必须能引起消费者的充分注意并满足其详细审阅、自由斟酌。网络经营者以不清楚的超级链接方式链接条款内容，无异于未向消费者明示告知，即使消费者点击"同意"，也可排除该格式条款的适用效力。

（2）因格式条款内容无效而排除其适用。根据《消费者权益保护法》第二十六条规定："经营者在经营活动中使用格式条款的，应当以显著方式提请消费者注意商品或者服务的数量和质量、价款或者费用、履行期限和方式、安全注意事项和风险警示、售后服务、民事责任等与消费者有重大利害关系的内容，并按照消费者的要求予以说明。经营者不得以格式条款、通知、声明、店堂告示等方式，作出排除或者限制消费者权利、减轻或者免除经营者责任、加重消费者责任等对消费者不公平、不合理的规定，不得利用格式条款并借助技术手段强制交易。格式条款、通知、声明、店堂告示等含有前款所列内容的，其内容无效。"

（3）网络经营者应给消费者提供更正电子错误的机会，否则消费者可不受自己发出的错误电子信息的约束。为鼓励消费者从事网络交易，可借鉴美国《统一计算机信息交易法》（UCITA）法案的规定，若网络经营者疏于设计和提供更正错误的程序、方法而使消费者的错误表示无从更正，则消费者可不受该错误信息的约束。当然消费者对这一错误表示应尽到善意通知网络经营者的义务。

总之，针对电子合同消费者应注意两点：①基于网上合同的基本有效性，要充分利用各种方式来明确双方的权利义务，以免出现不必要的麻烦；②对于格式合同，如果存在违反我国民法中的诚实信用、等价有偿及公平合理等原则而使合同显失公平，应当积极维护自己的合法权益。

《消费者权益保护法》第二十六条规定:"经营者在经营活动中使用格式条款的,应当以显著方式提请消费者注意商品或者服务的数量和质量、价款或者费用、履行期限和方式、安全注意事项和风险警示、售后服务、民事责任等与消费者有重大利害关系的内容,并按照消费者的要求予以说明。经营者不得以格式条款、通知、声明、店堂告示等方式,作出排除或者限制消费者权利、减轻或者免除经营者责任、加重消费者责任等对消费者不公平、不合理的规定,不得利用格式条款并借助技术手段强制交易。格式条款、通知、声明、店堂告示等含有前款所列内容的,其内容无效。"

在网络直播中,消费者通过直播平台或电商平台购买商品或服务时多数情况下签订的是格式合同。消费者只能根据格式合同选择交易或不交易,没有更改条款的权利。若格式合同提供者故意利用模糊字体、采用极小字体,或者通过减轻或免除网络经营者的法定或合同义务、约定存在违约行为时不得解除合同等不公允的条款,设计侵害消费者公平交易权。依据《民法典》第四百九十六条、四百九十七条,《消费者权益保护法》第二十六条的规定,提供格式条款一方未对与消费者有重大利害关系的条款履行说明义务的,消费者可主张该条款不成为合同内容;提供格式条款一方不合理地免除或减轻其责任、加重对方责任、限制或排除对方主要权利的,该条款无效。

市民小朱在淘宝网上看到桂林玛莎婚纱摄影的一次团购活动,活动写明,只需9.9元就能拍摄原价229元的全家福写真,其中包含精拍30张照片、提供服装等服务,但活动有一个限制,就是拍摄限制三代人以内,人数在3~5人,如果超过就得多交钱。小朱觉得这个团购活动价格实惠,且小朱自己,加上弟弟、妈妈和外婆,共有三代四口人,符合拍摄全家福的条件,遂交费预订了全家福写真。次日,小朱一家人到桂林玛莎婚纱摄影拍摄全家福时,工作人员告知,在他们影楼的定义里,全家福一定要有父母双方和小孩。像小朱这样的单亲家庭,则属于亲子,不在团购的服务范围内。那么,小朱该如何维护自身权益呢?

消费者进行团购时,购买的其实是进行团购活动时所标明的服务。小朱在团购时,全家福并没有限制亲子照的拍摄,在团购后,即使婚纱影楼重新定义了全家福,也并没有约束力。因此,该婚纱影楼应当为小朱一家人拍摄全家福。作为消费者,一定要有清醒的法律意识,在团购及其他任何服务前,除了要明晰自己将享受到的服务,还要将条件限制看仔细。下单后,也要仔细查看订单,看是否与自己团购的服务有出入。如果条件允许,消费者最好能保存购买时的页面等证据,当商家事后减少服务或增加服务限制时,消费者则可利用这些证据维护合法权益。

7.4 消费者索赔权的法律保护

7.4.1 电子商务中消费者索赔权实现中存在的问题

消费者与网络经营者缔结电子交易合同后,一方违约、不可抗力等因素都会导致网络经营者不能履行合同,或者产品、服务质量存在安全性的缺陷而致使消费者人身或财产受损。根据消费合同的性质,按照《民法典》《消费者权益保护法》《电子商务法》等法律的规定，消费者可要求网络经营者承担修理、更换、退货或金钱赔偿损失的违约责任。但在电子商务中，需要特别注意的是，违约责任承担方式、责任承担主体及处理纠纷适用的实体法均更为复杂。

电子商务远程销售为消费者修理、更换商品，退货带来不便和费用的增加，除非网络经营者在消费者所在地设置配送中心。网上购物程序颇有些类似于"隔箱断货"，消费者在检验商品质量之前就已完成付款，那么在收到商品后的合理期限内能否无理由退货并免于承担退货费用？欧盟于1997年颁布的《远程合同指令》对这个问题给予了肯定规定，值得我国立法借鉴。而交易标的若为在线商品（如在线订阅报刊，购买视听产品、计算机软件等），则其退换更为特殊。这是因为消费者在下载购买相应商品前一般均有试用或预览的机会，购货后若要求退货，则很难断定消费者是否已保留了商品复制件。这种情况下消费者退换货对网络经营者实为不公。

网络经营者若违约提供与合同不符的商品或服务，其自应成为消费者索赔的直接对象，但当网络经营者利用互联网接入服务提供商（ISP）连线服务在网上发布不实广告，诱骗消费者购物时，ISP能否成为损害赔偿责任主体，ISP对网络经营者刊登网络广告有无核实、审查的义务，以及其是否尽到应有的注意是必须首先澄清的问题。ISP仅提供网络接入服务，并无义务明察网络商家如何利用服务器主机空间，对网络广告的刊登与否无控制权亦不收取广告费，因此ISP不同于一般广告媒体或广告经营者，由其承担法律责任有失公允且不利于电子商务的发展。

此外，跨国的电子商务活动还会产生解决交易纠纷适用的实体法问题。各国之间消费者权益保护法的立法水平和保护范围均有较大差异，当事人意思自治原则受到较大的限制，连接点变得更为灵活，消费者住所地国法律、经营者营业地国法律都可能因交易对方地理位置的不确定性而得以适用。

消费者的索赔权，又称求偿权或损害赔偿权，指的是消费者在网上交易的过程中或在使用商品和服务后，其人身或财产受到损害时所享有的一种经济权利，消费者可以通过行使这种权利获得适当的补偿。

《消费者权益保护法》第二十四条规定："经营者提供的商品或者服务不符合质量要求的，消费者可以依照国家规定、当事人约定退货，或者要求经营者履行更换、修理等义务。没有国家规定和当事人约定的，消费者可以自收到商品之日起七日内退货；七日后符合法定解除合同条件的，消费者可以及时退货，不符合法定解除合同条件的，可以要求经营者履行更换、修理等义务。依照前款规定进行退货、更换、修理的，经营者应当承担运输等必要费用。"

随着信息技术的发展，网上购物逐渐成为人们购物的主流方式之一。但由于这种消费方式不易辨别商品的真实性，投诉数量居高不下。《消费者权益保护法》第二十五条规定："经营者采用网络、电视、电话、邮购等方式销售商品，消费者有权自收到商品之日起七日内退货，且无需说明理由，但下列商品除外：（一）消费者定作的；（二）鲜活易腐的；（三）在线下载或者消费者拆封的音像制品、计算机软件等数字化商品；（四）交付的报纸、期刊。除前款所列商品外，其他根据商品性质并经消费者在购买时确认不宜退货的商品，不适用无理由退货。消费者退货的商品应当完好。经营者应当自收到退回商品之日起七日内返还消费者支付的商品价款。退回商品的运费由消费者承担；经营者和消费者另有约定的，按照约定。"

7.4.2 电子商务中消费者索赔权的保护

消费者索赔权是指消费者购买、使用商品或接受服务，合法权利受到损害时享有依法获得赔偿的权利。

（1）索赔的对象。索赔的对象涉及生产者、销售者、服务提供者、展销会的举办者、柜台的出租者、网络交易平台、广告经营者、发布者、网络主播、直播平台等众多主体。

《消费者权益保护法》第四十条规定："消费者在购买、使用商品时，其合法权益受到损害的，可以向销售者要求赔偿。销售者赔偿后，属于生产者的责任或者属于向销售者提供商品的其他销售者的责任的，销售者有权向生产者或者其他销售者追偿。消费者或者其他受害人因商品缺陷造成人身、财产损害的，可以向销售者要求赔偿，也可以向生产者要求赔偿。属于生产者责任的，销售者赔偿后，有权向生产者追偿。属于销售者责任的，生产者赔偿后，有权向销售者追偿。消费者在接受服务时，其合法权益受到损害的，可以向服务者要求赔偿。"同时第四十三条规定："消费者在展销会、租赁柜台购买商品或者接受服务，其合法权益受到损害的，可以向展销会的举办者、柜台的出租者要求赔偿。展销会的举办者、柜台的出租者赔偿后，有权向销售者或者服务赔偿者追偿。"

《消费者权益保护法》第四十四条专门针对网络交易平台提供者做出了相关规定："消费者通过网络交易平台购买商品或者接受服务，其合法权益受到损害的，可以向销售者或者服务者要求赔偿。网络交易平台提供者不能提供销售者或者服务者的真实名称、地址和有效联系方式的，消费者也可以向网络交易平台提供者要求赔偿；网络交易平台提供者作出更有利于消费者的承诺的，应当履行承诺。网络交易平台提供者赔偿后，有权向销售者或者服务者追偿。网络交易平台提供者明知或者应知销售者或者服务者利用其平台侵害消费者合法权益，未采取必要措施的，依法与该销售者或者服务者承担连带责任。"

《消费者权益保护法》第四十五条规定："消费者因经营者利用虚假广告或者其他虚假宣传方式提供商品或者服务，其合法权益受到损害的，可以向经营者要求赔偿。广告经营者、发布者发布虚假广告的，消费者可以请求行政主管部门予以惩处。广告经营者、发布者不能提供经营者的真实名称、地址和有效联系方式的，应当承担赔偿责任。广告经营者、发布者设计、制作、发布关系消费者生命健康商品或者服务的虚假广告，造成消费者损害的，应当与提供该商品或者服务的经营者承担连带责任。社会团体或者其他组织、个人在关系消费者生命健康商品或者服务的虚假广告或者其他虚假宣传中向消费者推荐商品或者服务，造成消费者损害的，应当与提供该商品或者服务的经营者承担连带责任。"

消费者在网络直播间通过购买链接转到电商平台购买主播推销的商品，或者直接购买主播推销的商品，若商家未按约定（如品牌、单价、数量、重量、发货日期、质量标准等）供货，依据《民法典》第六百一十条、第六百一十七条，《消费者权益保护法》第四十四条的规定，商家则需要承担违约责任。

直播平台不能提供主播的真实名称、地址及有效联系方式，或者电子商务平台不能提供销售者或服务者的真实名称、地址及有效联系方式的，消费者有权主张直播平台或电子商务平台先行赔偿，直播平台或电子商务平台对电商主播、销售者或服务者侵害他人合法权益的行为承担不真正连带责任。若直播平台或电子商务平台明知或应当知道电商主播、销售者或服务者利用其平台侵害消费者合法权益,而未采取必要措施的,则应当依法与该电商主播销售者或服务者承担连带责任。依据《电子商务法》第三十八条的规定:"电子商务平台经营者知道或者应当知道平台内经营者销售的商品或者提供的服务不符合保障人身、财产安全的要求,或者有其他侵害消费者合法权益行为,未采取必要措施的,依法与该平台内经营者承担连带责任。对关系消费者生命健康的商品或者服务,电子商务平台经营者对平台内经营者的资质资格未尽到审核义务,或者对消费者未尽到安全保障义务,造成消费者损害的,依法承担相应的责任。"

(2)索赔的内容。根据《中华人民共和国产品质量法》第四十条规定,售出的产品有下列情形之一并给消费者造成损失的,消费者可以要求销售者赔偿损失:①不具备产品应当具备的使用性能而事先未做出说明的;②不符合在产品或其包装上注明采用的产品标准的;③不符合以产品说明、实物样品等方式表明的质量状况的。

《中华人民共和国产品质量法》第四十一条规定:"因产品存在缺陷造成人身、缺陷产品以外的其他财产损害的,生产者应当承担赔偿责任。"网上交易同样适用于这些规定,此外,针对网络经营者不如实履行信息被披露义务甚至做出虚假宣传,欺诈、诱骗消费者的情况,消费者有权按照《消费者权益保护法》第五十五条的规定,要求网络经营者承担赔偿责任。

《消费者权益保护法》第五十五条规定:"经营者提供商品或者服务有欺诈行为的,应当按照消费者的要求增加赔偿其受到的损失,增加赔偿的金额为消费者购买商品的价款或者接受服务的费用的三倍;增加赔偿的金额不足五百元的,为五百元。法律另有规定的,依照其规定。经营者明知商品或者服务存在缺陷,仍然向消费者提供,造成消费者或者其他受害人死亡或者健康严重损害的,受害人有权要求经营者依照本法第四十九条、第五十一条等法律规定赔偿损失,并有权要求所受损失二倍以下的惩罚性赔偿。"该条款中的赔偿损失,不仅包括医疗费、护理费、交通费、误工费等费用的赔偿,还包括精神损害赔偿。

根据2018年中国电子商务研究中心发布的《2017年度中国电子商务用户体验与投诉监测报告》,坚持只卖正品好货的"闪电降"(现已更名为"哎哟有型")疑似售假,投诉频发。

李先生于2017年10月20日在"闪电降"购买了一块外国品牌手表,订单号为1710××××2013。10月22日下午,李先生收到货后发现商品没有说明书、商品吊牌和发票,而且在商品外包装上写的是产自中国,包装做工十分粗糙。为此,他断定购买的这块手表是假货,当天晚上便联系客服,客服却一直在推脱,称是正品,但当李先生让其提供厂家授权委托书、电子三包凭证和吊牌时,客服也没有正面回应,就只坚称是正品。

商家售假的性质可分为知假售假、制假售假、被动售假。如果消费者遇到商家知假售假的情况,根据《消费者权益保护法》的规定,可申请退一赔三;如果消费者发现网站制假售假,则可以向市场监督管理、质检、食品药品等专业部门举报;如果经营者明知商品或服务存在缺陷,仍然向消费者提供,造成消费者或其他受害人死亡或健康严重损害的,受害人有权要求经营者按法律规定赔偿损失,并有权要求所受损失二倍以下的惩罚性赔偿。

(3)索赔的途径。根据《消费者权益保护法》《电子商务法》的规定,消费者索赔的途径有5种:①协商和解;②请求消费者组织、行业协会或其他依法成立的调解组织调解;③向有关部门投诉;④提请仲裁;⑤提起诉讼。

（4）其他有关规定。《网络直播营销管理办法（试行）》第十五条规定："直播营销平台应当建立健全投诉、举报机制，明确处理流程和反馈期限，及时处理公众对于违法违规信息内容、营销行为投诉举报。消费者通过直播间内链接、二维码等方式跳转到其他平台购买商品或者接受服务，发生争议时，相关直播营销平台应当积极协助消费者维护合法权益，提供必要的证据等支持。"

以案解法

素养小课堂：以人民为中心

1. 押金又称押租金，系租赁契约成立时或成立后，以担保承租人之租赁契约为目的，由承租人交付出租人或第三人交付出租人以相当金钱或其他代替物之谓。李国光大法官认为："押金作为一种'物'的担保方式，债务人或第三人将一定数额的金钱或等价物移交给债权人占有，以担保债权的受偿，称之为押金担保。"因此，就押金的功能而言，其系为担保债务而创设，具有担保物权的意义。就押金的担保功能机制而言，押金与动产质权最为相似，均以动产占有的转移形式体现出来。就动产质权的概念，《民法典》第三百九十四条规定："为担保债务的履行，债务人或者第三人不转移财产的占有，将该财产抵押给债权人的，债务人不履行到期债务或者发生当事人约定的实现抵押权的情形，债权人有权就该财产优先受偿。"如果押金担保的性质为动产质权，那么依据《民法典》第四百三十、四百三十一条，押金受让人原则上仅得收取押金孳息，不得使用、处分。

2. 酷骑单车侵犯了消费者的知情权和财产权。由于用户对具体的共享单车品牌有一定黏性，大多数用户不会在每次骑行结束时选择申请退还押金，而会选择将其押金存于其账户中，以便日后继续使用该品牌单车。从实践角度而言，多数用户系自愿将押金存于其账户当中的。当然，实践的选择并不能证成共享单车特殊押金规则的合法性，唯有充分的法理支持才可以。从如下若干方面，应肯定共享单车押金规则的合法性。首先，共享单车公司在用户缴纳押金时主动提示用户押金退款须由其主动申请，用户在选择缴纳押金接受其服务时应被视为同意该项押金退还规则。押金作为一种非典型担保，并非物权法律制度所规定的担保物权，其法律效果在不违背法律与公序良俗的前提下，应当以事人的意思为准。另外，就格式条款的效力评价而言，其要求当事人主动申请才退款的行为也并不符合《民法典》第四百九十七条"免除其责任、加重对方责任、排除对方主要权利"规定的情形。押金合同固然重要，但共享单车公司的主要合同义务在于提供符合骑行需求的单车，并非主动退款。而且，用户责任也并未因该押金规则而加重。所以，此种押金退款规则的效力不具效力瑕疵。其次，担保物权从属性的缓和已是立法所认可的一项趋势，法律需要积极适应社会现实，而非让现实适应法律规则。担保物权从属性的弱化在最高限额抵押权、最高限额质权上表现得尤为突出，其从属性无论是在成立上，还是在转移与消灭上均有别于传统的抵押权与质权。法定的担保物权既已如此，那么以当事人意思为基础设立的非典型担保自然应有更自由的空间。非典型担保产生的一项重要原因就在于其弥补了法定担保物权因过于僵硬而无法回应社会需求的缺憾。

3. 共享单车公司。押金系非典型担保的一种，共享单车公司在受让押金之时起即成为押金之所有人。原则上而言，押金受让人应当在所担保之合同履行完毕后将押金归还给出让人，但共享单车押金规则的特殊性使得押金受让人，即共享单车公司在出让人主动申请退款之前仍得保有该笔押金。

4. 共享单车企业必须设立押金专项账户，接受第三方监管，保证专款专用。例如，在企业注册地开立用户押金、预付资金专用账户，实施专款专用，接受交通、金融等主管部门监管，防控用户资金风险；比海市要求共享单车企业定期公开用户押金使用信息，主动接受社会公众监督；广州市则明确要求市商务委会同市金融局负责研究制订企业收取用户押金和预付充值金的安全监管措施。也有专家针对共享单车的"资金池"风险，建议将共享单车资金池正式纳入金融监管部门之中，规定必要的信息披露，设置强制资金托管、资金管理投资范围限定、定时管理绩效披露及准备金的备余等资金管理红线。

5. 学习贯彻二十大精神，深入开展法治宣传教育，增强全民法治观念。只有内心尊崇法治，才能从行为上遵守法律。要坚持法治教育与法治实践相结合，坚持全民普法和守法。深入开展法治宣传教育，使人们深刻认识到法律既是保障自身权利的有力武器，也是必须遵守的行为规范，以此培育全社会办事依法、遇事找法、解决问题用法、化解矛盾靠法的法治环境，形成守法光荣的良好社会氛围。努力使"尊法、学法、守法、用法"在全社会蔚然成风。

以案用法

白女士于2019年11月8日在丝芙兰官网上购买了一瓶资生堂新艳阳夏清透隔离防晒乳，订单号为153200101420ABCB。但由于一些特殊情况，11月9日，她向丝芙兰官网客服提出取消订单的要求，客服同意取消订单并于当天取消了订单，但截至11月20日，白女士仍未收到退款。

请分析：

1. 白女士已成功下单并付款，是否代表合同已经成立？为什么？
2. 丝芙兰官网不能按时退款，是否侵犯了消费者的合法权益？
3. 本案中，丝芙兰官网不按时退款的行为是否属于违约行为？

思考练习题

一、填空题

1. "电子商务权益保护法篇"包括以下三章的内容，即电子商务中的消费者权益保护法律制度、（　　　　　　）制度、（　　　　　　　　　　）法律制度。

2. 消费者的知情权指的是（　　　　　　　　　　　　）。

3. 消费者的安全权包括（　　　　　）、（　　　　　）、（　　　　　）信息产品的安全问题及使用网络服务的安全问题。

二、判断对错，并将错处改正

1. 财产安全权是指公民享有的私人生活安宁与私人信息依法受到保护，不被他人非法侵扰、知悉、搜索和公开等的一种权利。（　　）

2. 对于数字化商品，当发生信息不完全或有严重错误或含有病毒等破坏性程序时，消费者也不应要求退货。（　　）

三、多项选择题

1. 以下行为中，涉及侵犯个人信息隐私权的有（　　）。
   A．不当收集和利用个人资料
   B．从网上购买到了过期或变质食品
   C．利用现代信息技术不当收集、窥视、公开他人私事
   D．干扰个人自主、独立生活的权利或独处的权利

2. 以下情形中，属于对个人资料的不正当利用的有（　　）。
   A．个人数据二次开发利用
   B．未经当事人知晓或同意收集个人资料
   C．为了网上购物或接收其他信息服务，消费者必须提供个人信息
   D．上网时，个人信息被网站毫无声息地收集
   E．个人资料交易对个人信息的失控

3. 以下关于消费者知情权保护的说法中，你认为正确的有（　　）。
   A．应在法律中明确经营者的各方面信息披露义务
   B．应该配套建设完善的资信体系
   C．消费者要了解商品的技术指标情况，如用途、性能、规格、等级等
   D．消费者要了解商品或服务的价格及商品的售后服务情况
   E．向消费者提供商品和服务的广告及其相关信息必须是客观的、真实的

4. 以下关于消费者公平交易权保护的说法中，你认为正确的有（　　）。
   A．消费者有事先获悉和审阅格式合同条款内容的权利
   B．消费者可因格式条款内容无效而排除其适用
   C．网络经营者应给消费者提供更正电子错误的机会
   D．消费者有权了解商品或服务的价格及商品的售后服务情况
   E．对于显失公平的格式合同，消费者应当积极维护自己的合法权益

5. 以下关于消费者索赔权保护的说法中，你认为不正确的有（　　）。
   A．消费者使用商品后，其合法权益受到损害的，可以向销售者要求赔偿，不可向生产者要求赔偿
   B．因商品缺陷造成人身、财产损害的，消费者可向生产者要求赔偿，不可向销售者要求赔偿
   C．因产品存在缺陷以外的其他财产损害的，消费者可要求生产者承担赔偿责任
   D．售出的产品不具备产品应当具备的使用性能而事先未做出说明的，消费者可以要求销售者赔偿损失
   E．对于数字化产品，除非信息不完全或有严重错误或含有病毒等破坏性程序，一般情况下，消费者不应再要求退货

6. 以下关于消费者安全权保护的说法中，你认为正确的有（　　）。
   A. 公民享有的私人生活安宁与私人信息依法受到保护，不被他人非法侵扰、知悉、搜索、利用和公开等。这种权利被称为人身安全权
   B. 公民享有的私人生活安宁与私人信息依法受到保护，不被他人非法侵扰、知悉、搜索、利用和公开等。这种权利被称为隐私安全权
   C. 经营者应当采取适当措施保护个人数据文件免受自然危害（如突发性的丢失或损坏）和人为危害（如非授权访问、欺骗性滥用或被计算机病毒感染）的威胁
   D. 消费者的人身安全权，就是指消费者在网上所购买的物品不会使自己的生命和健康受到威胁

四、问答题

1. 消费者的隐私权主要包括哪四项权利？
2. 简述侵犯个人信息隐私权的主要内容。
3. 简述电子商务中消费者隐私权保护的内容。
4. 消费者索赔权保护主要依照的法律有哪些？
5. 电子商务中消费者安全权主要存在哪些问题？如何解决？
6. 简述电子商务中消费者知情权的保护措施。
7. 简述就电子商务中的格式条款问题，如何保障消费者的公平交易权。

电子商务
管制法篇

第 8 章 电子商务管制法律制度

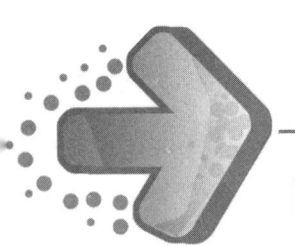

本章电子商务管制法律制度包含三大部分内容，分别是电子商务中的网络广告法律制度、电子商务中的税收法律制度及电子商务中的安全法律制度。

导入案例

（1）2011年12月，Facebook在好友状态更新News Feed中插入广告，引发用户争议。在Facebook上，如果某位用户在品牌厂商的网页上单击了"like"按钮，这一动作将会被当作好友状态更新的一部分，广播给所有好友，其中夹带广告主品牌，动态信息意指这位用户"喜欢这一品牌"。针对这一现象，美国安琪·夫拉里（Angel Fraley）将Facebook告上法庭，原告称：Facebook在用户动态中夹杂广告的举动，违反了加州的Right of Publicity Statute。根据此法，如果未经用户许可，广告主不得在收费广告中使用个人的名字和照片。另外，原告表示自己在单击企业网页"like"按钮的时候，并未意识到Facebook会强行将此当作"喜欢某个品牌"。Facebook辩解称：在社交网络上，对于好友来说，用户具有公众人物属性，其单击"like"按钮的举动，具有可传播的新闻价值。Facebook申请驳回原告诉讼。但美国加州联邦地方法庭法官做出裁决，驳回Facebook请求，支持原告诉讼。

（2）上海黎依市场策划有限公司（以下简称"黎依公司"）成立于1999年。作为公司的法定代表人兼经理，张某全面负责这家公司的经营管理。由于看好网上销售的前景，2006年6月起，黎依公司开始在互联网上经营婴儿用品，生意越做越大，堪称红火。2006年6月至12月，短短半年时间内，黎依公司销售货物的总金额便达到289.5万元。尽管销售额节节攀升，但张某为了偷逃国家税款，采用不开具发票、不记账的方式，不向税务机关申报纳税，经上海市普陀区国家税务局税务核定：黎依公司应缴增值税11万余元，已缴增值税0元。张某称在网络交易中大家都没缴税，自己才没有缴税。2007年6月5日，上海市普陀区人民检察院以"偷税罪"将黎依公司及法定代表人张某告上了法庭。

（3）小强（化名）是一位QQ飞车游戏迷，前一阵子，他添加了一个QQ游戏昵称为小战（盗号者）的为好友，因为玩得开心，小战就以试车为由跟小强要到了密码。由于QQ飞车游戏不存在交易系统，而且QQ飞车游戏中借号玩是很普遍的现象，所以小强心理上就没什么防备。随后的几天，小强的QQ账号没有什么异常，也让小强对账号密码泄露问题松懈了。再加上小战时不时还和小强一起玩QQ飞车游戏，更让小强对其没有了任何戒备之心，在与小战一起玩QQ飞车游戏的这段时间，小强在不知不觉中将一些私人保密信息透露给了小战。

某天，小强发现自己的QQ账号的密码被更改了，其他的各种密保也都被换了，小强这才意识到自己的 QQ 账号被盗了，后来他通过 QQ 安全中心官网申诉找回了自己的 QQ 账号，并对计算机进行了木马查杀，却什么也没有发现。一头雾水的小强也只能自认倒霉，这事也不了了之。但是接下来的日子，小强的 QQ 账号又被恶意申诉盗号了两次，事情慢慢演变成了申诉拉锯线。无奈的小强只好寻求好友的帮助，并且在好友的提示下删除了知道自己 QQ 账号密码的 QQ 飞车游戏好友之后，这才暂时保住了自己的 QQ 账号。直到后来小战盗号的行为在论坛被曝光后，小强这才知道原来是小战盗了自己的 QQ 账号。

以案说法

通过阅读导入案例，请思考以下问题。
1. 案例（1）中涉及与网络广告相关的哪些问题？
2. 利用网络广告进行不正当竞争的行为有哪些？
3. 你认为案例（2）中张某的辩称有法律依据吗？
4. 法院会对案例（2）中的黎依公司做出怎样的判决呢？
5. 作为 QQ 用户，应该如何应对恶意申诉盗号的行为？
6. 请思考电子商务交易普遍存在的安全隐患有哪些，并提出建议。

8.1 电子商务中的网络广告法律制度

8.1.1 网络广告概述

1. 网络广告的概念与特征

根据《广告法》第二条第一款的规定："在中华人民共和国境内，商品经营者或者服务提供者通过一定媒介和形式直接或者间接地介绍自己所推销的商品或者服务的商业广告活动，适用本法。"

网络广告就是利用网络从事的广告宣传活动，又称电子广告。从传统媒体广告分类标准来看，网络广告属于大众传媒广告。在网络技术被广泛应用之前，大众传媒一般是指广播、电视、报纸、杂志等以不特定的多数人为传播对象，具有媒体覆盖率高、宣传范围广的特点的信息传送方式，随着网络技术的应用与发展，网络超越了传统的时空，成为一种新的大众传媒。网络被誉为继报纸、广播、电视之后的第四媒体，具有区别于传统媒体的独特性。

（1）广泛性。互联网是一个没有地域国界的虚拟世界，一个站点的广告通过互联网可以传遍世界各地；只要具备上网条件，任何人在任何地点都可以搜索到全球各个厂商的广告信息。同时，网络广告不受时间限制，可以实现 24 小时不间断的服务，而且其传播速度也是任何其他传统媒体都无法比拟的。

（2）针对性。由于需要为用户提供多项服务，网站一般都建立了比较完整的用户数据库，记录用户的资料信息。这些信息可以帮助广告从业者分析市场和受众，并根据对象的具体情况有针对性地制作并发布广告,从而避免传统广告因盲目投放造成的花费颇多却收效甚微的缺点,达到事半功倍的效果。

(3)便捷性。网络广告是利用数字技术和多媒体技术制作而成的,用户通过互联网可以随时随地浏览。传统广告一旦发布便难以更改,即使可以改动,也需花费高额费用;而网络广告则能够按照需要及时变更,并且花费的成本较低。

(4)互动性。网络广告可借助多媒体技术,将产品的形状、用途、使用方法、价格、购买方法、支付方式等信息完整地展示在用户面前。而且其交互式界面还可以使用户在阅读时更有层次性:用户既可以充分了解产品或服务的完整信息及详细资料,又可以通过电子邮件及在线调查等方式及时向商家反馈意见、要求。由于克服了传统广告中信息发送及反馈的单向性、及时差性的缺点,网络广告可以在发布的过程中实现即时双向沟通,这有助于发布者根据客户需要及时调整广告策略及内容等,从而更好地满足客户要求。

(5)开放性。尽管传统广告的发布者(如广播、电视、报纸、杂志等)的覆盖面和迅捷程度也可以与网络比肩,但是在这些媒体上发布信息的源头是可控的。而网络的开放性,使之真正成为人人都可以操控的"大众媒体",任何人都有可能在网上发布类似的商业信息。

(6)普遍性。普遍性主要指在线广告主的普遍性。不论设立网站、主页、在线商店,还是仅仅成为在线用户或会员,只要通过网络推销、销售产品或服务,即在网上发布企业、产品或服务信息,人们实际上就成了广告主。可以说,几乎所有从事在线交易的人,都可能是广告主。这是在线广告或网络广告区别于传统广告非常重要的方面。

2. 网络广告的类型

从发布途径来看,网络广告可以分为以下 4 种类型。

(1)通过自设的网络发布的广告。普通的企业均可以通过自己的网站发布有关其自身产品或服务的广告。

(2)通过电子邮件发布的广告。即通过电子邮件将广告发送到一定数量的网络使用者的电子信箱中。

(3)通过企业或个人主页发布的广告。

(4)通过委托网络服务提供商(ISP)和其他网站发布的广告。在这类广告中,接受者是广告的发布者。

从网络广告的形式而言,网络广告可以分为以下几种类型。

(1)横幅广告。这类广告大多位于网页上端或下端,内容一般为公司名称、一段简短的信息和鼓励用户浏览该网页的字眼。这类广告可以是静态的,也可以是动态的,假如用户选择单击,就会跳转到广告主的网页。

(2)多媒体横幅广告。这类广告配合多媒体技术,如 Flash、Adobe Shockwave 和 Java,提供影像、音效、动画和照片。用户可以进入这些网页,而无须离开原本的网页。广告商从其他网页直接将广告内容传送给用户,让用户随意购物或登记资料,而不用离开正在浏览的网页。

(3)关键字或按钮广告。这类广告所占面积小,可以放在相关产品内容旁边。像多媒体横幅广告一样,这些关键字或按钮并不是互动的,当用户选择单击时,就会跳转到广告主的网页。

(4)电子邮件广告。电子邮件广告是互联网上最便宜的,也是最有效率的宣传方法,是互联网上较为有效的广告方式。通过电子邮件系统，商家可以将服务、产品信息传递给特定的消费者或某个网站的所有消费者。

（5）其他类型广告。通过互联网站、应用程序、小程序等，在以视频直播、音频直播、图文直播或多种直播相结合等形式开展营销的商业活动中产生的广告。

3．网络广告的目的

（1）宣传自己的网站或网络服务。

（2）宣传自己在网上经营的产品或服务。

（3）接受他人委托充当广告发布者，宣传他人的产品或服务。

8.1.2　电子商务中网络广告的法律问题

1．网络广告主题的界定问题

通过传统的平面媒体和电子媒体传播的商业广告，其广告主、广告经营者和广告发布者各自的定位和职责是清晰的。一般来说，广告经营者主要是指广告公司和一些经营广告的媒体，而广告发布者主要是指各种类型的媒体。如前所述，网络作为一种媒体，与其他传统媒体的最大区别就在于它的交互性，即任何主体既可以是网络上信息的接收者，又可以是网络上信息的发送者，而在目前还没有对在网络上信息发布做全面的资格审查和许可的情况下，网络广告极大地降低了信息发布的资格条件，无限地扩大了信息发布者的范围，由此也出现了广告主、广告经营者和广告发布者身份重合的现象，三者的界限在网络广告中日益模糊，使我们无法用现行的法律概念理解它们，产生了所谓认知上的困难。例如，传统的广告主，也就是一般的企业，大多已拥有自己的网站，在介绍自己企业的同时，还会发布大量的产品或服务信息，所以至少在广告主这一层次上，这类企业就往往集三者于一身了。因此，《广告法》对广告主、广告经营者、广告发布者的定义及其规制方式显然已不能适应网络广告的现状和发展。

2．网络广告的审查问题

广告面向的是社会公众，其传播范围广且社会影响大，因此国家行政主管部门必须对广告内容的真实性、合法性和妥当性进行严格审查和管理。

首先，广告不得有违法内容。《广告法》第九条规定："广告不得有下列情形：

"（一）使用或者变相使用中华人民共和国的国旗、国歌、国徽、军旗、军歌、军徽；

"（二）使用或者变相使用国家机关、国家机关工作人员的名义或者形象；

"（三）使用"国家级"、"最高级"、"最佳"等用语；

"（四）损害国家的尊严或者利益，泄露国家秘密；

"（五）妨碍社会安定，损害社会公共利益；

"（六）危害人身、财产安全，泄露个人隐私；

"（七）妨碍社会公共秩序或者违背社会良好风尚；

"（八）含有淫秽、色情、赌博、迷信、恐怖、暴力的内容；

"（九）含有民族、种族、宗教、性别歧视的内容；

"（十）妨碍环境、自然资源或者文化遗产保护；

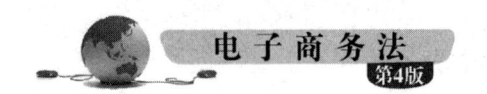

"（十一）法律、行政法规规定禁止的其他情形。"

其次，广告信息必须真实准确。依据《广告法》第八条规定："广告中对商品的性能、功能、产地、用途、质量、成分、价格、生产者、有效期限、允诺等或者对服务的内容、提供者、形式、质量、价格、允诺等有表示的，应当准确、清楚、明白。广告中表明推销的商品或者服务附带赠送的，应当明示所附带赠送商品或者服务的品种、规格、数量、期限和方式。法律、行政法规规定广告中应当明示的内容，应当显著、清晰表示。"第十二条规定："广告中涉及专利产品或者专利方法的，应当标明专利号和专利种类。未取得专利权的，不得在广告中谎称取得专利权。禁止使用未授予专利权的专利申请和已经终止、撤销、无效的专利作广告。"

最后，广告宣传方式必须适当。依据《广告法》第十三条和十四条的规定："广告不得贬低其他生产经营者的商品或者服务。""广告应当具有可识别性，能够使消费者辨明其为广告。大众传播媒介不得以新闻报道形式变相发布广告。通过大众传播媒介发布的广告应当显著标明'广告'，与其他非广告信息相区别，不得使消费者产生误解。广播电台、电视台发布广告，应当遵守国务院有关部门关于时长、方式的规定，并应当对广告时长作出明显提示。"

对于一些关系到消费者人身财产安全的特殊商品，《广告法》及有关法规规章都做出了更加严格的规定。第十六条规定："医疗、药品、医疗器械广告不得含有下列内容：（一）表示功效、安全性的断言或者保证；（二）说明治愈率或者有效率；（三）与其他药品、医疗器械的功效和安全性或者其他医疗机构比较；（四）利用广告代言人作推荐、证明；（五）法律、行政法规规定禁止的其他内容。药品广告的内容不得与国务院药品监督管理部门批准的说明书不一致，并应当显著标明禁忌、不良反应。处方药广告应当显著标明'本广告仅供医学药学专业人士阅读'，非处方药广告应当显著标明'请按药品说明书或者在药师指导下购买和使用'。推荐给个人自用的医疗器械的广告，应当显著标明'请仔细阅读产品说明书或者在医务人员的指导下购买和使用'。医疗器械产品注册证明文件中有禁忌内容、注意事项的，广告中应当显著标明'禁忌内容或者注意事项详见说明书'。"第十七条规定："除医疗、药品、医疗器械广告外，禁止其他任何广告涉及疾病治疗功能，并不得使用医疗用语或者易使推销的商品与药品、医疗器械相混淆的用语。"第十八条规定："保健食品广告不得含有下列内容：（一）表示功效、安全性的断言或者保证；（二）涉及疾病预防、治疗功能；（三）声称或者暗示广告商品为保障健康所必需；（四）与药品、其他保健食品进行比较；（五）利用广告代言人作推荐、证明；（六）法律、行政法规规定禁止的其他内容。保健食品广告应当显著标明'本品不能代替药物'。"根据广告准则第十九条规定："食品、酒类、化妆品广告的内容必须符合卫生许可的事项，并不得使用医疗用语或者易于与药品混淆的用语。"

网络作为新型的大众传媒，网络广告也应同样适用于上述规定，在网络上发布需要审查的广告也应当进行审查，这是广告管理必然的要求。《广告法》第四十三条规定："任何单位或者个人未经当事人同意或者请求，不得向其住宅、交通工具等发送广告，也不得以电子信息方式向其发送广告。以电子信息方式发送广告的，应当明示发送者的真实身份和联系方式，并向接收者提供拒绝继续接收的方式。"第四十四条规定："利用互联网从事广告活动，适用本法的各项规定。利用互联网发布、发送广告，不得影响用户正常使用网络。

在互联网页面以弹出等形式发布的广告，应当显著标明关闭标志，确保一键关闭。"第四十五条规定："公共场所的管理者或者电信业务经营者、互联网信息服务提供者对其明知或者应知的利用其场所或者信息传输、发布平台发送、发布违法广告的，应当予以制止。"这些规定说明国家对互联网广告的管理愈加严格，也逐步开始明确对网络广告的管理和审查机制。

同时，《广告法》也在渠道上考虑了网络广告的列举途径，第二十二条规定："禁止在大众传播媒介或者公共场所、公共交通工具、户外发布烟草广告。禁止向未成年人发送任何形式的烟草广告。禁止利用其他商品或者服务的广告、公益广告，宣传烟草制品名称、商标、包装、装潢以及类似内容。烟草制品生产者或者销售者发布的迁址、更名、招聘等启事中，不得含有烟草制品名称、商标、包装、装潢以及类似内容。"原条款只是列举了广播、电影、电视、报纸、期刊等，现施行的《广告法》从多渠道、多角度限制烟草广告的传播渠道，使执法机关可以更好地依法执法。《广告法》第四十六条规定："发布医疗、药品、医疗器械、农药、兽药和保健食品广告，以及法律、行政法规规定应当进行审查的其他广告，应当在发布前由有关部门（以下称广告审查机关）对广告内容进行审查；未经审查，不得发布。"据此，在网络上发布上述需要审查的广告，也必须接受审查。在电子商务环境下，现行的审查制度却很难有效地发挥作用。一方面，由于网络广告数量庞大并且形式复杂，以广告审查机关现有的技术能力，对浩如烟海的网络广告逐一进行审查并不现实，更何况网络广告具有开放性，任何企业或个人都可以随心所欲地发布并修改广告和类似信息。因此，对网络广告在其发布前予以审查很难真正实现。另一方面，目前我国对特殊广告的事前审查分为中央和地方两级，地方一级的审查职能由各省相应的行政管理机关按照行政区域划分。但是网络是超越地域的，网络广告的审查工作是否仍然依据传统的划分原则，即采取地域划分方式，当现实中并不存在实体企业而在网上设立销售平台的销售者要发布广告时，广告审查机关又应当如何确定其住所地呢？有学者认为此时应以该网上商店的设立者的住所地为依据，若其住所地无法确定，则应将为其提供网络连线服务的服务商的服务器所在地视为住所地。《广告法》还明确了广告监督管理机关的职责，新闻出版、广播电视主管部门及其他有关部门对发布违法广告行为的广播电台、电视台、报刊音像出版单位，不依法予以处理的，对负有责任的主管人员和直接责任人员，依法给予处分，治理违法广告需部门联动；明确规定市场监督管理部门的监管职责，包括建立广告监督管理信息系统，将违法广告行为记入信用档案并依法公示，受理投诉举报并做出处理等，强调形成部门合力，共同治理违法广告；增加了广告行业自律条款及消费者组织社会监督条款等。

3．网络广告衍生的新法律问题

互联网时代，网络广告数不胜数，如横幅广告、弹跳式广告、文本链接广告、电子邮件广告等，其具有广泛性、针对性、便捷性、互动性、开放性、普遍性的特点，满足了消费者的个性需求。随着网络营销市场的不断扩大，网络广告已经成为当今最有活力、最有希望的广告形式，但是由于网络广告内部环境及法律法规体系的不完善，近年来，网络上出现不少违法违规广告。概括起来，网络广告存在的问题主要有以下几个方面。

（1）网络"牛皮癣"广告问题。用户浏览网页时经常有一些小窗口的广告接二连三地跳出来，如同"牛皮癣"一样，有时还用障眼法、移花接木等手法让人防不胜防，它们始终跟随鼠标的移动而移动，严重影响用户的浏览网页的速度。

（2）网络虚假广告和欺骗性广告问题。虚假包含与事实不符和夸大事实两个方面，涉及的内容可能是所宣传的商品或服务本身的性能、质量、技术标准等，也可能是政府批文、权威机构的检验证明、荣誉证书、统计资料等，还可能是不能兑现的允诺。这些虚假宣传同样可以利用网络加以实现和表现出来。欺骗性广告是指广告主或广告制作单位或人员有主观上要欺骗消费者的故意，同时广告内容也是与事实不符的。传播的广告信息夸大其词，极尽诱使、误导之能事。网络虚假广告不仅严重挫伤了消费者对网络广告的信心，还扰乱了正常的市场竞争秩序，因此必须要求相关人员在广告中对商品或服务进行忠实描述，保证购买者能够获得物有所值的商品或服务。例如，上海一科技有限公司在网上销售的减肥药无任何批准文号，执法人员通过网上搜索，发现这家公司在网上自设平台，对经销的"减肥系1号""祛斑2号"等纯中药系列胶囊进行广告宣传，并设置"专家门诊部"链接、张贴"专家组"讨论病例的照片，还把多名消费者使用其产品所谓前后形象照片进行对比，附上"使用心得"。该行为严重违反了《食品广告发布暂行规定》第九条"视频广告中涉及特定功效的，不得利用专家、消费者的名义或者形象作证明"的规定。

《广告法》第三条和第四条规定："广告应当真实、合法，以健康的表现形式表达广告内容，符合社会主义精神文明建设和弘扬中华民族优秀传统文化的要求。""广告不得含有虚假或者引人误解的内容，不得欺骗、误导消费者。广告主应当对广告内容的真实性负责。"《反不正当竞争法》第八条规定："经营者不得对其商品的性能、功能、质量、销售状况、用户评价、曾获荣誉等作虚假或者引人误解的商业宣传，欺骗、误导消费者。经营者不得通过组织虚假交易等方式，帮助其他经营者进行虚假或者引人误解的商业宣传。"第九条规定："广告经营者不得在明知或者应知的情况下，代理、设计、只做、发布虚假广告。"

（3）网络隐性广告问题。所谓隐性广告，是指采用公认的广告方式以外的手段，使广告受众产生误解的广告。《广告法》第十四条规定："广告应当具有可识别性，能够使消费者辨明其为广告。大众传播媒介不得以新闻报道形式变相发布广告。通过大众传播媒介发布的广告应当显著标明'广告'，与其他非广告信息相区别，不得使消费者产生误解。广播电台、电视台发布广告，应当遵守国务院有关部门关于时长、方式的规定，并应当对广告时长作出明显提示。"传统媒体中的隐性广告比较容易识别，而网络上的隐性广告很难识别，其主要形式有下列两种。

① 以网络新闻形式发布的广告。一些网站专业化的程度高，拥有特定阅览群体，一些企业与这类网站有着特殊的关系。因此，网络也就模糊了新闻与广告的界限。

② 在网络论坛（BBS）上发布的广告。在BBS上发布的广告，主要是以论坛讨论问题的形式出现的。商业网站常在主页上开设专业论坛讨论企业产品与服务的性能、质量、功能之类的问题。而广告主会以网民的名义故意在论坛上提起论题，引发网友讨论进而兜售自己的产品。

（4）"垃圾邮件"广告问题。几乎所有电子信箱用户都遭遇过未经请求的大量电子邮件的折磨。这些未经请求的电子邮件，俗称"垃圾邮件"，绝大多数是各种商业广告。在某些情况下，这些广告已经发展到了令人难以忍受的地步，引起许多消费者的反感，并影响了人们对互联网的正常使用，成为互联网的公害之一。

针对这个问题，很多国家都采取了一定措施予以管制，例如，1998年，美国通过了《反垃圾邮件修正法草案》，规定电子邮件信件来源、主题信息必须明确，必须提供真实的联络渠道，收件人要求时必须及时将其从邮件名单中除去。1998 年，欧盟发布《关于电子商务市场在法制方面应有的规范的提案》，对电子邮件问题也做出了相应的规制。2003 年 2 月 25 日，《中国互联网协会反垃圾邮件规范》在北京正式被表决通过，并从即日起开始实施。它的发布施行结束了我国网络界在反垃圾邮件方面没有统一规范的局面。

（5）侵犯受众隐私权的问题。"垃圾邮件"广告问题的背后是值得我们深思的侵犯受众隐私权问题。例如，消费者在网上购物时留下的真实的个人资料被有些网站卖给广告商或企业，致使消费者的隐私权面临极大威胁；"垃圾邮件"广告泛滥，也严重影响了受众的情绪。根据我国《互联网电子邮件服务管理办法》规定，未经电子邮件接受者明确同意，不得向其发送商业广告类电子邮件。违者将由通信管理部门予以处罚。在美国，互联网旗帜广告客户经常收集广告访客的信息，用以确定他们的市场策略。由于广告商收集这些数据的手段处理得非常隐蔽，网民难以察觉，这样就引起了许多网民和隐私权保护组织的担忧。例如，美国加州的一位女士提出诉讼，控告互联网广告商 Double Click 非法取得并且贩卖消费者的私人资讯，宣称 Double Click 采用了 cookie 这个先进的计算机追踪技术，以识别网际网络的使用者，并且在未经同意的情况下收集网络浏览者的个人资讯。

（6）网络广告侵害用户权益现象严重。"黑公关"广告扰乱舆论场，网络广告虚假刷量，以及网络广告异常流量、异常点击问题依然很严重。

（7）违反社会公德和职业道德问题。一些网络经营者为了自身利益，发布含有淫秽、迷信等内容的网络广告，而中国的网民中青少年占绝大多数，网络经营者传播此类有悖健康文化的广告，严重阻碍了青少年的健康发展。

（8）侵犯知识产权和名誉肖像权的违法现象突出。网络上的非法入侵者窃取他人的商业秘密，并把窃取的信息作为自己的成果在网络上以广告的形式发布，严重侵犯了他人的知识产权。名誉肖像权问题体现在滥用名人肖像广告，具体表现为：有些企业事先未征得名人同意，把其肖像用于企业的商业广告宣传。

（9）广告主、广告经营者和发布者定位问题。在传统媒体广告环境下，广告主、广告经营者和发布者之间的区别是清晰的，但是在网络环境下，网络服务提供商和网络内容提供商既拥有传统媒体的传播平台，同时也集广告代理、制作和发布于一身，使我们无法用现行法律的概念和规则去理解和规范网络环境下的三种角色。另外，企业自由设立主页或站点进行自我宣传，任何人登录某一个站点发布广告或类似宣传信息，如何对其进行管制也是我们面临的新课题。例如，第三人利用电子邮件直接向他人散布广告或发送含有广告内容的信件。在这种情形下，是否该管制？又该如何管制呢？

4．网络广告与不正当竞争行为

某些经营者违反公平、诚实的原则，利用网络广告捏造、散布虚假事实，诋毁和损害竞争对手的商业信誉和商品声誉。《消费者权益保护法》第二十条规定："经营者向消费者提供有关商品或者服务的质量、性能、用途、有效期限等信息，应当真实、全面，不得作虚假或者引人误解的宣传。经营者对消费者就其提供的商品或者服务的质量和使用方法等问题提出的询问，应当作出真实、明确的答复。经营者提供商品或者服务应当明码标价。"《中华人民共和国反不正当竞争法》（1993 年 9 月 2 日第八届全国人大常委会第三次会议通过，2017 年 11 月 4 日第十二届全国人大常委会第三十次会议修订，以下简称《反不正当竞争法》）第八条规定："经营者不得对其商品的性能、功能、质量、销售状况、用户评价、曾获荣誉等作虚假或者引人误解的商业宣传，欺骗、误导消费者。经营者不得通过组织虚假交易等方式，帮助其他经营者进行虚假或者引人误解的商业宣传。"这意味着虚假宣传产品或服务，也是一种不正常竞争行为。虚假宣传包括两个方面：一方面是经营者对自身产品或服务的误导宣传；另一方面是经营者对他人产品的贬低或诋毁宣传。经营者对自身产品或服务的误导宣传可能涉及以下7个方面。

（1）产品制作过程或技术服务流程或技术安全性。
（2）产品或服务具有特殊的功能、目的、标准、等级或适用性。
（3）产品或服务的质量、数量或其他特性。
（4）产品或服务的来源或产地。
（5）对产品或服务所承诺或提供的条件、品质保证、售后服务等。
（6）产品或服务的价格或其价格的计算方式。
（7）经营主体。

通过贬低他人、抬高或宣传自己的产品或服务的行为，也是一种虚假宣传或广告，为《广告法》所禁止。《广告法》第十三条规定："广告不得贬低其他生产经营者的商品或者服务。"此类广告行为会直接侵害竞争对手商业信誉及产品或服务的声誉，是一种意图损害竞争对手合法权益的不正当竞争行为。

网络广告具有不同于传统广告的特点，利用网络广告进行不正当竞争从严格意义上说并不体现在广告的内容、形式、制作、发布上，而是表现在利用数字技术的新形式上，主要表现为以下几种。

（1）利用加框超链接技术。所谓加框超链接技术，是指此网站以分割视窗的方式将他人网站的内容呈现在自己网站的网页上，当浏览者点击此网站与他人网站的链接时，他人网站的内容会出现在此网站页面的某一个区域内，而此网站页面的广告则始终呈现在浏览者的面前，这样，此网站的广告就可以借助他人网站的内容而被宣传。在这一过程中，浏览者往往误以为自己并没有进入他人的网站。

（2）抄袭他人网站的内容。主要是指剽窃、抄袭他人网站的内容、主页的排版布局。这类抄袭固然有原封未动的照搬，但更常见的是大部分相同，仅小修小改，其目的只有一个：使浏览者误认为此网站为彼网站，以提高点击率，进行不正当的竞争。

（3）利用关键字技术。指的是投机者利用一定的技术或以关键字的方式把他人的驰名商标写入自己的网页，当浏览者利用搜索引擎搜索该关键字所属网站时，该投机者的网站便能和该驰名商标的网站一同出现，投机者以此来"搭便车"，提高点击率。

在网络世界，点击率是判别一个网站是否成功的标志，上述这些行为本身并不是制作、发布网络广告的行为，是不同于传统意义上的利用广告进行不正当竞争的行为；但它们能在事实上起到提高网站点击率的效果。由于相关的法律条文主要侧重于对传统商业广告的不正当竞争行为做出规定，对于利用网络广告进行不正当竞争行为却鲜有规定，所以应将这些行为归入不正当竞争行为，并设法加以解决。如将别人的驰名商标抢注为域名就是一种不正当竞争行为，这在域名法律制度中有专门陈述，不再赘述。

5. 违法广告应承担的法律责任

（1）《广告法》对违法广告的规制。《广告法》将广告法律关系的当事人分为广告主、广告经营者和广告发布者三类主体，并分别加以规制，对三者的法律责任也分别予以明确。

《广告法》第五十五条规定："违反本法规定，发布虚假广告的，由工商行政管理部门责令停止发布广告，责令广告主在相应范围内消除影响，处广告费用三倍以上五倍以下的罚款，广告费用无法计算或者明显偏低的，处二十万元以上一百万元以下的罚款；两年内有三次以上违法行为或者有其他严重情节的，处广告费用五倍以上十倍以下的罚款，广告费用无法计算或者明显偏低的，处一百万元以上二百万元以下的罚款，可以吊销营业执照，并由广告审查机关撤销广告审查批准文件、一年内不受理其广告审查申请。

"医疗机构有前款规定违法行为，情节严重的，除由工商行政管理部门依照本法处罚外，卫生行政部门可以吊销诊疗科目或者吊销医疗机构执业许可证。

"广告经营者、广告发布者明知或者应知广告虚假仍设计、制作、代理、发布的，由工商行政管理部门没收广告费用，并处广告费用三倍以上五倍以下的罚款，广告费用无法计算或者明显偏低的，处二十万元以上一百万元以下的罚款；两年内有三次以上违法行为或者有其他严重情节的，处广告费用五倍以上十倍以下的罚款，广告费用无法计算或者明显偏低的，处一百万元以上二百万元以下的罚款，并可以由有关部门暂停广告发布业务、吊销营业执照、吊销广告发布登记证件。

"广告主、广告经营者、广告发布者有本条第一款、第三款规定行为，构成犯罪的，依法追究刑事责任。"

同时《广告法》第五十六条还规定："违反本法规定，发布虚假广告，欺骗、误导消费者，使购买商品或者接受服务的消费者的合法权益受到损害的，由广告主依法承担民事责任。广告经营者、广告发布者不能提供广告主的真实名称、地址和有效联系方式的，消费者可以要求广告经营者、广告发布者先行赔偿。

"关系消费者生命健康的商品或者服务的虚假广告，造成消费者损害的，其广告经营者、广告发布者、广告代言人应当与广告主承担连带责任。

"前款规定以外的商品或者服务的虚假广告，造成消费者损害的，其广告经营者、广告发布者、广告代言人，明知或者应知广告虚假仍设计、制作、代理、发布或者作推荐、证明的，应当与广告主承担连带责任。"

另外，《广告法》也特别强调了广告代言人的问题，第三十八条规定："广告代言人在广告中对商品、服务作推荐、证明，应当依据事实，符合本法和有关法律、行政法规规定，并不得为其未使用过的商品或者未接受过的服务作推荐、证明。不得利用不满十周岁的未成年人作为广告代言人。对在虚假广告中作推荐、证明受到行政处罚未满三年的自然人、法人或者其他组织，不得利用其作为广告代言人。"

在网络广告中，广告主、广告经营者、广告发布者的身份常常"三合一"。当网站经营者在自己的网站为自己的产品或服务进行广告宣传时，网站经营者便集广告主、广告经营者、广告发布者于一身；而在为他人发布广告的情形下，网站经营者既可能为广告发布者，也可能同时兼任广告经营者。在前一种情形下，广告引起的侵权责任的责任承担变得简单了，均由网站经营者自己来承担；但后种情形就变得复杂了。

关于网络服务商在网络广告中的法律地位，仍然主要看网络服务者是否设计、制作广告并发布广告，也仍然可以援用 ICP 和 ISP 区分的原则，即主要看网络服务商是否直接介入广告制作与发布。如果受托从事设计、制作和发布，那么网络服务提供商或网站经营者即网络广告的经营者和发布者；如果不包括设计、制作，那么，其仅为广告的发布者。在这两种情形下，经营者均承担类似于 ICP 在信息传播中的责任，即对所制作和发布的广告内容的真实性、合法性负责。

（2）《消费者权益保护法》对违法广告的规制。随着电子商务的飞速发展，网络广告日益受到商家的青睐，成为其宣传、推介的常用工具。但以虚假不实的广告诱使消费者购买劣质商品，甚至欺骗消费者等问题也随之增多，广告是消费者网上购物的主要吸引源和参考源，消费者大多根据广告文字和图像进行判断做出购买决策。因此，虚假广告会误导消费者，进而引起纠纷。《消费者权益保护法》第四十五条对因虚假广告致使消费者权益受到侵害的经营者、广告制作发布者及相关参与各方做出了以下规定。

"消费者因经营者利用虚假广告或者其他虚假宣传方式提供商品或者服务，其合法权益受到损害的，可以向经营者要求赔偿。广告经营者、发布者发布虚假广告的，消费者可以请求行政主管部门予以惩处。广告经营者、发布者不能提供经营者的真实名称、地址和有效联系方式的，应当承担赔偿责任。

"广告经营者、发布者设计、制作、发布关系消费者生命健康商品或者服务的虚假广告，造成消费者损害的，应当与提供该商品或者服务的经营者承担连带责任。

"社会团体或者其他组织、个人在关系消费者生命健康商品或者服务的虚假广告或者其他虚假宣传中向消费者推荐商品或者服务，造成消费者损害的，应当与提供该商品或者服务的经营者承担连带责任。"

由于网络直播中虚假广告的出现，如直播中电商主播对商品的性能、功能、质量、销售状况、用户评价、曾获荣誉等相关方面进行虚假或引人误解的宣传，导致消费者产生错误认识，并做出了购买商品的决定，造成了相应的损失。根据《消费者权益保护法》第四十五条的规定："消费者有权要求作为电商经营者的商家和电商主播予以民事赔偿；电商主播作为广告的发布者，如不能提供经营者的真实名称、地址及有效联系方式的情况下，消费者也可同时要求电商主播承担赔偿的法律责任；关系到消费者生命健康的商品或服务的虚假广告造成消费者损害的，网络直播平台和电子商务平台均有可能与广告发布者共同承担连带责任。"

（3）《网络直播营销管理办法（试行）》对违法广告的规制。第十一条规定："直播营销平台不得为直播间运营者、直播营销人员虚假或者引人误解的商业宣传提供帮助、便利条件。"第二十八条、第二十九条规定："违反本办法，给他人造成损害的，依法承担民事责任；构成犯罪的，依法追究刑事责任；尚不构成犯罪的，由网信等有关主管部门依据各自职责依照有关法律法规予以处理。""有关部门对严重违反法律法规的直播营销市场主体名单实施信息共享，依法开展联合惩戒。"

8.1.3　网络广告法律问题的对策与建议

实现网络广告健康、可持续发展，应以制度为支撑，以行业内部人士的积极配合与消费者的自身行动为保障，减少网络违法违规广告的数量，营造绿色网络环境。

1. 采取法律规范及专门规章规范相结合的方式

针对目前网络广告宣传范围广、方便快捷、价格低、不受时间和空间限制的特点，违法违规广告受法律法规的制约较弱的现状，国家及相关政府部门应适时依据客观实际的变化,与时俱进地完善网络法律法规制度,规范网络广告行为。目前存在三种不同的观点:一是政府对网络广告不加过多干预,而由其自然发展;二是继续利用现有的广告法律规范,扩大适用范围,将网络广告纳入其中;三是制定专门适用于网络广告的新的广告法律规范。由于网络广告有别于其他形式的广告,所以第三种观点更为妥当,只有制定专门的法律规范,才能有针对性地、更准确地管理好网络广告,使之健康发展。

在制定新的广告法律规范时要采取三步走的立法模式:第一步,地方性法规和规章先行一步,即在条件成熟的地方针对网络广告的有关事项,在地方性法规、规章中先行予以体现;第二步,以规范网络广告主体为切入点,通过试点,摸索总结经验,由国家部委制定部门规章,进一步规范网络广告行为;第三步,由国务院制定专门的网络广告管理条例或提请全国人大常委会制定含有网络广告内容的统一电子商务法。

2. 采取政府管理与行业自律相结合的方式

加强网络广告行业自律意识,要从自我教育入手,抓好学法、普法和职业道德教育,使广告从业者懂得广告行业与国民经济、社会发展、消费者切身利益的关系,从而体会到职业的神圣;制定行规、行约并坚持执行,坚决对违反广告行业规则的单位进行处罚;开展行业评价、资质认定工作,加强平时监督工作;积极开展广告发布前的咨询和审查工作,避免虚假广告和其他违法广告的出现。作为网络运作管理的重要环节的ISP,其自律也十分关键。一方面,ISP必须自觉遵守《广告法》和相关法规,抵制不正当竞争行为和违法广告;另一方面,ISP应当在经营范围内,规制其所托管的主页,做好监管,一旦发现恶意广告,就要履行善意管理人的法律义务。

为了更好地规范网络广告,除行业加强自律意识外,政府职能部门也应加强对网络广告的监管。从便于对网络广告监管的角度出发,可以考虑由工业和信息化部、工商行政管理部门及消费者权益保护部门等多部门协同努力,共同做好对网络广告的监管工作。

3. 建立和完善网络广告监测体系

开发高新技术、建立网络科技检测体系,培养高素质、高水平的监测队伍。网络信息浩如烟海,且隐含的违法广告信息需要由专业的人员监测才能发现,网络广告传播的无限性、复杂性使得监测的难度较大,因此开发网络广告监测新技术,培养专业监测人员,大幅度提高网络广告的可监测性势在必行。

4. 实现网络广告的国际保护

随着互联网在世界各地的逐步普及和全球信息化的发展,对网络广告的管理已不再是某一国家要应对的内部问题。在这种情况下,各国应加强与世界其他国家的交流和合作,做到互通互助,共同为全球网络广告的发展提供一个良好的环境。最好的办法是制定一个全球性的保护政策,通过国际公约多国协作推进网络广告治理。

5. 提高消费者的自我保护意识

开设多方位讲座,向消费者传播正确的网络违规广告自我维权方法,提高消费者自我维权意识。

8.1.4　建立、健全我国的网络广告法律制度

法学理论上向来有一般法和特别法的区别，一般法适用于法律规范对象的一般情况，而特别法适用于法律规范对象的特殊情况。一般法与特别法的关系是，在特殊情况下，优先适用特别法。就网络广告而言，网络广告只是广告的一种特殊形式。要建立、健全我国的网络广告法律制度，首先应在《广告法》中新增关于互联网广告的规定。互联网是一种新生事物，《广告法》规定未经当事人同意或请求，不得向其住宅、交通工具等发送广告，也不得以电子信息方式向其发送广告。弹出广告应当确保一键关闭。互联网信息服务提供者，对利用其平台发布违法广告的，应当予以制止。但是由于互联网的广告形态很多，技术比较复杂，产生的具体问题不可能在广告法这一部法律里找到相关规定，所以之后还要专门出台互联网广告管理办法，并在新广告法里有所体现。《广告法》第四十四条规定："利用互联网从事广告活动，适用本法的各项规定。利用互联网发布、发送广告，不得影响用户正常使用网络。在互联网页面以弹出等形式发布的广告，应当显著标明关闭标志，确保一键关闭。"继而我国在2016年颁布了《互联网广告管理暂行办法》，颁布此法是为了规范互联网广告活动，保护消费者的合法权益，促进互联网广告业的健康发展，维护公平竞争的市场经济秩序，此法是根据《中华人民共和国广告法》等法律、行政法规制定的，由原中华人民共和国国家工商行政管理总局第87号令公布，自2016年9月1日起施行。

《互联网广告管理暂行办法》第三条规定："本办法所称互联网广告，是指通过网站、网页、互联网应用程序等互联网媒介，以文字、图片、音频、视频或者其他形式，直接或者间接地推销商品或者服务的商业广告。

"前款所称互联网广告包括：

"（一）推销商品或者服务的含有链接的文字、图片或者视频等形式的广告；

"（二）推销商品或者服务的电子邮件广告；

"（三）推销商品或者服务的付费搜索广告；

"（四）推销商品或者服务的商业性展示中的广告，法律、法规和规章规定经营者应当向消费者提供的信息的展示依照其规定；

"（五）其他通过互联网媒介推销商品或者服务的商业广告。"

同时《互联网广告管理暂行办法》第十二条和第十四条规定了互联网广告主体形式："互联网广告发布者、广告经营者应当按照国家有关规定建立、健全互联网广告业务的承接登记、审核、档案管理制度；审核查验并登记广告主的名称、地址和有效联系方式等主体身份信息，建立登记档案并定期核实更新。互联网广告发布者、广告经营者应当查验有关证明文件，核对广告内容，对内容不符或者证明文件不全的广告，不得设计、制作、代理、发布。互联网广告发布者、广告经营者应当配备熟悉广告法规的广告审查人员；有条件的还应当设立专门机构，负责互联网广告的审查。""广告需求方平台是指整合广告主需求，为广告主提供发布服务的广告主服务平台。广告需求方平台的经营者是互联网广告发布者、广告经营者。媒介方平台是指整合媒介方资源，为媒介所有者或者管理者提供程序化的广告分配和筛选的媒介服务平台。广告信息交换平台是提供数据交换、分析匹配、交易结算等服务的数据处理平台。"

《互联网广告管理暂行办法》第十六条规定了互联网广告活动中禁止的行为。

"（一）提供或者利用应用程序、硬件等对他人正当经营的广告采取拦截、过滤、覆盖、

快进等限制措施；

"（二）利用网络通路、网络设备、应用程序等破坏正常广告数据传输，篡改或者遮挡他人正当经营的广告，擅自加载广告；

"（三）利用虚假的统计数据、传播效果或者互联网媒介价值，诱导错误报价，谋取不正当利益或者损害他人利益。"

《互联网广告管理暂行办法》的出台与互联网行业的发展是紧密相关的，我国最早的广告法是1995年开始实施的，当时还没有互联网广告这种形式的广告，所以这部法律里对互联网广告只字未提。随着互联网技术的飞速发展，广告的形态也在不断地演化。市场监督管理总局从2011年就开始研究针对互联网广告的管理办法，2015年新《广告法》颁布实施后，第四十四条"利用互联网从事广告活动，适用本法的各项规定"的规定，为互联网广告的立法立规工作提供了更有力的法律支撑。《互联网广告管理暂行办法》旨在从互联网广告实际出发，落实新《广告法》的各项规定，规范互联网广告活动，保护消费者的合法权益，促进互联网广告健康发展，维护公平竞争的市场经济秩序。

近年来，我国互联网广告发展迅速，成为我国广告产业最大和增速最快的板块，也成为商品生产经营者及服务提供者的重要选择。互联网广告迅速发展的同时，问题也逐步显现。监测显示，互联网虚假违法广告问题时有发生。由于互联网广告有诸多不同于传统广告的特性，各级市场监管部门在查办虚假违法的互联网广告案件时，遇到许多特殊问题和困难，亟须通过立法立规解决。

《互联网广告管理暂行办法》对互联网广告概念的外延进行了描述："本办法所称互联网广告，是指通过网站、网页、互联网应用程序等互联网媒介，以文字、图片、音频、视频或者其他形式，直接或者间接地推销商品或者服务的商业广告。"互联网广告包括以推销商品或服务为目的，含有链接的文字、图片或视频等形式的广告、电子邮件广告、付费搜索广告、商业性展示中的广告，以及其他通过互联网媒介发布的商业广告等。

《互联网广告管理暂行办法》规定："互联网广告应当具有可识别性，显著标明'广告'，使消费者能够辨明其为广告。付费搜索广告应当与自然搜索结果明显区分。"互联网广告的广告主对广告内容的真实性负责，广告发布者、广告经营者按照《广告法》的规定履行查验证明文件、核对广告内容的义务。

针对互联网广告违法行为，《互联网广告管理暂行办法》第十八条规定了以广告发布者所在地工商行政管理部门管辖为主，广告主所在地、广告经营者所在地工商行政管理部门管辖为辅的管辖原则。互联网广告违法行为一般由广告发布者所在地工商行政管理部门管辖；如果广告主所在地、广告经营者所在地工商行政管理部门先行发现违法线索或收到投诉、举报的，也可以进行管辖。广告主自行发布违法广告的，由广告主所在地工商行政管理部门管辖。

《互联网广告管理暂行办法》还规定了互联网广告程序化购买经营模式中，各方参与主体的义务与责任，互联网广告活动的行为规范，市场监管部门在查处互联网广告违法行为时可以行使的职权，以及实施违法行为的法律责任等。

《网络直播营销管理办法（试行）》第十一条规定："直播营销平台提供付费导流等服务，对网络直播营销进行宣传、推广，构成商业广告的，应当履行广告发布者或者广告经营者的责任和义务。直播营销平台不得为直播间运营者、直播营销人员虚假或者引人误解的商业宣传提供帮助、便利条件。"

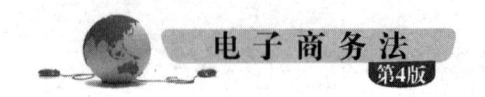

8.2 电子商务中的税收法律制度

8.2.1 电子商务对税收政策产生的影响

税收是国家财政收入的主要来源,也是国家实行宏观调控的重要经济杠杆之一。我国现行税种包括流转税、收益税、资源税、财产税、行为税等。其中流转税和收益税是我国税收制度中的主要税种,也是电子商务涉及的主要税种。流转税是以商品交换和提供劳务而发生的全部或部分货币流转额为课税对象的一类税,是许多发展中国家的主要税种。我国现行的流转税制度主要包括增值税、营业税、消费税和关税。收益税主要包括企业所得税、个人所得税等,是以纳税人的各种收益额为征税对象的一类税。

近年来,随着电子商务交易数额的持续增长,一种潜在的、庞大的税源正在逐渐形成,电子商务中的税收问题成了亟待解决的难题之一。一方面,电子商务是一种商业活动,从事电子商务的主体毫无疑问应当纳税;另一方面,作为一种新型的商业活动,电子商务的全球性、无形性、无纸化等特点给传统的税收征管体制带来不可忽视的挑战。

1. 纳税主体的复杂化、模糊化和国际化

传统税制规定,单位和个人无论从事商品生产、销售还是提供劳务、服务,都需要办理税务登记。税务登记是税收管理工作的基础,是税务机关对纳税人实施管理的基本手段。网络的出现为电子商务主体的虚拟化提供了无限的可能,从事电子商务的主体不必在某个国家或地区进行税务登记就可以在网络上进行交易,进而使电子商务超越了边界和时空的限制,这在很大程度上增加了确认从事电子商务的主体身份的难度,甚至在某些情况下几乎是不可能的,最终导致纳税主体的复杂化、模糊化和国际化。

2. 无形产品容易带来的税收问题

传统的税收理论以有形化的产品和服务的流转交易为规范对象,是建立在有形交易的基础上的。而电子商务作为一种新的交易方式,存在许多信息产品等无形产品的交易,这使现行的税收体制一时无所适从。

(1) 无形产品交易使征税对象难以确定。征税对象是指税法规定对什么征税,即征税客体。如流转税以商品和非商品流转额为征税对象;营业税以提供应税劳务、转让无形财产或销售不动产的营业收入为征税对象。征税对象是区分各税种的首要标志,而不同税种的税率、税收环节等税收政策也各不相同。在传统商务中,区分不同税种的征税对象是容易的;而在电子商务中,往往难以界定以数字化形式存在的信息产品的征税对象。例如,在传统商务中,当计算机软件记录在光盘等有形载体上销售时,按商品销售征收增值税。而在电子商务中,计算机软件的销售可以通过在线传送、在线下载等方式实现,不需要有形物品的交付,此时很难界定这种无形产品的交易应当是按商品流通征收增值税,还是按提供劳务或转让无形财产征收营业税。不同的界定对纳税人意味着不同的税率、不同的税收政策。即便无形产品交易的征税对象得以明确,假设税法规定为按商品流通征收增值税,仍然存在无形产品交易和在线服务难以区分的问题。增值税和营业税的税率不同,可能造成不同的纳税人的税负不同,使得纳税人倾向按低税负的税种申报,以达到一定程度的避税目的。

（2）无形产品交易使纳税环节模糊不清。纳税环节是应税商品在其整个流转过程中，税法规定的应当纳税的环节。现行税法对纳税环节的规定是以有形商品的流通过程和经营业务活动为基础的。有形商品在不同环节的流动非常清晰，便于在不同的纳税环节进行征税；而无形产品交易具有很强的隐蔽性，商品在不同环节的流动表现为数字化信息的流动，而且交易在信息流动瞬间即可完成，由于不存在有形物品的流动，税收部门难以进行监控，加之交易双方为了交易安全通畅还会采取一定的加密措施，使得无形产品在各环节的流通更加难以区分。

（3）跨越国境的无形产品交易使关税征收之门形同虚设。关税是一国对进出本国国境的货物或物品征收的税种，是一国经济主权的表现。传统交易方式下，关税的征收由海关对进出口的商品进行价格和数量的检查评估，依法确定征收关税的数额。而对跨越国境的无形产品交易而言，海关根本无从得知，也无法进行监控，更无法征收相应的关税。例如，美国某软件公司向中国某公司销售软件产品，中国某公司通过互联网在线向美国某软件公司支付了购买软件的费用，美国某软件公司在线履行了交付软件的义务，整个交易是一个完全电子商务过程。在这个交易中，由于没有有形商品进入中国某公司，传统的关税征收制度发挥不了作用，无法对其征收相应的关税。相反，美国某软件公司采取有形商品交付的履行方式，先将软件存储在光盘上，然后通过海关运入中国国境并交付给中国某公司，实际上与前面的在线履行仅仅是履行方式上的差异，交易本身并无不同，但关税征收结果截然不同。

3．对增值税属地原则的冲击

增值税是流转税种的一类重要税种，在我国税收制度中占有重要地位，是最大的税种。增值税是以销售、进口货物，以及提供加工、修理修配劳务的单位和个人取得的增值额为计税依据的一种流转税。电子商务尤其是在线履行的电子商务，对于税收征管部门来说，确定其商品和劳务的销售地非常困难。例如，国外 A 网站通过互联网销售并传送数字化产品给我国某公司，按照我国税法，应当向国外 A 网站征收进口货物增值税；同样，如果国外 A 网站是通过互联网向我国某公司提供修理修配技术指导的，应当按应税劳务征收增值税，但实际上我国税务机关很难掌握这些交易的相关信息，包括交易本身，以及商品、劳务的销售地。反之，当国内企业通过电子商务出口货物时，又会存在如何通过确定产品和服务的销售地进而确定按出口产品享受出口退税优惠的问题。随着电子商务的发展，电子商务不发达地区的税收将严重流失，电子商务发达地区将获得丰富的税源，加剧国家和地区间税源分布不均衡。

随着电子商务的发展，增值税在整个税收体制中所占的比重发生了较大的变化。电子商务极大地减少了交易的中间环节，生产商同时也可以是批发商、销售商，可以通过电子商务直接向最终用户销售自己的产品。传统商务中商品在不同纳税环节的流通过程，可以简化为在一个企业内部的不同部门之间的流动，导致增值税征收环节较少，以商品生产流通和劳务服务各个环节中的增值额为征税对象的增值税总量趋于减小，增值税在税收总额中的比重逐渐下降。

4．电子商务带来的避税问题

防范避税工作历来都是各国税务当局征收管理工作中的一项重要内容。避税是指纳税人用不违法的手段，在税收法规许可的范围内，通过经营和财务活动的安排，达到规避或减轻税收负担的目的。尽管避税并不违反税法的规定，但本质上与税收立法意图相悖，避税不仅使国家税基受损、税款流失，还会影响资本的正常流动，破坏公平竞争的经济环境。由于各国、各地区在税收法律制度上存在差异，各国纳税人可以利用居所转移、收入和财产转移、定价转移与国际避税地等方式来达到避税目的。电子商务的全球性、高科技性在为企业经营获得最大限度的利润、提供便利手段的同时，也为避税手段的使用提供了更大的操作空间。

（1）电子商务环境下更易利用转移定价实现避税。转移定价是跨国公司经常采用的一种避税手段，跨国公司一般通过向国外关联企业以高于国际市场的价格进口产品或劳务，以减少在高税负国家企业的利润，降低相应的税负，达到一定程度的避税目的。而互联网的出现，使跨国企业更容易在全球范围内实现内部价格转移。同时，网络交易技术和网络加密技术使税务机关对跨国公司内部价格转移的监管和控制也更加困难。此外，电子商务中常设机构的难以确定导致难以对跨国企业内部交易进行区分，使跨国公司更容易利用转移定价方式实现避税。

（2）电子商务环境下更易利用国际避税地避税。国际避税地避税是先通过在国际避税地建立公司，然后通过避税地公司与其他地方的公司进行商业、财务运作，把利润转移到避税地，靠避税地的免税收或低税收减少税负的避税方式，英属维尔京群岛、开曼群岛、百慕大等地区由于油污不征收任何所得税而成为众多公司的国际避税地，但前提是公司必须要在上述地区根据当地法律进行登记注册。网络环境下，国际避税地更容易成为全球企业的避税地，公司注册更为简单方便，如位于拉丁美洲的太平洋安提瓜岛已在国际互联网上建立网址，宣布可向使用者提供"税收保护"。

（3）利用避税地的"网络银行"避税。电子支付方式尤其是网络银行与电子货币的出现，使电子交易具有很强的隐蔽性。通常国内银行是一国税务机关重要的信息源，税务机关有权对纳税人的银行账户进行经常性的检查。但如果网上银行设在避税地，税务机关就很难对支付方的交易进行监控，避税更容易实现。目前，一些公司已开始利用电子货币在避税地的"网络银行"开设资金账户以实现避税。

5. 无纸化带来的税收征管问题

电子商务的无纸化也给税收征管带来了前所未有的困难。传统的税收征管是建立在税务登记和各种票证及账簿的基础上的，《中华人民共和国税收征收管理法》第十九条规定："纳税人、扣缴义务人按照有关法律、行政法规和国务院财政、税务主管部门的规定设置帐簿，根据合法、有效凭证记帐，进行核算。"第二十四条规定："帐簿、记帐凭证、完税凭证及其他有关资料不得伪造、变造或者擅自损毁。"《中华人民共和国税收征收管理法实施细则》第二十九条规定："账簿、记账凭证、报表、完税凭证、发票、出口凭证以及其他有关涉税资料应当合法、真实、完整。账簿、记账凭证、报表、完税凭证、发票、出口凭证以及其他有关涉税资料应当保存10年；但是法律、行政法规另有规定的除外。"

传统的税收征管和税务稽查把纳税人合法、真实、完整的账簿，凭证作为计税和稽查的依据。而电子商务交易的隐蔽性、交易地点的不确定性及对象的复杂性，导致电子商务税收面临征管模式、手段和流程等方面的挑战，例如，电子商务是在互联网环境下进行产品订购、支付甚至数字化产品交付的，记录交易流程的订单、合同、作为销售凭证的各种票据都以电子形式存在。这些电子凭证可被不留痕迹地修改与删除，导致传统的税收征管失去基础。

电子商务的特征不仅使传统的税收管理和稽查失去了直接的凭证和信息，还增加了税收征管的复杂性，加大了税收稽查的难度。即便电子货币、电子票据、电子划拨技术已被广泛使用，由于电子凭证是以非连续性的数字存储方式记录的，易于被删除、编辑、截断等，且不留痕迹，不像纸面凭证的涂改、伪造容易通过技术手段查明，电子商务税收征管仍然存在电子纳税凭证的真实性问题。为了保证电子商务交易的安全，所有的电子凭证都是经过加密的，除非信息所有人通过自己掌握的私人密钥进行解密，否则根本无法得知交易信息。而强制其交出私钥，不但与保护隐私权相冲突，而且一旦所有人拒绝交出，税务机关就没有其他途径获得交易信息。

8.2.2　国际与国内电子商务税收政策

1. 国际电子商务税收政策

对电子商务要不要征税，应该征收哪些税种，目前有两种主张，即免税派和主税派。

（1）美国的电子商务税收政策。作为电子商务发展的主导者、先行者及全球最大受益者，美国主张尽量减少管制措施，这一主张确实极大地促进了因特网及电子商务的发展，同时，从技术和管理的角度来看，也给电子商务征税增加了相当大的难度。美国的主张也反映了当前电子商务税收的现状。

1997年7月，美国发布了《全球电子商务纲要》，提出了发展电子商务的五大原则，包括继续由私人企业主导因特网的发展，政府应避免对电子商务做不当的限制等。根据这些原则，其制定出相关税收政策的原则，包括：不妨碍和歧视任何一种贸易；简单、透明、易于执行；减少交易当事人税收纪录保持和相关费用的负担。

1998年10月，美国正式通过了《互联网免税法》，规定禁止对互联网征税及对电子商务实行多重征税或歧视性税收政策。

2013年5月，美国通过《市场公平法案》，根据该法案，当企业通过互联网、邮购、电话和电视等渠道出售产品时，必须缴纳销售税。其中，在线年销售额不满100万美元的小企业享有豁免权。此外，该法案还将征税范围扩大至移动应用开发者、云计算服务等数字产品的相关领域。

（2）欧盟的电子商务税收政策。以欧盟为代表的征税派认为，税收系统应具备法律确认性，电子商务不应承担额外税收，但其也不希望免除现有的税收。造成这种状况的根本原因在于，美国联邦一级实行的是以所得税为主的税制，销售税由各州征收，对电子商务不征税并不会直接影响联邦的税收收入；而由于欧盟成员国大多实行的是增值税税制，所以为了保护成员国的利益，欧盟坚持对电子商务征收增值税。

1999年，欧盟提出了电子商务的税收准则：对电子商务不开征新的税种，而是使用现有税种；数字化产品的在线传送视为应税劳务征收增值税；电子商务税收政策应易于执行；应确保电子商务税收的征收效率；为了便于税收征管，应对可能实行的电子票据做出规定。

值得关注的是，欧盟坚持对电子商务征收增值税，1998年6月，欧盟委员会发表了《关于保护增值税收入和促进电子商务发展的报告》，在与美国就免征电子商务（在互联网上销售电子数字化产品）关税问题达成一致的同时，也使美国同意将通过互联网销售数字化产品视为劳务销售，征收间接税即增值税，并坚持在欧盟成员国内对电子商务交易征收增值税，该方案要求欧盟境外的通过互联网向欧盟境内有增值税纳税登记的顾客销售金额在10万欧元以上的企业，在欧盟境内进行增值税纳税登记，并缴纳增值税。

欧盟针对电子商务征收增值税的法令在2003年7月1日正式生效，根据该法令，无论供应商的所在地在哪里，欧盟居民的所有网上购物（包括软件和音乐等）都必须缴纳增值税。同时对欧盟企业向欧盟境外的企业和个人消费者提供的电子商务不再征收增值税。

（3）经济合作与发展组织（OECD）的电子商务税收政策。OECD一直以来对全球电子商务活动保持着密切的关注，并设有若干委员会负责相关领域的电子商务问题研究，尤其是深入研究电子商务税收问题。

1997年11月，OECD在芬兰举行会议，就电子商务税收问题达成以下共识：任何税收均应维持中立并确保税收合理，避免重复征税和过多的征纳成本；政府与企业界应共同合作，解决税收问题；国家间应加强合作解决电子商务税收问题；税收不应阻碍电子商务的政策发展；比特税是不可行的。

1998年10月，OECD在加拿大渥太华召开了协调各成员国有关电子商务经济政策的部长级会议，通过了《电子商务：税收框架条件》，会议提出国家税收机构应当简化其税收体系，尤其是对于规模较小的电子商务企业，并明确表达了互联网很难适用增值税。OECD的财政事务委员会主张"用来指导政府对传统商务征税的原则也应该用来指导其对电子商务进行征税"。关于消费税，该委员会主张消费行为发生地就是征税地，对于数字化产品，如数字化书籍、音乐及软件的交易，应该和其他产品的交易区别对待。会议还决定了国际组织今后对网上交易税收的政策分工：关税由世界贸易组织（WTO）负责，海关程序由世界海关组织负责，增值税由欧盟负责，国际税收和直接税问题由OECD负责。

（4）其他国际组织的电子商务税收政策。考虑到电子商务可能成为未来信息社会的重要税收来源，世界上许多国家对电子商务税收问题仍处于观望或研究阶段。OECD提出，对电子商务课税的基本方针是既要防止偷、漏税又要保护产业的健康发展，各国在税收管辖权的划分上要采取合作协调态度，而不应采用进攻性措施。

1988年5月20日，WTO在日内瓦召开的第二次部长级会议上采纳了《关于全球电子商务宣言》，并督促WTO总干事建立全面的工作计划，研究与贸易有关的全球电子商务问题，包括电子商务税收问题。会议同时达成协议，WTO成员将继续对可在互联网上交付使用的软件等电子交易免征关税。关于电子商务征税，GBDe（Global Business Dialogue on e-Commerce）团体倡导政府与商务部门加强对话，增进合作，强调改进基本税收原则，以及直接税、间接税的运用，建立一个长远、消除竞争上的扭曲、简单易行、中立而且是全球可行的税收政策。

（5）发展中国家的电子商务税收政策。大多数发展中国家基本属于电子商务进出口国，对通过互联网交易并传送的产品（如软件、音乐产品等），既不征收进口税也不征收增值税。这种税收政策必然会扩大发展中国家在电子商务税收方面的损失，加剧与发达国家的经济实力差距。因此，发展中国家大多主张对电子商务征收关税，以保护民族产业和本国利益。与此同时，发展中国家对电子商务交易是否免征销售税（增值税）也相当谨慎，没有公开承诺免征销售税。印度于1994年4月28日做出一项决定：对在境外使用计算机系统而由印度公司向美国公司支付的款项,均视为来源于印度的特许权使用费并在印度征收预提税。此项决定是对美国免税主张的一个坚决否定。

2. 我国电子商务税收政策

《电子商务法》第十一条明确规定:"电子商务经营者应当依法履行纳税义务,并依法享受税收优惠。依照前条规定不需要办理市场主体登记的电子商务经营者在首次纳税义务发生后,应当依照税收征收管理法律、行政法规的规定申请办理税务登记,并如实申报纳税。"

什么是电子商务经营者呢?根据《电子商务法》第九条规定:"本法所称电子商务经营者,是指通过互联网等信息网络从事销售商品或者提供服务的经营活动的自然人、法人和非法人组织,包括电子商务平台经营者、平台内经营者以及通过自建网站、其他网络服务销售商品或者提供服务的电子商务经营者。本法所称电子商务平台经营者,是指在电子商务中为交易双方或者多方提供网络经营场所、交易撮合、信息发布等服务,供交易双方或者多方独立开展交易活动的法人或者非法人组织。本法所称平台内经营者,是指通过电子商务平台销售商品或者提供服务的电子商务经营者。"不管是电子商务经营者还是第三方平台,都应依法办理工商登记,履行纳税义务。但依法无须取得许可的个人技能提供劳务、家庭手工业、农产品自产自销,以及依法不需要登记的除外。不需要办理市场主体登记的电子商务经营者在首次纳税义务发生后,应当依照税收征收管理法律、行政法规的规定申请办理税务登记,并如实申报纳税。

近期,日益普及的网络直播带货引发了不少税收问题,《网络直播营销管理办法(试行)》第八条、第十六条规定:"直播营销平台应当对直播间运营者、直播营销人员进行基于身份证件信息、统一社会信用代码等真实身份信息认证,并依法依规向税务机关报送身份信息和其他涉税信息。直播营销平台应当采取必要措施保障处理的个人信息安全。""直播营销平台应当提示直播间运营者依法办理市场主体登记或税务登记,如实申报收入,依法履行纳税义务,并依法享受税收优惠。直播营销平台及直播营销人员服务机构应当依法履行代扣代缴义务。"

8.2.3 我国电子商务税收体制

电子商务的迅猛发展要求我国必须改革现有的税收管理体制。国务院办公厅于2005年1月8日发布了《国务院办公厅关于加快电子商务发展的若干意见》,要求有关部门研究制定鼓励电子商务发展的财税政策,加快研究制定电子商务税费优惠政策,加强电子商务税费管理。电子商务税收体制的建立是一个系统化的工程,应当事先从税务登记、账簿凭证管理、纳税申报、税款缴纳、发票管理到纳税检查等各个环节推进税收征管的电子化、网络化,建立、健全配套的电子商务税收体制。

(1)建立电子税务登记制度。国家税务总局应当制定全国统一的网络交易纳税人的识别码及相应的查询信息库,建立网络交易纳税人的登记管理制度。从事电子商务的纳税人应到当地税务机关办理电子税务登记,填报企业买卖商品与提供服务所建立的网址、网上商品交易的种类、品名,以及用于交易结算的方法、网络银行账户、电子邮箱地址、服务器所在地等相关资料,税务机关审查后向其分配唯一的纳税识别码,并将纳税人的基本资料输入数据库。纳税人税务登记信息若发生变化,则应及时到当地税务机关办理变更、注销登记，税务机关也应及时更新数据库。

（2）规范电子账簿和电子凭证。为保证网络交易的真实性，应当建立电子凭证的认证制度，对电子凭证中所记录的交易基本资料的真实性及网络交易纳税人身份的真实性进行确认。《电子签名法》已于2005年4月1日生效，电子签名认证机构正逐步完善。电子凭证的认证可借助电子签名认证机构的组织形式，赋予电子签名认证机构以电子凭证认证的职能，利用技术手段，对大宗交易纳税人所持凭证数据的真实性、可靠性进行确认，避免他人冒名传送虚假材料行为的发生。

（3）加快实施电子征税制度。电子征税包括电子申报和电子结算两个环节。电子申报指纳税人利用自己的终端计算机，通过互联网等通信网络系统，直接将申报资料以电子方式发送给税务部门，不必亲自前往即可完成税务申报的方式；电子结算指国库根据纳税人的税票信息，直接从其开户银行划拨税款的过程。电子申报环节解决了纳税人与税务部门之间的电子信息交换，实现了申报无纸化；电子结算环节解决了纳税人、税务部门、银行及国库间电子信息及资金的交换，实现了税款收付的无纸化。电子商务的无纸化要求纳税申报和结算实现无纸化，同时电子征税制度的实施也方便了纳税人，有利于提高申报效率，降低纳税成本。

（4）使用电子发票配套。随着电子申报、征税制度的建立和实施，纳税各环节在基本实现无纸化的同时，可以考虑在使用传统纸质发票的基础上，使用电子发票。建立电子发票管理数据库，实现发票的领购、填开、保管的无纸化和电子化。电子发票的应用，一方面可提高税收各环节的效率，完善电子税收体系；另一方面可有效地杜绝各种形式的虚假发票。2013年4月1日，国家税务总局施行《网络发票管理办法》，为电商征税提供了法律上的支持。随后，财政部等部门联合发布《关于进一步促进电子商务健康发展有关工作的通知》，明确将继续加强对电子商务企业的税收管理制度研究。

（5）完善电子税收稽查制度。网络交易的税务稽查是指税务机关直接通过互联网获取纳税人所属行业情况、货物和服务的交易情况、银行资金流转情况、发票稽查情况及其关联企业情况等信息，并对这些信息进行核对和检查的过程。电子商务的迅速发展要求稽查部门采用先进的技术手段，与网络银行资金结算中心、电子商务认证中心、市场监督管理部门及公安等部门联网实现信息共享，共同构筑电子化的税务稽查监控网络。

（6）加强国际情报交流与协调。电子商务的全球性决定了电子商务税收的全球化趋势，仅靠一国税务部门之力很难对电子商务复杂的税收环境进行全面、有效的管理和监控，必须加强国家间的情报交流与合作，打击网络环境下新型的避税、逃税行为，协调国际税收管辖权问题，避免对电子商务重复征税。

8.3 电子商务中的安全法律制度

8.3.1 电子商务安全概述

电子商务在给人们的工作和生活带来便利的同时，其安全性亦成为影响电子商务发展的关键性因素。如何建立一个安全、便捷的电子商务应用环境，给信息提供足够的保护，是网络平台提供者、使用者和有关部门共同关心的重大问题。

第8章 电子商务管制法律制度

1. 电子商务安全的概念与要求

从整体上来说,电子商务安全可分为计算机网络安全和商务交易安全。计算机网络安全包括计算机网络设备安全、计算机网络系统安全、数据库安全等。其特征是针对计算机网络本身可能存在的安全问题,实施网络安全增强方案,以保证计算机网络自身的安全性为目标。商务交易安全则紧紧围绕商务活动在互联网上应用时产生的各种安全问题,是在计算机网络安全的基础上保障交易过程的顺利进行,即实现电子商务信息的完整、保密、可鉴别、不可篡改、不可伪造和不可抵赖。

电子商务安全的基本要求主要体现在以下两个方面。

(1)电子商务平台和交易双方身份的真实性。作为网络电子商务的节点,服务器存储、处理网络上80%的数据、信息,被誉为网络的灵魂。因此,作为电子商务交易平台主要支撑的服务器的安全成为电子商务安全的基础保障。电子商务交易双方通过虚拟网络进行接触,如果不进行身份真实性的识别,第三方就有可能假冒交易一方的身份而破坏交易。

(2)交易信息的安全需求。

① 交易信息与数据的完整性,指信息在传输过程中进行加密处理,没有在未经授权或偶然情况下被篡改或破坏。

② 交易信息的保密性,主要包括交易信息的隐私性和交易内容的保密性,这就需要对网上传输的信息先加密再传输。

③ 交易信息的不可抵赖性,是指在电子商务交易过程中,信息收发双方必须对自己发送的信息或接收到的信息进行认可,对自己的交易行为负责,其关键在于对所有信息进行"数字签名",从而使交易双方难以抵赖。

④ 交易信息的有效性,是指保证交易数据在确定的价格、期限、数量、确定的时刻、地点是有效的。

⑤ 合法用户的安全性,是指合法用户的权力不受到危害或侵犯,电子商务系统和电子商务的安全管理体系应实现对用户身份的有效确定、对私钥和口令的有效保护、对非法攻击的有效防范等,以保障合法用户法人的安全。

2. 电子商务存在的安全隐患

在电子商务过程中,消费者与商家、银行之间是通过网络来联系的,也是通过网络来完成购物、支付等一系列的交易活动的。如果系统不能安全可靠地工作,交易就会中断,以致无法完成。系统的安全性若被破坏,非法入侵者就有可能假冒成合法的用户来篡改用户数据,解除用户订单或生成虚假订单,使用户遭受损失。消费者在将个人数据或自己的身份数据(如口令)发送给商家时,这些信息也可能在传递过程中被窃取,使消费者受到损失。因此,电子商务系统中网络和交易各方面都存在着安全隐患。

(1)网络主要安全隐患。

① 计算机病毒。计算机病毒通过互联网的传播给上网用户带来极大的危害,包括使计算机和计算机网络系统瘫痪,数据、文件丢失。计算机病毒可以通过公众匿名文件传输协议传送,也可以通过电子邮件和电子邮件的附件传播。电子邮件存在被拆看、误投和伪造的可能性。使用电子邮件来传输重要商业机密信息存在着很大的危险。

② 操作系统中存在的安全隐患问题。目前网络操作系统中明显存在的安全脆弱性问题会直接影响对信息的来源和去向是否真实、内容是否被改动,以及数据是否被泄露等的判

断和鉴别。在应用层支持的服务协议中也存在着不安全因素。

③ 黑客（Hacker）入侵的问题。黑客是威胁电子商务安全的大敌。互联网是一个开放的、无控制结构的网络，黑客经常会侵入网络中的计算机系统，窃取机密数据、盗用特权、破坏重要数据、使系统功能得不到充分发挥直至瘫痪。他们篡改交易数据，盗窃资金财物，使正常交易双方发生纠纷、造成损失。

（2）电子商务交易普遍存在的安全隐患。

① 信息的截获和窃取。在没有加密措施或加密等级不高时，入侵者可能通过互联网、公共电话网、在电磁辐射范围内安装截取装置，或者在数据包通过的网关和路由器上截获数据，获取机密信息。入侵者还可能通过对信息流量和流向、数据编码方式长度等参数的分析，推断有用信息，如消费者的银行账户、密码，以及企业的商业信息等。

② 信息的篡改和恶意破坏。当入侵者熟练掌握了网络信息的格式后，就可以通过各种技术方法和手段对网络传输的信息进行中途修改，并送达目的地，从而破坏信息的原始形态和完整性。采取的手段主要有三种：一是篡改，改变信息数据流的次序，更改信息的内容；二是删除，删除某个信息或某部分信息；三是插入，在正常的信息中插入一些新内容，变成无法理解或错误的信息。

③ 信息的假冒。当入侵者掌握了网络信息数据规律或解密了商务信息以后，可以假冒合法用户的身份或发送假冒信息来欺骗其他用户。信息的假冒通常有两种方式。一是伪造电子邮件，虚开网站和商店，给用户发电子邮件，收订货单；大量占用网络资源，使合法用户不能正常访问；窃取商家的商品信息和用户的信用信息。二是假冒他人身份，发布信息，调阅密件；冒充主机欺骗合法主机及合法用户，冒充网络控制程序，套取或修改使用权限、通行字、密钥等信息，接管合法用户，欺骗系统，占用合法用户资源。由于入侵者掌握了数据格式，并且可以篡改过往的信息，冒充合法用户发送假冒信息或主动获取信息，远端用户通常很难发现或分辨真伪。

④ 交易的反悔和单方面抵赖。交易抵赖包括多个方面，如发信者事后否认曾经发送过某条信息或指令，收信者事后不承认曾经收到过某条信息或指令，购买者做了订单不承认，商家卖出的商品因价格差而不承认原有的交易等。

3. 移动电子商务存在的安全问题及应对策略

移动电子商务作为一种新型便捷的电子商务形式，越来越受到人们的青睐，但无线网络体系结构的不安全性，使得移动电子商务比传统电子商务存在更多的安全问题。

（1）移动电子商务存在的安全问题。

① 移动网络自身存在的安全问题。移动电子商务在给使用者带来方便的同时，也隐藏着诸多安全问题，如通信被窃听、通信双方身份欺骗、通信内容被篡改等。由于通信媒介的不同，信息的传输与转换也可能存在安全隐患。

② 通信终端存在的安全问题。目前手持移动设备存在的安全威胁主要有移动设备的物理安全，用户身份、账户信息和认证密钥丢失，SIM卡被复制，射频识别技术被解密等。

③ 手机软件病毒造成的安全威胁。手机软件病毒呈加速增长的趋势加重了移动电子商务安全威胁，软件病毒会传播非法信息，破坏手机软硬件，导致手机无法正常工作，具体表现在用户信息、银行账号和密码等被窃。

④ 运营管理漏洞。目前有着众多的移动商务平台，而其明显的特点是良莠不齐，用户

很难甄别其真伪和优劣。在平台开发过程中一些控制技术缺少论证，在使用过程中往往出现诸多问题，而网络服务提供者对平台的运营疏于管理、机制不健全，这些都导致了诸多的安全问题。

（2）移动电子商务的应对策略。

① 加强技术管理。数据在传输的过程中，自始至终都必须保障它的安全性、完整性，移动电子商务中的终端设备有不尽相同的操作系统且采用的标准不同，这就要求在制定安全策略时需考虑企业、客户的实际需求，以及移动应用的要求，如性能、可扩展性及系统管理通用性等。而安全策略又会对商业安全问题产生影响，所以要系统地制定全局策略。

② 规范行业管理。为了保证移动电子商务交易的高效与可靠，必须建立一个移动电子商务行业的安全标准，提高交易各方的安全意识，建立交易过程中的相互作用机制，以促进移动电子商务的健康、快速发展。

③ 完善相关法律。国家应在已经建立的法律法规基础之上逐步完善移动电子商务相关法律和制度，明确行业政策导向，营造公平的竞争环境。只有制定更有意义的安全法律，交易各方才可以放心地参与方便、快捷、安全的移动电子商务活动。

8.3.2 电子商务安全的法律保障

1. 我国网络安全的法律保护

《网络安全法》自2017年6月1日起施行，这是我国建立严格的网络治理指导方针的一个重要里程碑。早在《网络安全法》施行之前，我国已在加强信息安全方面做出了一定努力。2010年出版的白皮书《互联网在中国》，就是我国于互联网使用上的一个早期政策指南。《网络安全法》则标志着我国在打击网络犯罪方面迈入一个重要里程。《网络安全法》由七章、七十九项条款组成，涵盖范围极为广泛，包含一个全局性的框架，旨在监管网络安全，保护个人隐私、敏感信息，以及维护网络空间主权和国家安全。

《网络安全法》与一些最常用的网络安全标准相类似，如美国国家标准与技术研究所（NIST）的网络安全框架和国际标准化组织的ISO 27000-27001标准，主要强调了网络产品、服务、运营、信息安全、监测、早期诊断、应急响应和报告等方面的要求。在保护数据隐私方面，《网络安全法》与其他国家的数据隐私法律法规亦相近。然而在国家网络空间主权和国家安全方面则有更为特殊的要求。根据《网络安全法》中针对某类实体的条款多次被提及，该法很明显更适用于网络运营者和关键信息基础设施运营者，如《网络安全法》附则中对于"网络运营者"的定义，几乎适用于所有拥有或管理其网络的中国企业。然而术语定义得比较宽泛，除了传统的信息技术、网络服务供应商和通信企业，《网络安全法》对其定义还可以理解为涵盖各个行业。因此，可以说任何企业（无论规模、国内或跨国企业）在我国通过运营网络（包括网站和内外部网络）开展业务及提供服务或收集数据的，就很可能包含在此法之内。

（1）关于网络运行安全的一般规定。《网络安全法》将本章节分为两部分，即适用于网络运营者的一般规定和适用于关键信息基础设施运营者的运行安全规定。第二十一条规定："国家实行网络安全等级保护制度。网络运营者应当按照网络安全等级保护制度的要求，履行下列安全保护义务，保障网络免受干扰、破坏或者未经授权的访问，防止网络数据泄露或者被窃取、篡改：（一）制定内部安全管理制度和操作规程，确定网络安全负责人，落实网络安全保护责任；（二）采取防范计算机病毒和网络攻击、网络侵入等危害网络安全行为的技术措施；（三）采取监测、记录网络运行状态、网络安全事件的技术措施，并按照规定留存相关的网络日志不少于六个月；（四）采取数据分类、重要数据备份和加密等措施；（五）法律、行政法规规定的其他义务。"第二十三条规定："网络关键设备和网络安全专用产品应当按照相关国家标准的强制性要求，由具备资格的机构安全认证合格或者安全检测符合要求后，方可销售或者提供。国家网信部门会同国务院有关部门制定、公布网络关键设备和网络安全专用产品目录，并推动安全认证和安全检测结果互认，避免重复认证、检测。"第二十九条规定："国家支持网络运营者之间在网络安全信息收集、分析、通报和应急处置等方面进行合作，提高网络运营者的安全保障能力。有关行业组织建立健全本行业的网络安全保护规范和协作机制，加强对网络安全风险的分析评估，定期向会员进行风险警示，支持、协助会员应对网络安全风险。"

（2）关于关键信息基础设施的运行安全。《网络安全法》第三十一条规定："国家对公共通信和信息服务、能源、交通、水利、金融、公共服务、电子政务等重要行业和领域，以及其他一旦遭到破坏、丧失功能或者数据泄露，可能严重危害国家安全、国计民生、公共利益的关键信息基础设施，在网络安全等级保护制度的基础上，实行重点保护。关键信息基础设施的具体范围和安全保护办法由国务院制定。国家鼓励关键信息基础设施以外的网络运营者自愿参与关键信息基础设施保护体系。"

第三十四条规定："除本法第二十一条的规定外，关键信息基础设施的运营者还应当履行下列安全保护义务：（一）设置专门安全管理机构和安全管理负责人，并对该负责人和关键岗位的人员进行安全背景审查；（二）定期对从业人员进行网络安全教育、技术培训和技能考核；（三）对重要系统和数据库进行容灾备份；（四）制定网络安全事件应急预案，并定期进行演练；（五）法律、行政法规规定的其他义务。"

第三十七条规定："关键信息基础设施的运营者在中华人民共和国境内运营中收集和产生的个人信息和重要数据应当在境内存储。因业务需要，确需向境外提供的，应当按照国家网信部门会同国务院有关部门制定的办法进行安全评估；法律、行政法规另有规定的，依照其规定。"

第三十八条规定："关键信息基础设施的运营者应当自行或者委托网络安全服务机构对其网络的安全性和可能存在的风险每年至少进行一次检测评估，并将检测评估情况和改进措施报送相关负责关键信息基础设施安全保护工作的部门。"

第三十九条规定："国家网信部门应当统筹协调有关部门对关键信息基础设施的安全保护采取下列措施：（一）对关键信息基础设施的安全风险进行抽查检测，提出改进措施，必要时可以委托网络安全服务机构对网络存在的安全风险进行检测评估；（二）定期组织关键信息基础设施的运营者进行网络安全应急演练，提高应对网络安全事件的水平和协同配合能力；（三）促进有关部门、关键信息基础设施的运营者以及有关研究机构、网络安全服务机构等之间的网络安全信息共享；（四）对网络安全事件的应急处置与网络功能的恢复等，提供技术支持和协助。"

尽管《网络安全法》的第三十七条是针对关键信息基础设施运营者提出的要求，然而依据《关于修改<中华人民共和国网络安全法>的决定（征求意见稿）》，其适用范围已扩展至个人和其他机构，并根据预期要求提供了更多详细内容，这些内容包括但不限于：在数据出境前，要求网络运营者进行自我安全评估；根据数据的数量、类型、范围和敏感级别进行评估。

2. 我国网络信息安全的法律保护

（1）《网络安全法》特别在第四章对网络信息安全进行规定。第四十条规定："网络运营者应当对其收集的用户信息严格保密，并建立健全用户信息保护制度。"

第四十一条规定："网络运营者收集、使用个人信息，应当遵循合法、正当、必要的原则，公开收集、使用规则，明示收集、使用信息的目的、方式和范围，并经被收集者同意。网络运营者不得收集与其提供的服务无关的个人信息，不得违反法律、行政法规的规定和双方的约定收集、使用个人信息，并应当依照法律、行政法规的规定和与用户的约定，处理其保存的个人信息。"

第四十二条规定："网络运营者不得泄露、篡改、毁损其收集的个人信息；未经被收集者同意，不得向他人提供个人信息。但是，经过处理无法识别特定个人且不能复原的除外。网络运营者应当采取技术措施和其他必要措施，确保其收集的个人信息安全，防止信息泄露、毁损、丢失。在发生或者可能发生个人信息泄露、毁损、丢失的情况时，应当立即采取补救措施，按照规定及时告知用户并向有关主管部门报告。"

第四十三条规定："个人发现网络运营者违反法律、行政法规的规定或者双方的约定收集、使用其个人信息的，有权要求网络运营者删除其个人信息；发现网络运营者收集、存储的其个人信息有错误的，有权要求网络运营者予以更正。网络运营者应当采取措施予以删除或者更正。"

第四十七条规定："网络运营者应当加强对其用户发布的信息的管理，发现法律、行政法规禁止发布或者传输的信息的，应当立即停止传输该信息，采取消除等处置措施，防止信息扩散，保存有关记录，并向有关主管部门报告。"

第四十八条规定："任何个人和组织发送的电子信息、提供的应用软件，不得设置恶意程序，不得含有法律、行政法规禁止发布或者传输的信息。电子信息发送服务提供者和应用软件下载服务提供者，应当履行安全管理义务，知道其用户有前款规定行为的，应当停止提供服务，采取消除等处置措施，保存有关记录，并向有关主管部门报告。"

在《网络安全法》施行后不久，监管机构就将这项新法律用于对各个行业和企业的调查。例如，监管机构对我国几家大型社交媒体平台——腾讯、百度和新浪微博进行网络安全调查，旨在调查企业是否存在潜在的违反该法的行为，特别是企业是否存在可能无法控制用户发布不当内容的情况。对于违反《网络安全法》的企业，监管机构均对其予以警告或罚款，责令其在规定时间内进行整改。

（2）计算机信息系统的安全保护。根据《中华人民共和国计算机信息系统安全保护条例》（简称《计算机信息系统安全保护条例》）第二条、第三条、第四条、第九条的规定："本条例所称的计算机信息系统，是指由计算机及其相关的和配套的设备、设施（含网络）构成的，按照一定的应用目标和规则对信息进行采集、加工、存储、传输、检索等处理的人机系统。""计算机信息系统的安全保护，应当保障计算机及其相关的和配套的设备、设施（含网络）的安全，运行环境的安全，保障信息的安全，保障计算机功能的正常发挥，以维护计算机信息系统的安全运行。""计算机信息系统的安全保护工作，重点维护国家事务、经济建设、国防建设、尖端科学技术等重要领域的计算机信息系统的安全。""计算机信息系统实行安全等级保护。安全等级的划分标准和安全等级保护的具体方法，由公安部会同有关部门制定。"

第十条、第十一条规定："计算机机房应当符合国家标准和国家有关规定。在计算机机房附近施工，不得危害计算机信息系统的安全。""进行国际联网的计算机信息系统，由计算机信息系统的使用单位报省级以上人民政府公安机关备案。"

第十三条、第十四条规定："计算机信息系统的使用单位应当建立健全安全管理制度，负责本单位计算机信息系统的安全保护工作。""对计算机信息系统中发生的案件，有关使用单位应当在 24 小时内向当地县级以上人民政府公安机关报告。"

（3）计算机信息网络国际联网的安全保护。我国于 1997 年 12 月 16 日颁布、1997 年 12 月 30 日实施的《计算机信息网络国际联网安全保护管理办法》第三条规定："公安部计算机管理监察机构负责计算机管理工作信息网络国际联网的安全保护管理工作。公安机关计算机管理监察机构应当保护计算机信息网络国际联网的公共安全，维护从事国家联网业务的单位和个人的合法权益和公众利益。"

第五条规定："任何单位和个人不得利用国际联网制作、复制、查阅和传播下列信息：（一）煽动抗拒、破坏宪法和法律、行政法规实施的；（二）煽动颠覆国家政权，推翻社会主义制度的；（三）煽动分裂国家、破坏国家统一的；（四）煽动民族仇恨、民族歧视，破坏民族团结的；（五）捏造或者歪曲事实，散布谣言，扰乱社会秩序的；（六）宣扬封建迷信、淫秽、色情、赌博、暴力、凶杀、恐怖，教唆犯罪的；（七）公然侮辱他人或者捏造事实诽谤他人的；（八）损害国家机关信誉的；（九）其他违反宪法和法律、行政法规的。"

第六条规定："任何单位和个人不得从事下列危害计算机信息网络安全的活动：（一）未经允许，进入计算机信息网络或者使用计算机信息资源的；（二）未经允许，对计算机信息网络功能进行删除、修改或者增加的；（三）未经允许，对计算机信息网络中存储、处理或者传输的数据和应用程序进行删除、修改或者增加的；（四）故意制作、传播计算机病毒等破坏性程序的；（五）其他危害计算机信息网络安全的。"

（4）电子公告服务的安全保护。2000 年 10 月 8 日，原信息产业部第四次会议通过了《互联网电子公告服务管理规定》。第二条规定："本规定所称电子公告服务，是指在互联网上以电子公告牌、电子白板、电子论坛、网络聊天室、留言板等交互形式为上网用户提供信息发布条件的行为。"

第三条规定："电子公共服务提供者开展服务活动，应当遵守法律、法规，加强行业自律，接受信息产业部及省、自治区、直辖市电信管理机构和其他有关主管部门依法实施的监督检查。"

第四条规定："上网用户使用电子公告服务系统，应当遵守法律、法规，并对所发布的信息负责。"

第九条规定："任何人不得在电子公告服务系统中发布含有下列内容之一的信息：（一）反对宪法所确定的基本原则的；（二）危害国家安全，泄露国家秘密，颠覆国家政权，破坏国家统一的；（三）损害国家荣誉和利益的；（四）煽动民族仇恨、民族歧视，破坏民族团结的；（五）破坏国家宗教政策，宣扬邪教和封建迷信的；（六）散布谣言，扰乱社会秩序，破坏社会稳定的；（七）散布淫秽、色情、赌博、暴力、凶杀、恐怖或者教唆犯罪的；（八）侮辱或者诽谤他人，损害他人合法权益的；（九）含有法律、行政法规禁止的其他内容的。"

第十三条规定："电子公告服务提供者发现其电子公告服务系统中出现明显属于本小法

第九条所列的信息内容之一的,应当立即删除,保存有关记录,并向国家有关机关报告。"

(5) 网络数据的安全保护。历经三审,于 2021 年 6 月 10 日第十三届全国人大常委会第二十九次会议审议通过《中华人民共和国数据安全法》,自 2021 年 9 月 1 日正式实施。该法共七章、五十五条,章节分为总则、数据安全与发展、数据安全制度、数据安全保护义务、政务数据安全与开放、法律责任和附则。

3. 电子商务安全的法律制度

(1) 涉及电子商务交易安全的制度。

① 市场准入制度。电子商务交易的安全对市场准入提出较高的要求,即对网络经营者的资格,与网络建设密切相关的诸如网络连接商、信息服务提供商、数字证书认证机构、密钥管理机构等应当实行严格的审查,确信其具有一定的资信条件、供货能力、运输能力及健全的售后服务体系等,之后才能允许其进入市场交易。

② 电子签名的安全。一个完善的电子签名一般应同时满足唯一性、不可能被伪造、容易被鉴定及不可能被拒绝的特性,即电子商务的真正使用人无法否认事实的创制使用关系。

③ 电子认证安全机制。电子认证是电子商务交易安全中最重要的环节,目前主要采用加密保护、线上认证等方式保证电子支付的安全。

(2) 涉及防治计算机病毒的相关制度。

随着社会信息化的发展,计算机病毒的威胁日益严重,反病毒的任务也更加艰巨。为了加强对计算机病毒的预防和治理,保护计算机信息系统的安全,我国公安部根据国务院《计算机信息系统安全保护条例》,于 2000 年 4 月 26 日发布了《计算机病毒防治管理办法》,该办法成为我国计算机病毒防治工作的重要法律依据。根据《计算机病毒防治管理办法》第六条规定:"任何单位和个人不得有下列传播计算机病毒的行为:(一)故意输入计算机病毒,危害计算机信息系统安全;(二)向他人提供含有计算机病毒的文件、软件、媒体;(三)销售、出租、附赠含有计算机病毒的媒体;(四)其他传播计算机病毒的行为。"

8.3.3 我国电子商务安全的法律责任

1. 电子商务安全的监督管理机构

根据国务院发布的《计算机信息系统安全保护条例》第十七条规定:"公安机关对计算机信息系统安全保护工作行驶下列监督职权:

"(一) 监督、检查、指导计算机信息系统安全保护工作;

"(二) 查处危害计算机信息系统安全的违法犯罪案件;

"(三) 履行计算机信息系统安全保护工作的其他监督职责。"

此外,对计算机病毒和危害社会公共安全的其他有害数据的防治研究工作也归公安部管理。

2. 电子商务安全的行政责任

电子商务安全的行政责任,是指电子商务法律关系的主体违反电子商务安全法所规定的义务而构成行政违法所承担的法律责任,违反电子商务安全法律的行政责任的承担方式,按照承担责任主体的不同而有所差异。国家机关违反电子商务安全法律,主要是按照法定程序进行国家赔偿;国家公务员违反电子商务安全法律,主要是对其进行行政处分,如果给行政相对方造成了损失，则在追究责任人责任的同时，仍然要让其进行国家赔偿；如果计算机信息系统的使用单位和其他危害计算机信息系统安全的主体违反电子商务安全法律，则主要是对其进行行政处罚。我国于1996年公布的《中华人民共和国行政处罚法》对行政处罚的种类做出了具体规定，主要有以下几方面的内容。

（1）警告。警告是对犯有轻微违法行为、不履行行政义务的相对人所予以的谴责和告诫，是一种影响相对人名誉的预备处罚。如《计算机信息系统安全保护条例》第二十二条，《计算机信息网络国际联网安全保护管理办法》第二十条、第二十一条分别规定了警告的行政处罚。

（2）罚款。罚款是对违反行政法律、法规，不履行法定义务的相对人的一种经济上的处罚，即强迫相对人缴纳一定金额款项以损害或剥夺相对人财产权的行政处罚。如《计算机信息系统安全保护条例》第二十三条、《计算机信息网络国际联网管理暂行规定》第二十二条、《计算机信息网络国际联网安全保护管理办法》第二十条都有罚款规定。

（3）没收违法所得。没收违法所得是指对生产、保管、加工、运输、销售违禁物品或进行其他营利性违法活动的相对人所实施的一种经济上的处罚。如《计算机信息系统安全保护条例》第二十三条规定，对有违反本法行为的，由公安机关处以警告或罚款。

（4）责令停产停业。这是对从事违法生产、经营活动相对人所做的一种行之有效的处罚形式。在电子商务安全法律领域，则表现为停机整顿或停止联网。例如，《计算机信息系统安全保护条例》第二十条规定，对违反条例行为的，由公安机关责令其"停机整顿"。又如《计算机信息网络国际联网管理暂行规定实施办法》第二十二条规定，对违反本法规定的，"由公安机关责令其停止联网"。

（5）扣押或吊销许可证、执照。这是限制或剥夺违反行政法律、法规的相对人特定的行为能力和某项专门权利的行为罚，又称能力罚。如《计算机信息系统安全专用产品检测和销售许可证管理办法》《计算机信息网络国际联网安全保护管理办法》规定的撤销批准文件也属于这种类型的行政处罚。

（6）行政拘留。行政拘留是对违反行政法律、法规，不履行法定义务的相对人在短期内限制其人身自由的一种严厉的处罚形式。由于限制人身自由是一种严厉的处罚形式，所以《中华人民共和国行政处罚法》规定，只有法律可以设定限制人身自由的行政处罚，并且该处罚只能由特定的机关执行。我国目前的电子商务安全法基本上都是行政法规，不能设定限制人身自由的行政处罚，但是对某些违反电子商务安全法律的违法分子，如果不能做出与其违法行为危险程度相适应的限制人身自由的处罚，则不足以制裁违法分子，对被侵害的计算机信息系统的使用者也是不公正的。

（7）法律、法规规定的其他行政处罚。如《计算机信息网络国际联网管理暂行规定》第二十二条规定，《中国公用计算机互联网国际联网管理办法》规定的停止接入服务等。

3．电子商务安全的刑事责任

2000年12月28日，第九届全国人大常委会第十九次会议通过了《全国人民代表大会常务委员会关于维护互联网安全的决定》（简称《关于维护互联网安全的决定》）。该决定指出："为了保障互联网的运行安全，对有下列行为之一，构成犯罪的，依照刑法有关规定追究刑事责任：

"（一）侵入国家事务、国家建设、尖端科学技术领域的计算机信息系统；

"（二）故意制作、传播计算机病毒等破坏性程序，攻击计算机系统及通信网络，致使计算机系统及通信网络遭受损害；

"（三）违反国家规定，擅自中断计算机网络或者通信服务，造成计算机网络或通信系统不能正常运行。

"为了维护国家安全和社会稳定，对有下列行为之一，构成犯罪的，依照《刑法》有关规定追究刑事责任：

"（一）利用互联网造谣、诽谤或者发表、传播其他有害信息，煽动颠覆国家政权、推翻社会主义制度，或者煽动分裂国家、破坏国家统一；

"（二）通过互联网窃取、泄露国家秘密、情报或者军事秘密；

"（三）利用互联网煽动民族仇恨、民族歧视，破坏民族团结；

"（四）利用互联网组织邪教组织，联络邪教组织成员，破坏国家法律、行政法规实施。

"为了维护社会主义市场经济秩序和社会管理秩序，对有下列行为之一，构成犯罪的，依照刑法有关规定追究刑事责任：

"（一）利用互联网销售伪劣产品或者对商品、服务作虚假宣传；

"（二）利用互联网损害他人商业信誉和商品声誉；

"（三）利用互联网侵犯他人知识产权；

"（四）利用互联网编造并传播影响证券、期货交易或者其他扰乱金融秩序的虚假信息；

"（五）在互联网上建立淫秽网站、网页，提供淫秽网点链接服务，或者传播淫秽书刊、影片、音像、图片。

"为了保护个人、法人和其他组织的人身、财产等合法权利，对有下列行为之一，构成犯罪的，依照刑法有关规定追究刑事责任：

"（一）利用互联网侮辱他人或者捏造事实诽谤他人；

"（二）非法截获、篡改、删除他人电子邮件或者其他数据资料，侵犯公民通信自由和通信秘密；

"（三）利用互联网进行盗窃、诈骗、敲诈勒索。

"利用互联网实施上述所列行为以外的其他行为，构成犯罪的，依照刑法有关规定追究刑事责任。"

《中华人民共和国数据安全法》对数据安全违法行为赋予了多项处罚说明："对违反国家核心数据管理制度，危害国家主权、安全和发展利益的，由有关主管部门处二百万元以上一千万元以下罚款，并根据情况责令暂停相关业务、停业整顿、吊销相关业务许可证或者吊销营业执照；构成犯罪的，依法追究刑事责任。"

4．电子商务安全的民事责任

《关于维护互联网安全的决定》规定："利用互联网侵犯他人合法权益，构成民事侵权的，依法承担民事责任。"

《民法典》第一百一十一条规定："自然人的个人信息受法律保护。任何组织或者个人需要获取他人个人信息的，应当依法取得并确保信息安全，不得非法收集、使用、加工、传输他人个人信息，不得非法买卖、提供或者公开他人个人信息。"第一百二十七条还特意规定："法律对数据、网络虚拟财产的保护有规定的，依照其规定。"

以案解法

1. 案例（1）中不仅涉及网络广告侵犯用户隐私权及与隐性广告相关的法律问题，还涉及网络广告监管方面的问题。

2. 《反不正当竞争法》第八条规定："经营者不得对其商品的性能、功能、质量、销售状况、用户评价、曾获荣誉等作虚假或者引人误解的商业宣传，欺骗、误导消费者。经营者不得通过组织虚假交易等方式，帮助其他经营者进行虚假或者引人误解的商业宣传。"

3. 案件（2）涉及对电子商务是否征税的法律问题。根据《电子商务法》相关规定，具体可以看教材内容。

4. 经审理，法院做出一审判决，被告黎依公司犯偷税罪，判处罚金10万元；被告法定代理人张某犯偷税罪，判处有期徒刑两年，缓刑两年，并处罚金6万元。其后，被告未提起上诉，一审判决生效。这是我国首例因网上交易偷税被判刑案件。

5. 解决方案有：①尽量减少信息泄露，密保问题不要设置得太过简单；②QQ账号申诉回来之后，迅速删除所有可疑的QQ好友，以防止盗号者再次利用好友辅助申诉盗号；③当陷入申诉拉锯战的时候，尽可能提供更具体、更准确、更原始的申诉资料，以便在通过申诉后，只要盗号者的申诉资料没有原始资料准确，盗号者的申诉就不会通过；④如果不想放弃此QQ账号，就跟盗号者对抗到底，一旦发现自己设置的密码和密码保护无效，就说明盗号者又恶意申诉了，自己就要马上申诉回来，另外现在的QQ账户都需要绑定手机或身份信息，可以通过验证来避免QQ账号被盗。"QQ申诉"是用来保护QQ账号安全的最强措施，对于申诉的资料内容一定要慎重保密。

6. 电子商务中普遍存在的安全隐患请参照教材有关内容。

防范建议：①部分告知，即在网上交易中先将最关键的数据（如信用卡号码及成交数额等）略去，然后用电话告知，以防泄密；②另行确认，即当在网上传输交易信息后，用电子邮件对交易进行确认；③建立有效的安全交易标准和技术，如安全超文本传输协议（S-HTTP）、安全套接层协议（SSL）、安全交易技术协议（STT）等；④使用数字认证；⑤使用加密技术；⑥通过CA认证。

以案用法

2011年12月21日，有媒体报道，国内最大的程序员社区CSDN遭黑客攻击，包括600多万个明文注册邮箱账户和密码的用户数据遭泄露。25日晚，天涯社区又被爆有4000万个用户的密码信息遭泄露。随后，"密码危机"持续发酵，又有多家网站卷入其中，同时大批量用户数据资料遭泄露。消息被披露后，多家网站启动应急措施，提醒可能被涉及的用户及时更改密码，以防个人信息数据丢失。事件发生当晚，CSDN在其官方网站上公开道歉，并临时关闭网站用户登录，提醒2010年9月之前的注册用户和没有修改过密码的用户，立即修改密码，并指出已对本次泄露出来的所有用户账号进行了登录验证，对所有在2010年9月之后没有修改过密码的账号进行了锁定。近年来，网络安全事件频频出现。大批MSN用户还曾遭遇盗号，用户账户无法登录或收到"MSN好友"突然发来的借钱消息，为其掏钱后才发现上当受骗。此外，众多网友反映自己的微博疑遭盗号，被频繁要求修改密码。据奇虎公司发布的《2011年上半年中国网络安全报告》指出，黑客窃取网站数据库的危害已远远超过盗号木马，如果一家网站服务被黑客攻破，成百上千万个用户的常用邮箱和密码被泄露后，可能导致网上支付等其他重要账户也将一并失窃。

请分析：

1. 针对部分网民习惯于为邮箱、微博、游戏、网商支付等账户设置相同的密码的现象，你怎么看？
2. 为了加强网络安全性，请你对上网用户应如何设置密码提出建议。

思考练习题

一、选择题

1. 如果对网络交易不征税，而对非网络交易征税，则违反税收原则中的（　　）。
   A．税收公平原则　B．税收法定原则　　C．税收效率
2. 以下属于隐性广告的有（　　）。
   A．通过博客发布的广告　　　　　　B．通过网商调查的方式发布的广告
   C．以网上新闻所做的广告　　　　　D．通过电子邮件发布的广告
3. 电子商务征税时，主张对网上交易的货比数量按比例征税，这种税种为（　　）；主张以网络传送的信息流量的字节数作为计税依据来计算应纳税款，这种税种为（　　）。
   A．比特税　　　　B．托宾税　　　　C．流量税　　　　D．字节税
4. 网络环境下税收管辖权的主张有两种，一种为基于（　　）的属地管辖权模式，另一种为基于（　　）的属人管辖权模式。
   A．计算机　　　　B．消费者　　　　C．服务器　　　　D．当地居民
5. 保障电子商务系统安全性的措施有（　　）上的保障和（　　）上的保障。
   A．理念　　　　　B．组织　　　　　C．技术　　　　　D．法律

二、问答题

1. 简述网络广告中存在的主要法律问题。
2. 简述完善我国网络广告法律制度的具体措施。
3. 电子商务的发展对传统的税收政策产生了哪些影响？
4. 对比美国与欧盟电子商务税收政策有哪些差异？
5. 简述发展中国家与发达国家在电子商务税收政策上的分歧。
6. 我国电子商务税收政策应坚持哪些原则？
7. 结合电子商务的特点，请说说应如何构建我国电子商务税收体制。
8. 电子商务安全的基本要求主要体现在哪些方面？
9. 电子商务交易普遍存在的安全隐患有哪些？
10. 我国有关电子商务安全的法律保护制度主要有哪些？

参 考 文 献

[1] 苏丽琴. 电子商务法教程[M]. 北京：中国铁道出版社，2012.
[2] 张楚. 电子商务法[M]. 3版. 北京：中国人民大学出版社，2011.
[3] 张楚. 电子商务法教程[M]. 2版. 北京：清华大学出版社，2011.
[4] 张继东. 电子商务法[M]. 北京：机械工业出版社，2011.
[5] 孔令秋，石磊. 电子商务法[M]. 北京：机械工业出版社，2011.
[6] 苏丽琴. 电子商务法[M]. 2版. 北京：电子工业出版社，2010.
[7] 秦成德. 电子商务法与案例评析[M]. 北京：清华大学出版社，2010.
[8] 杨坚争，吴弘，等. 经济法与电子商务法[M]. 2版. 北京：高等教育出版社，2009.
[9] 王利明. 电子商务法律制度：冲击与因应[M]. 北京：人民法院出版社，2005.
[10] 王纪平. 电子商务法律法规[M]. 北京：清华大学出版社，2005.
[11] 孟霜. 电子商务与法律[M]. 北京：中国水利水电出版社，2005.
[12] 高慧云. 电子商务法教程[M]. 北京：华文出版社，2005.
[13] 张楚，郭斯伦. 网络与电子商务法教程[M]. 北京：首都经济贸易大学出版社，2005.